HIMNOS A LA NOCHE

ENRIQUE DE OFTERDINGEN

Letras Universales

NOVALIS

Himnos a la noche
Enrique de Ofterdingen

Edición de Eustaquio Barjau

Traducción de Eustaquio Barjau

DECIMOTERCERA EDICIÓN

CÁTEDRA
LETRAS UNIVERSALES

Títulos originales de las obras:
Hymnem an die Nacht.
Heinrich von Ofterdingen

1.ª edición, 1992
13.ª edición, 2024

Diseño de cubierta: Diego Lara
Ilustración de cubierta: Dionisio Simón

Reservados todos los derechos. El contenido de esta obra está protegido
por la Ley, que establece penas de prisión y/o multas, además de las
correspondientes indemnizaciones por daños y perjuicios, para
quienes reprodujeren, plagiaren, distribuyeren o comunicaren
públicamente, en todo o en parte, una obra literaria, artística
o científica, o su transformación, interpretación o ejecución
artística fijada en cualquier tipo de soporte o comunicada
a través de cualquier medio, sin la preceptiva autorización.

PAPEL DE FIBRA
CERTIFICADA

© Ediciones Cátedra (Grupo Anaya, S. A.), 1992, 2024
Valentín Beato, 21. 28037 Madrid
Depósito legal: M. 36.349-2008
I.S.B.N.: 978-84-376-1054-2
Printed in Spain

INTRODUCCIÓN

Friedrich von Hardenberg, Novalis.

1. Novalis: entre la Aufklärung y el Romanticismo

LA figura de Friedrich von Hardenberg, que pasa por ser casi el representante más genuino del primer romanticismo alemán, el prototipo de un nuevo modo de pensar y de sentir, no está exenta de complejidades y contradicciones. Unos cincuenta años más joven que Kant, Lessing, Klopstock y Wieland —a quienes leyó y que influyeron en su pensamiento y en su obra— y estricto contemporáneo de románticos tempranos como Friedrich Schlegel, Clemens Bretano y Ludwig Tieck, Novalis se encuentra entre dos movimientos culturales contrapuestos, y no siempre es fácil deslindar en este autor los ingredientes ilustrados de los románticos, así como ver de un modo objetivo a una figura que ha tendido a convertirse en un mito y a alejarse de su realidad histórica concreta.

Algunas peculiaridades de la vida y de la obra escrita de Novalis pueden darnos idea de la dificultad de hacerse con la identidad espiritual de este autor. Partidario de la Revolución Francesa, una postura que no parecen haber modificado los excesos de los jacobinos, Hardenberg es, no obstante, autor de un ensayo de carácter histórico-político, *Fe y amor o el rey y la reina* —contemporáneo casi del de Kant *Para la paz perpetua*—, en el que se propugna una especie de republicanismo monárquico; otro ensayo de este autor, *La cristiandad o Europa,* publicado en plena Restauración, pasó por ser un documento claramente reaccionario y oscurantista. Admirador de Goethe y estudioso del *Wilhelm Meister,* Novalis es autor de una novela, *Enrique de Ofterdingen,* que quiere ser la respuesta romántica a la del maestro de Weimar. Conocedor de la Física y la Ciencia Natural de su tiempo —unos conocimientos que traslada a veces a su obra poética—, ocupado él mismo en problemas técnicos —la inspección de los trabajos de las salinas de Weissenfels—, Friedrich von Hardenberg es considerado, con razón, como el representante de una corriente de pensamiento que se caracteriza fundamentalmente por su exacerbado espiritualismo. Lector, y amigo a veces, de los grandes filósofos de su tiempo, Novalis, poeta antes que nada, no renuncia a construir su propio sistema, un sistema, no obstante, que hay que descubrir detrás de su obra literaria —sobre todo de las dos que presentamos en este volumen— o reconstruir con los elementos de una amplia producción escrita de carácter asistemático y casi aforístico. Tampoco es fácil deslindar en Hardenberg lo que en su obra es la sublimación de elementos autobiográficos —uno de ellos sobre todo, del que hablaremos más adelante— de lo que constituye propiamente el cuerpo de su pensamiento. Además de todo esto, el hecho de que Novalis muriera en plena juventud, de que su obra más importante, la novela que presentamos en este volumen, quedara incompleta —falta la segunda parte, «La consumación», que debía contener lo fundamental del ideario de su autor—, así como el carácter inconexo, disperso y asistemático de muchas de sus páginas, son factores que dificultan aún más la lectura de este poeta y su cabal caracterización. En pocos autores como en el que vamos a presentar es tan fácil encontrar todo lo que uno busque: el romántico y el ilustrado, el espiritualista y el cientifista, el progresista y el reaccionario... En pocos autores como en Novalis parece hacerse tan necesaria una lectura «gestáltica» y que busque la empatía con el poeta que se esconde detrás de las páginas de sus libros. Si bien parece recomendable problematizar y matizar la figura monolítica del Novalis romántico por antonomasia que nos ha legado una historiografía quizás poco cuidadosa y poco atenta a los textos, también parece aconsejable no perder la cabeza en interpretaciones reactivas, cogiendo por los pelos algunos de sus fragmentos y sacando a este autor del capítulo de la historia del pensamiento europeo en el que, por algo, se le ha venido colocando tradicionalmente.

2. Noticia biográfica. Inspiradores del poeta

Friedrich von Hardenberg —el nombre de Novalis, «el que gana tierras nuevas», que él y los más cercanos a su círculo acentuaban en la primera sílaba, lo tomó el poeta de un antepasado suyo del siglo XIII— nació el 2 de mayo de 1772 en Wiederstedt, en Sajonia, hijo de Heinrich Ulrich Erasmus von Hardenberg, ingeniero de minas y luego oficial del ejército prusiano, y de su segunda esposa Auguste Bernhardine von Bölzig. En 1785 la familia se traslada a Weissenfels, en Turingia, donde el padre ocupa el cargo de director de las salinas de aquella región. Después de una breve estancia en la escuela media de Eisleben —con anterioridad Friedrich había recibido enseñanzas en el palacio de Lucklum, junto al hermano de su padre, Gottlob Friedrich Wilhelm von Hardenberg—, donde el futuro poeta leyó entre otros autores a Homero, Píndaro y Teócrito, el padre mandó a su hijo a estudiar Derecho a la Universidad de Jena. Allí conoce Novalis a Schiller, Fichte, Niethammer y Hölderlin. Sobre la influencia que en él ejercieron los dos primeros autores mencionados deberemos ocuparnos más adelante. El poeta se sintió siempre poco interesado por los estudios a los que le había destinado su padre y dedicó más atención a disciplinas como las Matemáticas y las Ciencias de la Naturaleza. Por sugerencia de Schiller, Novalis abandona Jena y se traslada a Leipzig, donde continúa, igualmente sin entusiasmo, sus estudios de Derecho —una carrera que terminará luego en Wittenberg—, que compagina de nuevo con los de Matemáticas y Ciencias Naturales, así como con los de Filosofía e Historia. En Leipzig conoce Novalis a Friedrich Schlegel; entre ambos surge una amistad que, aunque no exenta de tensiones y crisis, resultará enriquecedora para los dos. Más adelante diremos algo sobre la influencia que el autor de *Lucinde* ejerció sobre Novalis. Terminados sus estudios de Derecho, el poeta pasa a ocupar un puesto en la administración de las salinas de Tennstedt. El año 1794 tiene una especial importancia en la vida de nuestro autor, porque, en un viaje ocasional a Grüningen motivado por el cargo que Hardenberg ocupaba en Tennstedt, conoce a Sophie von Kühn, de la que se enamora, con la que se prometerá luego en secreto y que tendrá un papel muy importante en la vida y en la obra de este poeta. La figura de la muchacha de doce años que el poeta conoció con ocasión de este viaje, una figura que centra el tercero de los *Himnos a la Noche*, que aparece retratada en Matilde, en el *Enrique de Ofterdingen*, y a la que el poeta dedica la primera parte de esta novela, ha sido objeto de un considerable proceso de mitificación, tantos son en este caso los elementos biográficos que invitan a urdir una imagen tópica de la amada romántica. Sin embargo, tal estereotipo se encuentra en este caso notablemente alejado de la realidad de los hechos. Aunque Novalis escribió a su hermano diciendo que un cuarto de hora había decidido su vida entera —una frase que éste desmitificó observando que en un cuarto de hora no se puede conocer a una persona de tan altas cualidades, que si hubiera sido un cuarto de año sí estaría dispuesto a admirar sus talentos en punto al conocimiento de las mujeres...—, es posible que Erasmus Hardenberg tuviera razón cuando le reprochaba a Friedrich un cierto cálculo y una cierta frialdad en la elección. Puede ser que en aquella muchacha el poeta buscara el equilibrio que necesitaba para la inestabilidad sentimental y erótica de sus años mozos y que el amor entre Friedrich y Sophie no fuera el prototipo del amor romántico que a veces se ha querido ver; por otra parte, entre ambos no faltaron dudas, crisis y tensiones. Sophie enfermó muy pronto; Novalis vivió con aflicción y dolor esta enfermedad. La muerte de Sophie en 1796, que supone ciertamente una profunda crisis en la vida del poeta, idealiza de un modo definitivo esta figura y convierte un amor dudoso y problemático en un hito de la vida y del sistema filosófico-poético de nuestro autor. Volveremos a encontrar a Sophie cuando nos ocupemos de los *Himnos a la Noche*.

A partir del otoño de 1797 Hardenberg estudia en la Bergakademie —algo así como la Escuela de Ingeniería de Montes— de Freiberg, cerca de Dresde. De esta época guardó el poeta un recuerdo entrañable de su maestro Abraham Gottlob Werner, a quien rendirá un homenaje especial en la novela que presentamos en este volumen, así como en *Los aprendices de Sais*. A este tiempo corresponde también el segundo amor de Novalis, Julie Charpentier, hija de un profesor de la Bergakademie. La interpretación de este segundo matrimonio en la vida de Novalis es una cuestión que en modo alguno está exenta de dificultades y que ha dado lugar a no pocos malentendidos. Por confesiones explícitas a sus amigos sabemos que para el poeta esta segunda relación amorosa supuso un conflicto personal; no implica en absoluto el olvido de su primera amada, o, más exactamente quizás, una infidelidad a la idealización que de ésta tuvo lugar en Novalis después de la muerte de Sophie. El poeta siguió vinculado a la muchacha que conoció en Grüningen y siguió esperando reunirse con ella en otro mundo. Desde la muerte de Sophie, y aún más desde su matrimonio con Julie, Novalis vive una doble vida —de la que, de algún modo, su sistema filosófico-poético viene a ser la expresión—, la centrada en los asuntos de esta tierra y la que espera una elevación y reunificación de todo más allá de la muerte. Dentro de esta óptica Julie es una compañera que va a ayudar al poeta a recorrer el trecho que le falta hasta unirse con Sophie. La figura de Cyane, que aparece en el primer capítulo de la segunda parte del *Enrique de Ofterdingen* —el único que el poeta llegó a escribir—, alude a Julie y al papel que ésta debía tener en la vida de Novalis. Como hemos dicho, en favor de esta interpretación de este segundo amor de Novalis hablan confesiones muy concretas de nuestro autor; a Friedrich Schlegel, por ejemplo, le dice que, si bien, con su nuevo proyecto, le espera una vida nueva, «con todo, hablando sinceramente, preferiría estar muerto»; pocas semanas más tarde, a la hermana de su amigo, Karoline, le confiesa que un reconfortante sueño terrenal le ha cerrado los ojos para un sol distinto del que le ilumina ahora, y que si antes en él todo era «en estilo arquitectónico religioso», ahora todo lo ve «en estilo arquitectónico burgués».

En 1799 Novalis vuelve a Weissenfels, donde se reintegra a su cargo de director de las salinas. Es éste un año de viajes y contactos con los representantes del primer Romanticismo. El poeta se traslada con frecuencia a Dresde y a Jena; en esta última ciudad, huésped de Wilhelm August Schlegel, renueva sus contactos con Schelling y conoce a Ludwig Tieck, con quien traba una sólida amistad, a la que debemos, por ejemplo, las noticias que nos han llegado de las intenciones de Hardenberg en relación con la segunda parte de su *Enrique de Ofterdingen*. Huellas de su amistad con Novalis las encontramos, por ejemplo, en los relatos de Tieck *Viaje de verano* y *El joven maestro carpintero*. A éste le debe aquél el haberle llamado la atención sobre la obra de Jakob Böhme. Novalis muere el 27 de marzo de 1801, casi cuatro años justos después de la muerte de Sophie.

En el curso de la breve noticia biográfica que precede han ido apareciendo nombres de personas que han tenido un papel en la vida y en el ideario de nuestro autor; algunos de ellos pueden considerarse de algún modo como inspiradores de su obra. Conviene que nos detengamos unos momentos en ellos. Por orden de aparición en la escena de la vida de nuestro autor serían los siguientes: Fr. Schiller (1791), Fr. Schlegel (1792), Fichte (1795), Fr. W. Schelling (1797), A. G. Werner (1798), J. W. Ritter (1798), L. Tieck (1799) y J. Böhme (1800).

De entre esta nómina de autores que influyeron en Novalis los hay de muy diversos tipos, desde amigos que compartieron las inquietudes del poeta y que le recomendaron lecturas que podían interesarle —éste sería el caso, por ejemplo, de Fr. Schlegel y de L. Tieck—, pasando por maestros de los que Novalis tomó elementos y sugerencias para su obra —Schiller, Fichte...— hasta autores que el poeta no conoció pero cuya lectura y meditación ha dejado huellas muy importantes en su obra. Desde el punto de vista profesional, entre estos nombres encontramos filósofos de campo, como Fichte, Schelling, Hemsterhuis y

Kant, literatos puros, como Tieck, literatos doblados de ensayista y filósofo, Schiller, Fr. Schlegel, y científicos como Werner y Ritter.

A Schiller le debe Novalis el haberse apartado de los modelos poéticos de una época que ya no es propiamente la suya —Klopstock, Wieland, Bürger—, el conocimiento de la Edad Media, que tiene un papel tan importante en *Enrique de Ofterdingen* y en el ensayo *La Cristiandad o Europa*, y sobre todo la vinculación de belleza y vida moral, que es uno de los ingredientes fundamentales del sistema filosófico-poético del que hablaremos después.

A Friedrich Schlegel le debe Novalis el haberle afianzado en su vocación filosófica y el haberle introducido en el pensamiento de Kant, que es uno de los contrapuntos sobre los que el poeta define su pensamiento.

Fichte, junto con Hemsterhuis, es uno de los principales inspiradores del ideario de Novalis. De él habla continuamente este poeta en sus cartas; de su asistencia a los cursos que el autor de la *Doctrina de la Ciencia* daba en Jena se conservan más de quinientas páginas de anotaciones y apuntes de Novalis. Cuando éste intenta superar el idealismo de Fichte —éste es el caso de sus esbozos del nuevo sistema del «idealismo mágico»— lo hace usando muchas veces el aparato conceptual y hasta la terminología de aquel filósofo. La idea de libertad, de aspiración a lo infinito, la dialéctica sujeto-objeto, la concepción del arte y la acción humana como victoria sobre la resistencia de la materia son elementos fundamentales del pensamiento de Novalis sobre cuya filiación fichteana no parece que pueda haber duda alguna.

En Schelling, cuyo ensayo *Ideas para una filosofía de la Naturaleza* (1797) leyó Novalis, encontraría este autor muchas de las ideas que luego leería en Hemsterhuis —la fuerza atracción-repulsión como lo que conforma la totalidad del cosmos, por ejemplo— y que aparecerán después en los fragmentos del *Allgemeines Brouillon* —«borradores»—; la idea de que la Naturaleza es espíritu visible y el espíritu Naturaleza invisible puede haber sido una de las fuentes de inspiración de la teoría novaliana del hombre como microcosmos y el mundo como macroanthropos.

En Frans Hemsterhuis, el filósofo holandés nacido de la Ilustración y enfrentado luego a ella, de inspiración platónica y simpatías pitagóricas, enemigo de los enciclopedistas franceses y continuador de la tradición inglesa de cuño moral —Shaftesbury, Fergusson...—, encontró Novalis lo que no encontraba ni en Kant ni en Fichte, y, por otra parte, vio desarrollados algunos de los pensamientos que se hallan en las *Ideas para una filosofía de la Naturaleza* de Schelling. De un modo esquemático, éstas podrían ser las intuiciones de Hemsterhuis que más llamaran la atención de Novalis: el Universo como unidad armónica, una armonía que una fuerza espiritual ha impreso en la materia y a la que sólo la corriente moral que circula por los seres humanos puede descubrir; el Universo como algo constituido únicamente por dos fuerzas, la atracción y la inercia —transposición al mundo de la vida de las ideas de Newton—; la indisociabilidad de materia, movimiento y pensamiento; la concepción del cuerpo como instrumento del alma, que aspira a unirse con el objeto deseado, una unión que no es otra cosa que recomposición de lo disperso; la idea de Dios como la instancia suprema que fragmenta la realidad y dirige su recomposición; la identificación entre sentimiento de unidad y placer estético...

Un cuerpo de doctrinas emparentado con éste, formulado en el caso de Schelling y Hemsterhuis en clave filosófica, lo encontró Novalis corroborado, ahora desde la perspectiva física y biológica, en las enseñanzas de Abraham Gottlob Werner, en la Bergakademie de Freiberg, y luego en la lectura de Johann Wilhelm Ritter, a quien el poeta conoció después en 1798. El primero, que enseñaba Geognosia, Oritognosia, Mineralogía y Estructura de los Cuerpos Sólidos en aquel centro, intentaba, al igual como lo había hecho Lineo con las plantas, establecer una sistemática coherente en el reino mineral; fue el defensor del neptunismo, una teoría que atribuía la totalidad de las formas de la superficie terrestre a la acción del agua y al depósito de materiales transportados por ella. J. W. Ritter, autor de un ensayo titulado *Prueba de que el proceso vital que se da en el reino de los animales va acompañado de un constante galvanismo,* proclama la unidad de todo el Universo, al que ve como una especie de macroanimal por el que circula una corriente única; para este autor las partes de los distintos animales y las distintas plantas son partes de este ser vivo único. Cuando nos adentremos más en la obra de Novalis veremos aparecer, de distintos modos —en forma de aforismos o de obras literarias trabadas—, las ideas que acabamos de esbozar.

Como señala Kluckhohn, en el caso de Novalis no siempre hay que hablar de influencias, muchas veces se trata sólo de un fenómeno de ósmosis cultural o de coincidencias entre el modo de pensar del poeta y sus lecturas o las enseñanzas que recibió en Freiberg.

Este es el caso de la lectura de Jokob Böhme. Novalis había escrito ya lo fundamental de su obra cuando leyó a aquel autor. Del entusiasmo que sus doctrinas causaron en el poeta son buen testimonio un poema que éste le dedicó y en el que —aludiendo al título de uno de los libros del filósofo místico alemán— habla de aquél como de «el anunciador de la aurora», y su intención de escribir un ensayo sobre él. Para Böhme Dios no es una realidad estática, actual, sino una energía, algo que se va haciendo en un ritmo que recuerda el de la dialéctica hegeliana y en el que la negación— que es lo que hace progresar tal dinámica— tiene un papel fundamental. En realidad, tanto en Hemsterhuis, en el Schelling de *Ideas para una filosofía de la Naturaleza*, como en Werner, Ritter y Böhme, se trata de una vieja corriente de pensamiento de raíz mística y platónica que floreció a finales de la Edad Media y que llega hasta el siglo XVIII. Es difícil, pues, en este inventario de influencias que acabamos de hacer, distinguir filiaciones de afinidades o simplemente de influjos osmóticos del clima espiritual en el que se desenvuelve la obra de nuestro autor.

3. Esbozo de un sistema: «el idealismo mágico».
La moralización del cosmos.
Proyecto de una Enciclopedia

La palabra «esbozo», para introducir el tema del «idealismo mágico» de Novalis, parece inexcusable. En efecto, en una carta que el poeta escribe a Friedrich Schlegel el 11 de mayo de 1798, Novalis anuncia a su amigo un gran plan —«una idea muy grande, muy fecunda, que lanza un rayo de la máxima intensidad sobre el sistema de Fichte, una idea práctica»—, pero a la vez se excusa por haber despertado en el destinatario de la carta una curiosidad que él mismo no está aún en situación de satisfacer, porque no ha desarrollado todavía su pensamiento de un modo cabal; sin embargo puede comunicarle al amigo su alegría porque tal proyecto concierne nada menos que a la realización de los deseos y los presentimientos más atrevidos del hombre de todos los tiempos.

Conviene, pues, ser cautos en la exposición del contenido del plan novaliano del «idealismo mágico», toda vez que tal proyecto no se encuentra desarrollado *in extenso* en ninguna obra de este autor y sólo es rastreable en las notas sueltas de su *Allgemeines Brouillon,* que ronda las 350 páginas, y en los entresijos de una obra tan llena de ideas, de intenciones y de dificultades como es la novela *Enrique de Ofterdingen.*

El examen de las dos palabras que constituyen este rótulo puede ayudarnos a entender cuáles fueron las intenciones de Novalis al excogitar esta «idea fecunda» que debía lanzar un rayo de luz sobre el pensamiento de Fichte. El «idealismo mágico» es un proyecto que tiene que ver fundamentalmente con la relación del hombre con el cosmos; una relación que podemos caracterizar globalmente como intuición intelectual; sin embargo, lo que caracteriza la intuición intelectual novaliana del Universo es lo siguiente: en el poeta esta visión es además un éxtasis —ec-stasis—, una salida del hombre de sí mismo y una proyección activa del sujeto sobre el objeto que conoce, una acción del ser humano sobre las cosas. Una analogía, planteada explícitamente por Novalis, puede orientarnos en la dilucidación de este problema: la analogía que existe entre el alma individual y el cuerpo humano, por una parte, y la que se da entre el alma del Universo y éste, por otra; es la doctrina del microcosmos y el macroanthropos a la que ya hemos hecho alusión hace unos momentos: del mismo modo que el alma del hombre gobierna su cuerpo, el alma del Universo gobierna a éste. Pero entre el ser humano y el Universo existe una analogía, porque llevamos el Universo dentro de nosotros, pues éste tiene nuestra forma, y «el mundo tiene una capacidad originaria para ser animado por mí», de modo que el proyecto que tenemos del mundo coincide con el que tenemos de nosotros mismos. La intuición intelectual no es, pues, una aprehensión pasiva de lo que está fuera de nosotros sino una actuación de nosotros sobre lo exterior al yo, donde tal distinción entre lo que somos nosotros y lo que es el cosmos ya se apartaría del sentido estrictamente novaliano de esta curiosa forma de idealismo, porque nosotros somos una réplica del mundo y el mundo es una imagen del hombre: «el hombre tanto puede ser el Yo como el No-Yo», dice nuestro autor dialogando con Fichte. Este es el sentido del adjetivo «mágico» que acompaña al rótulo del idealismo de Novalis: la magia es el arte de actuar sobre las cosas, a voluntad del mago, de transformar la realidad; a la actuación del alma individual sobre el cuerpo no la consideramos mágica, sí en cambio a la actuación del hombre sobre las cosas; pues bien, ésta es la vocación del hombre —concretamente, del poeta—, imponer la idea, el espíritu sobre la materia, convertir lo involuntario y azaroso en voluntario y planeado, espiritualizar el cosmos; en el postulado del «idealismo mágico» de «hacer de las cosas ideas y de las ideas cosas» se expresan de un modo pregnante los dos términos que definen este esbozo de sistema.

El «idealismo mágico» no es, con todo, la última meta del ser humano; ésta debe ser la moralización de la Naturaleza. Esta transformación del Universo, cuyo sentido es la victoria del espíritu sobre la inercia y sobre la tendencia a la disgregación, debe acercar a aquél a Dios, que es el fin de este dinamismo. De ahí que para Novalis el poeta, que es el agente de esta glorificación del cosmos, sea a la vez un «vidente» —idealismo—, un «mago» —mágico— y un sacerdote, porque su actuación está referida al ámbito de lo divino.

No es de extrañar que, por la misma época en la que Novalis prometía a Friedrich Schlegel una idea fecunda —que el poeta todavía no podía concretar— que iba a iluminar el sistema de Fichte, Hardenberg se ocupara de un proyecto de grandes proporciones, y que tampoco llegó a realizar: la Enciclopedia.

El término, teniendo en cuenta el ensayo del mismo título que había tenido lugar en Francia pocos años antes, puede inducir a error. En efecto, el proyecto novaliano de una «introducción a un auténtico saber enciclopédico» se halla a leguas de distancia del plan compilatorio del saber humano llevado a cabo por los ilustrados franceses. Con su Enciclopedia Novalis quiere derribar las fronteras que separan las ciencias y las artes y reducir la totalidad del saber y el hacer humanos a una unidad última de la que, en un despliegue múltiple, saliera la totalidad de cuanto el hombre ha excogitado y llevado a cabo a lo largo de la historia. Un proyecto de altos vuelos que asustó al mismo Novalis, sobre el que bromeó Friedrich Schlegel —«Hardenberg se dispone a hacer una masa con la religión y la Física. Va a resultar un revuelto curioso», dice aquél en una carta a Schleiermacher— y del que han quedado solamente fragmentos dispersos en el *Allgemeines Brouillon*. En ellos, y en consonancia con el magno plan que el poeta se había trazado, encontramos expresiones tan peregrinas como «Física espiritual», «música química», «Fisiología poética» o «Historia física»...

Después del recorrido que hemos hecho por el pensamiento y la obra de algunos de los principales inspiradores del sistema filosófico-poético de Novalis, no cabe abrigar duda alguna sobre la progenie de este ambicioso plan: entre los ancestros de la Enciclopedia de nuestro autor se encontrarían no sólo Leibniz, con su proyecto de una Ciencia Universal, sino también Fichte, para quien la *Doctrina de la Ciencia* quiere ser una ciencia de las ciencias, así como Hemsterhuis, con su teoría de la armonía del Universo y de la reunificación de lo disperso por obra del alma del hombre; no en último lugar tampoco las ideas geológicas de Werner, que en la época en la que Novalis concebía su gran proyecto profesaba un curso en Freiberg con el título de «Enciclopedia de la ciencia de la minería», o el galvanismo universal de Ritter.

El parentesco entre el proyecto de una «introducción al auténtico saber enciclopédico» y los esbozos del sistema del «idealismo mágico» de los que hemos hablado hace un momento es también claro. Del mismo modo como la espiritualización del cosmos que debía llevar a cabo el hombre —el poeta— debía culminar en la moralización del Universo, la Enciclopedia de Novalis tenía también una finalidad ética, porque dentro de la óptica novaliana —y ahí aparece de nuevo la figura de Hemsterhuis, quien, al modo socrático, une el saber con la felicidad— la inteligencia y el bien obrar están vinculados mutuamente.

4. Los «Himnos a la Noche»

El día 13 de mayo de 1797, escasamente dos meses después de la muerte de Sophie, Novalis escribe en su diario:

> Empecé a leer a Shakespeare —me adentré no poco en su lectura. Al atardecer me fui con Sophie. Allí experimenté una felicidad indecible —momentos de entusiasmo, como relámpagos— vi cómo la tumba se disolvía ante mí como una nube de polvo —siglos como momentos— sentía la proximidad de ella —me parecía que iba a aparecer de un momento a otro.

Este es el punto de partida de los *Himnos a la Noche,* si bien estos poemas —empezados en 1797— y no terminados, probablemente, hasta 1799— sobrepasan con mucho el nivel autobiográfico y vienen a ser una transposición al orden universal y religioso de esta experiencia concreta de su autor. En ellos encontramos lo fundamental del sistema novaliano, en especial las últimas etapas de este proceso ascensional del Universo hacia Dios del que hemos hablado al explicar el «idealismo mágico»; estos poemas son también un alegato antiilustrado.

De los seis himnos el central es el tercero, al que Heinz Ritter llamó «Urhymne» —el himno originario—, redactado probablemente en otoño de 1797, el primero, cronológicamente, de la serie. Los dos que le anteceden son como un preludio de éste; en los tres últimos tiene lugar la transposición al orden universal humano de la experiencia que el poeta tuvo junto a la tumba de su amada el 13 de mayo de 1797. En los dos primeros poemas domina la contraposición sueño-realidad; en el cuarto y en el quinto, la contraposición vida-muerte.

El *primer himno* tiene tres partes, que corresponden a las tres secciones de las que consta. Las dos primeras están enlazadas por una relación de adversación: «pero me vuelvo hacia el valle...». En la primera encontramos una alabanza de la luz, la que anima a todos los seres del Universo: los astros, las piedras, las plantas, los animales y el hombre. A este último le llama Novalis «el egregio Extranjero», porque, aunque vive en el reino de la Luz, no pertenece propiamente a este reino. La mención de este ser particular dentro del orden del Universo enlaza la primera parte del himno con la segunda. En ella Novalis introduce, de un modo abrupto, la primera persona: «me vuelvo hacia el valle». El poeta, el único hombre consciente de su extranjería en el mundo de la Luz —de ahí su andar flotante, *schwebend*, moviéndose de la afirmación a la negación e intentando superar las antítesis—, se debe a la Noche. La tercera parte de este poema resume la esencia de la sabiduría que el poeta espera del sentimiento y de la Noche.

El *segundo himno*, preparando más de cerca el tercero, tiene un tono polémico: en él se concentra el alegato antiilustrado que, de algún modo, quiere ser la serie entera. Empieza denostando el imperio obstinado del día, cuyo final, no obstante, está próximo —«los días de la luz están contados»—: pronto el último amanecer dará paso al nuevo sol de la Noche. Frente al sabio —fiel a Sofía y a la Noche—, el loco sigue empeñado en vivir de la Luz y se niega al gran Sueño.

El *tercer himno* es una especie de expansión poética de la nota del diario de Hardenberg que hemos reproducido más arriba y hay que entenderlo en conexión con la experiencia religiosa que se expresa en ella. La colina es la tumba de Sophie. Lo que se le revela al poeta en este momento no es únicamente la imagen de la amada, a modo de consuelo por su ausencia, sino el sentido de la muerte como camino necesario para la Vida. En este poema se afirma de un modo definitivo la vocación del poeta por la Noche: «huyó la maravilla de la tierra...», «desde entonces (...) siento (...) una inmutable confianza en el Cielo de la Noche».

El nuevo tono que se advierte en los tres últimos himnos nos hace ver hasta qué punto el tercero es el quicio de la serie y los dos primeros una preparación para éste.

El *cuarto himno* es el poema de la síntesis entre la Luz y la Noche. Símbolo de esta síntesis es el monte que separa los dos mundos —el más acá y el más allá—, en el que el hombre «se construye cabañas de paz» —alusión clara al pasaje evangélico de la transfiguración de Cristo— y desde el que «mira al otro lado». La experiencia que el poeta ha tenido junto a la tumba de su amada ha dado un nuevo sentido a su vida y a sus relaciones con el mundo de la Luz; está dispuesto a vivir en él —«con placer moveré mis manos laboriosas»—, a admirar sus maravillas y a escudriñar sus enigmas; sin embargo, su corazón permanecerá fiel a la Noche.

En el pasaje que precede inmediatamente a los versos que cierran este himno, al igual que en la última parte del primero, encontrará el lector una caracterización acabada de lo que para Novalis es la sabiduría de la Noche. Los versos finales —podemos decir, siguiendo una sugerente comparación de Kluckhohn—, con su ritmo seguro y regular, que contrasta con la andadura vacilante que ha tenido toda la obra hasta este momento, a una lectura auditiva, musical, pueden producirle la misma impresión que, en una cantata de J. S. Bach, por ejemplo, produce la aparición de un coral después de las arias y los recitativos. Es en este momento, quizás, donde surge por primera vez el verdadero carácter hímnico de la obra: lo que hasta ahora había sido sólo una meditación se convierte en este momento en un canto de alegría y de acción de gracias.

En el *quinto himno,* el más extenso de la serie, es donde tiene lugar propiamente la transposición de la experiencia religiosa del poeta —su esperanza de volver a encontrar a Sophie, su fe en la Noche— al plano de la historia del Universo entero. De algún modo cabe emparentar este himno con el cuento simbólico con el que termina la primera parte del *Enrique de Ofterdingen* y del que nos ocuparemos al comentar esta novela. En el manuscrito de Novalis encontramos una anotación que resume el contenido de este himno: «Mundo antiguo. La muerte. *Xtus-mundo nuevo.* El mundo del futuro.»

Aunque es difícil señalar aquí límites tan precisos como los que hemos trazado al comentar las distintas secciones del *himno primero,* creo que podemos dividir el quinto en tres partes. En la primera, que correspondería al primer párrafo, el poeta, en una sucesión rápida de alusiones, presenta la Historia de la Humanidad hasta Grecia. Aparecen en forma velada los mitos de la Atlántida, del gigante Atlas, de Ceres, de Dionysos... La Grecia clásica, presentada aquí con la admiración que por ella profesaba el clasicismo alemán, posee las características de una Edad de Oro —«ríos, árboles, animales y flores tenían sentido humano»—. Sin embargo, se encuentra todavía bajo el imperio de la Luz —«Todas las generaciones veneraban con fervor infantil la tierna llama (...) como lo supremo del mundo»— y es vulnerable, por tanto, al espanto de la muerte: éste es el sentido de la irrupción violenta de la primera de las tres octavas.

Estas estrofas formarían una especie de transición entre la primera parte y la segunda. Ésta nos presenta el invierno del mundo, la desolación producida por la huida de la fe y de la Fantasía. Sin embargo, en esta parte se encuentran frecuentes alusiones a la esperanza en la futura salvación: «pero quedaba el misterio de la Noche», «y la Noche fue el gran seno de la revelación— a él regresaron los dioses». El mundo griego, a los ojos de Novalis, no puede adquirir su encanto definitivo hasta tanto no haya sido redimido: los dioses se han retirado al seno de la Noche «para resurgir en nuevas y magníficas figuras ante el pueblo transfigurado». En estas estrofas hay una clara alusión al poema de Schiller «Los dioses de Grecia», escrito en el mismo metro. El ocaso del mundo antiguo es la condición para que surja un mundo nuevo en el que aquél quede elevado y redimido. Quien transfigurará a este pueblo es «un Hijo de la primera Virgen y Madre». Aquí empezaría la tercera parte de este himno. En ella aparece la historia entera de la Redención: el nacimiento de Jesús, la adoración de los pastores y de los magos, la predicación del Evangelio, la muerte y la resurrección de Cristo —así como la resurrección de la Humanidad entera con él— y la historia futura del Cristianismo. Con la figura del cantor que nació en la Héllade, adoró al Niño y predicó el Cristianismo es posible que Novalis haya querido presentar una reivindicación por Cristo de la Grecia clásica que ha aparecido en la primera parte del himno y, también, insistir en la idea —central dentro de su sistema— de que tal redención es esencialmente una obra poética. Sobre esta última cuestión y sobre un importante eco que ella tuvo en la poesía catalana deberemos ocuparnos más adelante, en la parte última de esta Introducción. El himno termina con un canto a la resurrección universal.

El *sexto himno*, el único que está escrito todo él en un ritmo métrico regular, es una especie de recapitulación de los anteriores. En él aparecen los temas fundamentales de toda la obra. Es importante señalar la identificación de la unión con Cristo y la unión con Sofía —Sophie—; es decir, la elevación del amor humano al plano religioso; en esta unión se consuma la experiencia que el poeta tuvo junto a la tumba de su amada. En el diario de Novalis, con la fecha de 29 de junio de 1797, encontramos esta frase: «Cristo y Sofía», y en la última estrofa del himno leemos:

> Bajemos a encontrar la dulce Amada,
> a Jesús, el Amado, descendamos

La obra entera, a pesar de su brevedad, tuvo una elaboración lenta y en modo alguno exenta de vacilaciones en cuanto al contenido y la forma. La versión que presentamos en este volumen es la que el autor preparó en el año 1800 para su publicación en la revista *Athenäum* y puede considerarse, por tanto, como la definitiva. Entre la versión manuscrita, que se ha conservado, y la que Novalis preparó para la imprenta hay diferencias formales sobre las que conviene que prestemos atención unos momentos. A excepción de dos pasajes, el himno tercero y el principio del cuarto, Novalis redactó sus *Himnos a la Noche* en verso, o, mejor dicho, en unidades rítmicas que el poeta, en el manuscrito, separa en líneas distintas. En esta versión, previa a la que Hardenberg preparará para la imprenta, se advierte una gran vacilación en la separación de las líneas. Esta inseguridad puede ser el motivo por el cual Novalis se decidiera a renunciar, en la mayor parte de esta obra, a la primitiva redacción en lo que cabría llamar verso libre. Sin embargo, para la versión de la revista *Athenäum* decidió conservar —aunque en formato de prosa— el ritmo irregular de su versión manuscrita; éste es el sentido de los guiones que separan muchas veces las unidades rítmicas de las partes en prosa y que, tomando como base la lectura de Kluckhohn, he conservado en mi traducción castellana. Los *Himnos a la Noche* hay que leerlos, pues, como una obra escrita en su mayor parte en prosa rítmica y en la que, en perfecta consonancia con el contenido, se encuentran intercalados pasajes en verso.

5. El «Enrique de Ofterdingen»

Aunque la idea de escribir una gran obra en la que el poeta pensaba desarrollar toda su concepción de la historia y de la escatología del Universo la encontramos ya mencionada en algunas cartas de finales del año 1798, la decisión de dar a este proyecto la forma de novela y de centrar ésta en torno a la figura de un personaje determinado data del mes de junio de 1799 y hay que localizarla, concretamente, en Artern, un pueblo cercano a Weissenfels, al pie del Kyffhäuser. Heinz Ritter *(Der Unbekannte Novalis,* Göttingen, 1967) ha desmentido una leyenda —difundida por una mala comprensión de una comunicación oral de Novalis a su hermano Karl y de éste a Tieck— según la cual el *Ofterdingen* habría sido escrito en una larga temporada de solitario retiro en Artern y en la que el poeta trataba solamente con dos personas, un cuñado de Julie y el general von Funk —amigo de este último—, en casa del cual Hardenberg escribiría su novela. La leyenda, explica Ritter, tiene, sin embargo, un fondo de verdad: las visitas de Hardenberg a Artern debieron de ser breves y de carácter profesional —allí se encontraba una de las salinas que dependían de Weissenfels—, y, por tanto, no hubo lugar a esta estancia prolongada y pacífica de la que se ha hablado; lo que sí es cierto es que fue en la biblioteca de Funk donde nació la primera idea del desarrollo concreto de la obra. Allí, leyendo la crónica de Federico II, Novalis encontró un pasaje en el que se describe un debate poético entre Heinrich von Afterdingen y Walter von der Vogelweide y en el que, a pesar de la ayuda prestada al primero por el mago húngaro Klingsohr, sale vencedor von der Vogelweide. La Biblia poética que Hardenberg pensaba escribir y cuyo plan general concebiría, según Ritter, en una excursión de Artern al Kyffhäuser, tendría como protagonista al Minnesinger vencido en el debate de la Wartburg.

La novela, como «vida en forma de libro», le pareció a

Novalis el género más adecuado para su propósito, porque en ella cabían, según él, todos los géneros y con ella tenía por tanto la posibilidad de desarrollar cumplidamente su concepción filosófica y religiosa del cosmos y del hombre. Novalis se vale aquí de un genéro muy arraigado en la tradición literaria alemana: el *Bildungsroman,* es decir, el relato de la evolución espiritual de un hombre que, a través de las vicisitudes de su existencia, alcanza, en su madurez, una concepción determinada de la vida y del mundo. (Más adelante, sin embargo, deberemos detenernos unos momentos en explicar las restricciones bajo las cuales es lícito aplicar este término genérico al *Enrique de Ofterdingen.*) El modelo que Hardenberg tenía ante la vista era el *Wilhelm Meister* de Goethe. La aparición de los cuatro volúmenes de esta obra en 1795-96 había provocado una admiración sin límites entre los jóvenes románticos. Novalis, que compartió al principio este entusiasmo —llegó a conocer la novela perfectamente y a saber pasajes enteros de memoria—, acabó aborreciendo la concepción de la vida que en ella se expresaba y llegó a considerar este libro como la suma de la anti-poesía: el ideal del héroe de Goethe que, después de andar por el mundo con una compañía de cómicos, llega a encontrar su plenitud y su madurez en la sabia conjunción entre belleza y utilidad, entre cultura y vida de eficacia práctica, constituía exactamente el contrapolo de lo que para Hardenberg era el poeta: el hombre que encarna en sí y pone por obra la Poesía en la que el Universo entero consiste. De este modo el *Ofterdingen* será la réplica del *Wilhelm Meister.*

La obra presenta las diversas etapas de la evolución espiritual de un muchacho que ha sentido desde muy pronto la vocación para la poesía. En la primera parte —«La Espera»— asistimos a la maduración de Enrique hasta el momento en que el joven está ya preparado para ser poeta. La segunda parte —«La Consumación»— debía presentar la proyección de esta vocación, la obra transfiguradora de la Poesía.

La novela empieza con un sueño en el que el joven ha visto una flor azul —la Poesía. Esta visión, provocada por el relato de un extranjero —un motivo clave en la obra de Novalis y que hemos encontrado ya en los *Himnos a la Noche*— que ha visitado a la familia de Ofterdingen, ha despertado en Enrique un anhelo infinito de encontrar esta flor. Ésta representa el principio y el fin de toda la obra: la evolución espiritual del futuro poeta va de la flor azul soñada a la Flor Azul realizada, que es el amor —que en la segunda parte debía ser Matilde-Sofía-Cristo—, que, por obra de la Poesía, transfigura todo lo real y lo devuelve al seno de Dios.

El hilo argumental de la primera parte es mínimo: el viaje de Enrique, con su madre y unos mercaderes, de Eisenach a Ausburgo. En esta ciudad vive el abuelo del muchacho; allí éste se enamora de Matilde, hija de Klingsohr, poeta amigo del viejo Schwaning, el padre de la madre de Enrique. Este amor es el que le depara al muchacho la madurez para la poesía.

A lo largo de este viaje —en el que tienen lugar una serie de encuentros con distintas profesiones y estamentos y en el que se intercalan una serie de relatos—, Enrique va entrando en contacto con los diversos aspectos de la vida: la cotidianeidad sumergida en los intereses por lo inmediato —los mercaderes que le acompañan en su viaje—, la vida del guerrero —su estancia en un castillo, junto a los caballeros que se preparan para la Cruzada—, el Oriente —su encuentro con Zulima—, la Naturaleza —el encuentro con el viejo minero y los relatos que oye de él—, la Historia —el encuentro con el eremita—, la plenitud de la vida —la fiesta en casa del viejo Schwaning— y, por último, el amor. El cuento simbólico que ocupa el último capítulo de la primera parte y que Enrique oye de labios de Klingsohr viene a ser como un resumen de lo que hubiera sido la segunda parte de la novela.

Antes de detenernos en estos dos últimos puntos conviene que insistamos de nuevo en el tema del extranjero. Éste se le revela al muchacho en cada uno de sus encuentros —extranjeros son, pues, los guerreros, Zulima, el minero, etc.—. Cada uno de estos episodios es un paso adelante hacia la Poesía. En cada uno de estos momentos el joven siente que se abre ante él un mundo nuevo que le hace ver bajo una nueva luz toda su vida anterior. Este peregrinar desde la cotidianeidad de la vida de los mercaderes hasta las sublimidades del amor —que es donde empieza el reino de la Poesía— es el *Schweben* romántico: el «andar flotante» del «egregio Extranjero» del primero de los *Himnos a la Noche*, la continua superación de los contrastres, la imposibilidad de detenerse en ningún estadio de la vida y de darlo por definitivo, el continuo caminar hacia lo lejano —«a casa, siempre a casa», dirá Cyane al Peregrino en la segunda parte de la novela... En ningún momento tiene el lector la impresión de que Novalis desprecie ninguno de los estamentos que van apareciendo en la obra; sin embargo, Enrique no irá a las Cruzadas, ni a Oriente, ni será minero... El verdadero extranjero es en realidad Enrique, porque él es el único que será sensible a lo incompleto de cada uno de los estadios de la vida y que seguirá buscando incansablemente la síntesis de todos ellos. Donde tal vez se pueda apreciar mejor este balanceo de Enrique de un extremo al otro es en la segunda parte del capítulo IV, en el momento en el que el futuro poeta pasa repentinamente del entusiasmo guerrero que le infunden los cruzados al amor y la admiración por el Oriente lejano que siente el muchacho al oír los relatos de Zulima, la joven que ha sido arrancada de su patria y convertida en esclava por estos mismos cruzados.

P. Kluckhohn (Novalis, *Schriften* I, S. 58) ha señalado la estructura dialéctica que se encuentra en casi todos los capítulos de la novela de Hardenberg; la contraposición de dos ámbitos de la vida, por un lado, y el intento de mostrar su mutua pertenencia en una unidad superior, por otro: en el primer capítulo, la doble concepción del sueño —para Enrique, «un don divino», para el padre del muchacho, en cambio, «falacias» e «inutilidades que sólo pueden hacerte daño»—; en el tercero, el mundo del comercio frente al mundo del arte; en el cuarto, el entusiasmo de los cruzados frente a la nostalgia de Zulima; en el quinto, la Naturaleza y la historia; en el sexto, la alegría de vivir —la fiesta en casa del viejo Schwaning— frente al despertar del amor.

La obra entera tiene un carácter musical: reproduce un estado de ánimo, no narra unos acontecimientos ocurridos, carece totalmente de elementos dramáticos; en ella lo narrativo está al servicio del designio fundamental de la novela: el desarrollo en el alma de un joven de su vocación para la poesía. El lector no debe buscar en este libro realismo alguno, coherencia argumental ni descripción psicológica. Marcel Camus, en el prólogo a su traducción de esta obra (Aubier-Montaigne), hace notar que en la novela de Hardenberg no encontramos siquiera la más mínima descripción física de su protagonista; el autor se limita a decir que la figura de Enrique es «como la palabra de un desconocido a la que uno de momento casi no presta atención, pero que luego, mucho tiempo después de haberse marchado éste, es como un capullo que va abriéndose cada vez más...». Lo que en la obra hay de autobiográfico —la descripción de la vida en la mina, por ejemplo— se encuentra envuelto en una atmósfera de irrealidad y fantasía, la irrealidad y la fantasía que constituyen dentro del sistema de Novalis la verdadera realidad.

Conviene señalar la dimensión musical de la obra. Como en los *Himnos a la Noche,* nos parece recomendable aquí una lectura auditiva, un dejarse llevar por el torrente de la narración como por una música. El lector oirá cómo unos motivos reaparecen periódicamente, cómo unos temas se transforman en otros emparentados con ellos, cómo todo se encamina hacia una recapitulación. Los poemas intercalados a lo largo del relato no dan nunca la impresión de añadidos artificiales; al igual que en los *Himnos,* es la misma prosa que, en un momento de especial concentración, parece convertirse por sí sola en verso.

Por su particular importancia y complejidad vale la pena que nos detengamos unos momentos en el cuento simbólico que ocupa casi la totalidad del último capítulo de la primera parte. Lo cuenta el poeta Klingsohr a Enrique y Matilde, al viejo Schwaning y a sus amigos.

El sentido de este cuento simbólico lo resume el mismo Novalis en una carta a Fr. Schlegel de 18 de junio de 1800: «El antagonismo entre la luz y la sombra, la nostalgia de un éter claro, cálido, penetrante, lo Sagrado-Desconocido, la diosa Vesta, en Sofía, la mezcla del elemento romántico de todos los tiempos, la razón petrificante y petrificada, Arctur, el azar, el Espíritu de la vida, trazos sueltos, como arabescos sólo... así es como yo veo mi cuento.»

P. Kluckhohn, cuya interpretación sigo, divide el cuento en cinco partes. En la primera se presenta el mundo, abandonado por Sofía —la Sabiduría—, sumido en un invierno helado gobernado por Arctur, el azar. País hermoso pero petrificado, frío, silencioso; en él sólo se oye el ruido del taller de las Parcas que tejen la vida de los hombres. Es una descripción más pormenorizada del estadio del mundo que encontramos en la segunda parte del quinto de los *Himnos a la Noche*. Freya —la diosa germánica del amor—, la hija de Arctur, es el Amor que, despertado por Eros, debe salvar al mundo. De ella emana una fuerza magnética; esta fuerza es la que, al tocar la espada del héroe, Hierro, y al lanzar éste el arma al aire, señalará el camino que conduce a Freya. Aquí hay que pensar de nuevo en la transposición al idealismo novaliano de la ciencia Física del siglo XVIII: el magnetismo no es más que un estadio inferior de la única fuerza que mueve el universo; por esto el camino hacia la redención del mundo por el amor lo señalan los fragmentos de la espada de Hierro tocada por Freya.

La segunda parte presenta la casa de Eros, el dios del amor; Ginnistan, nodriza de Eros, representa la Fantasía; Fábula, hija del padre de Eros y de Ginnistan, representa la Poesía, y el Escriba representa la Razón. Sofía es la sabiduría que somete a prueba lo que escribe la Razón —por esto muchas veces, contrariamente a lo que ocurre con lo que escribe la pequeña Fábula, las hojas escritas por el Escriba se borran al ser sumergidas dentro del cáliz de aquella diosa. La varilla de hierro que el padre trae del patio es un fragmento de la espada del héroe. La fuerza magnética que posee, emanada de Freya, es lo que hace crecer a Eros y lo empuja irresistiblemente a la búsqueda del Amor.

La tercera parte describe el viaje de Eros y Ginnistan al reino de la Luna, la Imaginación, el padre de Fantasía. En el jardín del padre de Ginnistan, Eros tiene una visión que le hace presentir el verdadero fin del viaje; ante sus ojos pasa toda la cosmogonía novaliana: en un espectáculo abigarrado que recuerda un cuadro del Bosco contempla la vida humana en todo su color y variedad —como si en esta página se concentraran los ocho primeros capítulos de la novela—, el horror de la muerte —de nuevo resuena aquí el quinto himno— y por fin el triunfo de la Flor Azul. Sin embargo, Eros, a quien Ginnistan no le ha permitido beber del líquido que les ha dado Sofía, no comprende el sentido de la visión y se deja seducir por la Fantasía. Eros permanece retenido en el reino de la Luna. Fantasía ha sido debilitada por el placer erótico. La ausencia de Eros y Ginnistan hacen que el Escriba, confabulado con los criados de la casa, se adueñe de ella, aprese al padre y abrase a la madre: la tierra, abandonada por el Amor y la Fantasía, cae en poder de la Razón. Sólo Fábula, que ha logrado escapar a la persecución del Escriba, podrá salvar al mundo del dominio de éste y hacer que llegue a buen término el viaje de Eros y Ginnistan.

En la cuarta parte, Fábula baja al reino de la sombra, el reino de la Necesidad y de la muerte. Penetra en él derrotando a la esfinge, al contestar a todas sus preguntas, y, sobre todo, al pronunciar las palabras: «Sabiduría y Amor». Alí, mediante los espectros a los que da vida con su canción, consigue asustar a las Parcas. El Escriba las salva de estas visiones gracias a los poderes mágicos de la madrágora.

Mediante su lira, Fábula logra consolar a Ginnistan y apaciguar a Eros, que se ha convertido en un muchacho casquivano, entre juguetón y despótico —éste es el amorcillo dieciochesco y rococó que se transformará luego, al final de la historia, en el amor romántico. Fábula ve la pira donde arde la madre. Pero la muerte de ésta es necesaria para que muera la Razón —el sol, cuya luz es absorbida por la llama de la pira y que acaba apagándose y cayendo al mar— y para que triunfe la Noche. El Escriba y sus secuaces sucumben al poder de la canción de Fábula, a la que ayudan las tarántulas, las bajas pasiones, domesticadas ahora por la música de la niña.

Fábula vuelve al reino de las Parcas, a las que hace bailar, y cuando éstas se visten con unas telas que han tejido para las arañas, mueren devoradas por estos animales.

Acompañada por los elementos de la Naturaleza que le ha dado Arctur, Fábula va a recoger las cenizas de la madre y a salvar a la tierra. Oro, Zinc, Turmalina y Fábula van a buscar al gigante Atlas; le encuentran paralizado y, mediante la experiencia galvánica —restablecido el contacto, por medio del agua, entre Oro y Zinc—, logran sanar al gigante y hacer revivir la tierra.

Fábula prosigue su obra salvadora. Cuando vuelve a la casa reanima al padre —el Sentido—, que bajo el imperio de la Razón yacía en un profundo sueño, y lo une eternamente a la Fantasía. Todos juntos beben del cáliz de Sofía, en cuya agua han mezclado las cenizas de la madre, y esta bebida —alusión a la Eucaristía— se convierte para ellos en alimento de vida eterna: la madre vive en cada uno de sus hijos.

La última parte presenta el viaje de Eros y Fábula por una tierra renovada en la que se ha fundido ya el hielo y en la que ha empezado una eterna primavera. Eros despierta a Freya —de nuevo por la fuerza de la corriente galvánica—; Arctur y Sofía entregan el reino a Eros y Freya, un reino cuyo trono será un eterno lecho nupcial y con cuyo imperio empezará la Edad de Oro definitiva.

La segunda parte de la novela empieza con un largo poema en el que, al igual que en el cuento simbólico, si bien en forma muy distinta, se resume todo el sistema novaliano. Astralis, en boca de quien está puesto el poema, es el hombre sideral —el nombre está tomado de la teosofía: el mundo de los astros como esfera intermedia entre la materia y el espíritu— nacido de Enrique y Matilde; personifica el espíritu mismo de la Poesía y, por tanto, el alma que mueve todas las cosas hacia el Verbo de Dios. Nos cuenta su nacimiento, su evolución desde el sopor preconsciente hasta la plenitud de la conciencia, y su obra transfiguradora de todo lo real. En el poema se encuentran alusiones a la primera parte del *Enrique de Ofterdingen* —la Flor Azul, el banquete en casa del viejo Schwaning, el comienzo del reino de Fábula...— y a la misma vida de Novalis —la revelación que tuvo junto a la tumba de Sophie, la nueva luz que adquiere el mundo terrenal después de esta revelación... En muchos momentos recordará el lector los pasajes fundamentales de los *Himnos a la Noche* —la primera parte del tercero, el cuarto; los versos últimos del poema se parecen mucho a los primeros de la conclusión del quinto... En pocos pasajes de la obra de Hardenberg podemos encontrar expresiones tan bellas y concentradas y que mejor definan los momentos fundamentales de la cosmovisión de este poeta. La esencia del espíritu de la Poesía:

> Yo soy el centro y la sagrada fuente,
> de ella el anhelo fluye impetuoso
> y en ella, en mil torrentes dispersado,
> se calma todo anhelo y se remansa.

El Verbo divino, la meta a la que toda criatura, despertada por la Poesía, tiende:

> Fábula empieza a devanar sus hilos,
> el juego original
> de cada cosa empieza,
> todo ser, meditando,
> busca la Gran Palabra.

La unificación total a la que tiende toda la creación:

> Todo tiene que penetrar en todo,
> que florecer y madurar en todo

La identificación entre el sueño y la realidad:

> El mundo se hace sueño, el sueño mundo.

El resto de lo que Novalis dejó escrito de esta segunda parte —no llegó a terminar el primer capítulo— vuelve a tomar, el hilo de la narración, si bien de un modo y en un *tempo* completamente distintos. Matilde ha muerto; Enrique, presentado ahora como un peregrino, asciende penosamente por el desfiladero de una montaña. Es interesante señalar que la muerte de la doncella no ha aparecido en la narración más que a través del sueño que el muchacho ha tenido la noche después del banquete en casa del viejo Schwaning —recordemos que según Novalis el sueño se equipara a la realidad. La primera sección de este capítulo es claramente autobiográfica: el peregrino que sube a la montaña es Hardenberg encaminándose a la tumba de Sophie. El autor ha dado ahora a su protagonista el carácter de peregrino, porque esta ascensión al sepulcro de su amada viene a ser como una peregrinación, por lo sagrado del lugar y por la gracia que en él se obtiene. En el monte tiene el peregrino una revelación parecida a la que tuvo Novalis el 13 de mayo de 1797. Se le aparece Matilde, identificada con la Madre de Dios, y a partir de aquel momento cambia completamente el estado de espíritu del peregrino: comprende el sentido de la muerte y ve bajo una nueva luz el pasado, el presente y el porvenir —la misma idea que encontramos en la nota del diario de Novalis que hemos citado en páginas anteriores; le ha sido revelada la continuidad entre este mundo y el otro. Matilde le anuncia que una muchacha, Cyane —Julie—, le acompañará en esta vida hasta tanto le llegue el momento de partir para la eternidad.

En la segunda sección del capítulo asistimos a una larga conversación entre el peregrino y Silvestre, el hombre que acogió al padre de Enrique en Roma, sobre la esencia de la conciencia moral, culminación del «idealismo mágico» novaliano. La conversación queda interrumpida bruscamente, y con ella la obra.

Sobre el sesgo que la novela debía tomar en su segunda parte es imposible saber nada cierto. El autor había ido demorando la estructuración del resto de la obra y el mismo día en que murió le confesó a Fr. Schlegel que había cambiado completamente su plan. A la muerte de Hardenberg, Tieck, basándose en recuerdos personales de conversaciones tenidas con su amigo, así como en notas escritas que éste dejó, esbozó algunos de los temas que debían figurar en la continuación del *Ofterdingen*. Para vencer a la muerte y llevar a cabo su obra de redención por la Poesía, Enrique debe penetrar en el reino de los muertos y superar los límites de su propia persona —«Tú tienes varios padres y varias madres», le dice Cyane en el fragmento del primer capítulo. El protagonista atraviesa los distintos reinos de la historia, Grecia, Oriente... y llega a la corte del emperador Federico II; luego tiene que sufrir una extraña transmigración a través de los distintos reinos de la Naturaleza; de este modo derrota el imperio de la Luz, de las estaciones, del tiempo...

Sin embargo, tanto el epílogo de Tieck como las notas sueltas que dejó Hardenberg, tienen solamente un interés documental: nos permiten atisbar algunos motivos de la novela en los que, en algún momento, debió de pensar su autor. Para completar en nuestra mente la obra de Novalis y para hacernos cargo de en qué tenía que consistir la consumación —éste es precisamente el título de la segunda parte— de la obra del trovador de la Wartburg, vale más que nos adentremos en la comprensión del poema «Astralis», del cuento simbólico que cierra la primera parte de la novela, y de los *Himnos a la Noche,* que no que intentemos reconstruir algo que ni en la mente de su autor llegó a estar nunca claro.

Hemos dicho más arriba que el término *Bildungsroman* —«novela de formación»— sólo es aplicable al *Enrique de Ofterdingen* con ciertas cautelas. En efecto, en esta obra el desarrollo espiritual del protagonista no tiene lugar propiamente *a lo largo de la vida* de éste, por acumulación y estructuración de las experiencias obtenidas en el comercio con los asuntos de todos los días. Enrique aprende —madura, habría que decir más bien— casi de un modo exclusivo a partir de lo que ve, y sobre todo de lo que oye contar, durante su viaje a Ausburgo y en casa de su abuelo, al término de este viaje. La Poesía, que, de un modo germinal, lleva el muchacho en su interior en el primer capítulo de esta obra, se despliega en él sobre todo al entrar en contacto con relatos y poemas —los de los mercaderes, los de los guerreros, los de Zulima, el minero, el eremita, Klingsohr, Schwaning... El camino que se describe en el *Enrique de Ofterdingen* es fundamentalmente un *itinerarium* lingüístico. Es éste un proceso presidido ante todo por la confianza en la palabra. En el *Enrique de Ofterdingen* ésta no es una réplica verbal de un conocimiento, de una visión previa, sino la puerta hacia este conocimiento y hacia esta visión. La palabra es precisamente lo que hay que encontrar. En el primer capítulo del relato de Hardenberg leemos:

> Debe haber muchas palabras que yo todavía no sé; si supiera más palabras podría comprenderlo todo mucho mejor.

Incluso cuando no se entiende, la palabra tiene un especial poder de fascinación, como algo que encierra un saber que algún día se revelará. En el capítulo IV, Zulima, la muchacha oriental que encuentra Enrique en las cercanías del castillo de los cruzados, hablando de las inscripciones que se encuentran en su lejana patria dice:

> A fuerza de pensar y pensar, y de barruntar el sentido aislado de alguno de estos signos, acaba uno con verdaderas ansias de descifrar el significado profundo de aquellos textos seculares. Su espíritu desconocido despierta reflexiones nuevas, y aunque uno se marche sin haber encontrado lo que buscaba, sin embargo ha hecho dentro de sí mil extraños descubrimientos.

Escuchando hablar a los mineros de su oficio, Enrique entiende poco de lo que oye, pero:

> (...) a pesar de que tanto su lengua como la mayor parte de las cosas que decían me resultaban extrañas e incomprensibles, yo no perdía ni una palabra de aquellas conversaciones. Sin embargo, lo poco que creí haber entendido no hizo más que aumentar mis ansias y mi curiosidad.

En el mismo capítulo, hablando de una canción de mineros, el Extranjero —una categoría novaliana de la que ya nos hemos ocupado— dice:

> La canción tuvo una gran acogida, por lo extraña y singular: era casi tan extraña e incomprensible como su música; pero esto mismo le daba un extraño encanto. Oyéndola nos parecía que estábamos soñando despiertos.

La palabra es algo a la vez esquivo y prometedor: Enrique daría toda su vida por acordarse de una palabra que ha oído en un sueño y de la que se ha olvidado. Así es como termina el capítulo VI de la primera parte:

> «¿Dónde estamos, Matilde?» «En casa de nuestros padres.» «¿Vamos a estar juntos?» «Sí eternamente», contestó ella, apretando sus labios contra los de él y abrazándolo tan fuertemente, que no podía separarse del muchacho. Ella pronunció en su boca una palabra extraña y misteriosa que resonó por todo su ser. Enrique iba a repetirla cuando oyó la voz de su abuelo que le llamaba y se despertó. Hubiera dado su vida entera por acordarse de aquella palabra.

Respecto al poder infinito de la palabra, en el poema de Astralis con que empieza la segunda parte del *Enrique de Ofterdingen* encontramos casi una declaración programática:

> todo ser, meditando,
> busca la Gran Palabra

Al mismo Enrique, como hemos visto, se le compara, curiosamente, con una palabra:

> Tanto los caballeros como sus esposas alababan la discreción y los modales sencillos y dulces de Enrique: su cautivante figura causaba en ellos una impresión duradera. Era como la palabra sencilla de un desconocido a la que uno de momento casi no presta atención, pero que luego, mucho tiempo después de haberse marchado, es como un capullo que se va abriendo cada vez más hasta convertirse al fin en una esplén-

dida flor de resplandecientes colores y apretadas hojas; una palabra que ya no se olvida, que uno no se cansa de repetir y en la que se encuentra un tesoro inagotable y siempre actual. A continuación quiere uno reconstruir la imagen del desconocido, y busca y rebusca en su mente hasta que de pronto comprende claramente que era un habitante de un mundo superior.

En perfecta continuidad con esta dimensión lingüística del *itinerarium* que nos presenta la novela estaría lo que cabría llamar la primacía de lo narrado sobre lo sucedido.

En el primer capítulo de la primera parte los mercaderes le hablan a Enrique de la esencia de la poesía —sin que ellos mismos sepan exactamente el alcance de lo que están diciendo—; le cuentan la historia del poeta Alion, salvado de la rapacidad de unos piratas por obra de la poesía, y la historia de la princesa que desaparece de la corte y reaparece al cabo de un año con un muchacho que ha conocido en sus paseos por el bosque. En este relato intercalado leemos:

> Y ocurrió, curiosamente, que por todo el país corría una leyenda que decía que la princesa estaba viva y que volvería pronto con su esposo. Nadie sabía de dónde venía aquella leyenda, pero todo el mundo se atenía a ella con alegre confianza, hasta tal punto que todos esperaban con impaciencia el pronto regreso de la hija del rey. Así pasaron muchas lunas hasta que volvió la primavera. «Apuesto lo que queráis —decían algunos con extraño optimismo— a que con la primavera vuelve también la princesa.» Hasta el mismo rey estaba más sereno y más esperanzado. La leyenda se le antojaba la promesa de un poder bienhechor. Las antiguas fiestas recomenzaron; para que en la corte volviera a florecer el esplendor de antes parecía que sólo faltaba la princesa.

Y, efectivamente, la princesa regresó. La leyenda ha precedido a la realidad, se ha hecho profecía. Fijémonos en lo que ha ocurrido con este relato. Por una parte, el cuento está destinado a explicarle a Enrique en qué consiste la poesía, encierra pues la esencia de ésta (el ser de la poesía, está, por tanto, encerrado en una narración). Por otra parte, dentro del relato se cuenta cómo la poesía precede a la realidad —la leyenda del regreso de la princesa precede al regreso real de ésta—, y por último, según el Apéndice de Tieck, Enrique, en la segunda parte de la novela, debía convertirse en el poeta que, en el relato de la desaparición de la princesa, anuncia a toda la corte el regreso inminente de la muchacha; es decir, el futuro de Enrique, como sacerdote de la Poesía, se encuentra ya profetizado en el relato de los mercaderes.

En el capítulo V de la novela Enrique se encuentra representado en un libro de grabados que tiene el eremita que vive en el corazón de una montaña; en este libro Enrique ve su propia historia y la gente que participa en ella:

> Miró con más atención y descubrió con pasmo su propia figura; no era muy difícil distinguirla de entre las otras. Le pareció aquello un sueño; miró varias veces más: sí, no había duda, era él. No daba crédito a sus sentidos; en otro de los dibujos se vio de nuevo a sí mismo; aquella vez se encontraba en aquella cueva y junto a él estaban el eremita y el anciano. Examinando lentamente las ilustraciones de aquel libro fue encontrando figuras conocidas: sus padres, el duque y la duquesa de Turingia, su amigo el capellán de la corte (...). Un hombre de aspecto grave y venerable se encontraba junto a él muchas veces. El muchacho sentía un profundo respeto por esta figura alta y noble y le gustaba verse al lado de ella.

De nuevo, pues, lo narrado —aquí en dibujos— precede a lo que ocurre. Pero hay más: en este libro que Enrique encuentra en el corazón de una montaña se hallan, formando una unidad, el pasado, el presente y el futuro del protagonista: Enrique ha encontrado además a Matilde, su futura amada. En el *Enrique de Ofterdingen* encontramos de un modo reiterado una negación explícita de la lineariedad del tiempo. El viaje de Enrique es un *itinerarium mentis in mentem;* en este camino el tiempo es una mera apariencia, el despliegue aparentemente lineal de lo que ya era. En el capítulo V se dice que, después de haber escuchado las palabras del eremita, a Enrique

Aquellas horas que acababa de vivir le parecían largos años:
estaba convencido de que nunca había sentido ni pensado de
otra manera.

En el capítulo VIII leemos estas palabras entre Enrique
y Matilde:

> «Matilde (...) me parece un sueño que seas mía; pero lo que
> todavía me parece más extraordinario es que no lo hayas sido
> siempre.»
> «Me parece —dijo Matilde— que te conozco desde tiem-
> po inmemorial».

Unos versos del canto de Astralis, con el que empieza la
segunda parte de la novela, dicen así:

> El orden de las cosas ya no es tiempo y espacio,
> porque aquí el Porvenir y el Pasado se juntan.

Se trata de una obra llena de interrogantes, no hay duda;
de un texto abierto a múltiples interpretaciones. (Para ci-
tar un ejemplo solamente: la que, siguiendo a Kluckhohn,
hemos dado del cuento simbólico con el que termina la
primera parte de la novela es sólo una de las muchas que se
pueden encontrar en la investigación sobre Novalis.) Sin
embargo no parece que haya ninguna duda de que el *Enrique de Ofterdingen*, a pesar de los elementos ilustrados, o pre-
rrománticos, que puedan encontrarse en esta obra —algunas concepciones sobre el oficio de poeta explicadas por
Klingsohr, por ejemplo—, es antes que nada un alegato
antiilustrado. Resulta difícil estar de acuerdo con las palabras de G. Schulz —quien, por otra parte, ha presentado a
un Novalis romántico en otros trabajos— cuando dice
que el mensaje de la novela de Hardenberg es un mensaje
tan racional como el de otras novelas de su tiempo —*Lucinde* de Fr. Schlegel, por ejemplo—, y que tal mensaje no
es más que éste: «que el arte —Novalis habla de la poesía— está en situación de establecer paz y armonía en el
mundo, sólo con que se le abran los oídos, los ojos, las cabezas y los corazones, y que la tarea del poeta es despertar

tal disposición para la poesía»[1]. En el *Ofterdingen* parecen estar muy claros elementos no racionales, antiilustrados —en muchos casos, concretamente, antikantianos—, como la disolución de la continuidad del tiempo, el primado del sueño y la fantasía sobre la razón —Fábula y el Escriba—, el rechazo del mundo burgués —basado en la producción de bienes cuya posesión, que no busca otra cosa que esconder el vacío de la vida, corrompe las relaciones entre los hombres—, la síntesis de lo finito y lo infinito, la identificación entre historia y poesía, la idea de la contemplación como un proceso de reconocimiento de uno mismo en lo que está fuera del sujeto, etc.[2]. A la vista de tales elementos, se hace difícil abandonar la idea de un Novalis enfrentado a la Aufklärung y de aceptar que este aparato conceptual no es más que la envoltura, el ornato «poético», de ideas más del siglo XVIII que del siglo XIX.

6. OTRAS OBRAS DE NOVALIS

Aunque las obras más importantes de este poeta son las que presentamos en este volumen, conviene, antes de terminar esta Introducción, decir algo sobre los *Cantos Espirituales, Los aprendices de Sais, Fe y amor* y *La Cristiandad o Europa*.

Los *Cantos Espirituales* constituyen una colección de quince poemas religiosos escritos por Hardenberg antes y después de los *Himnos a la Noche*. Aunque es posible encontrar relaciones temáticas entre aquel poemario y estos himnos —A. Ferrari señala, por ejemplo, similitudes entre el canto IV y el himno III—, se trata de un tipo de poe-

---

[1] Cfr. De Boor/Newald. *Geschichte der Deutschen Literatur*, Bd. VII, 1, C. H. Beck, München 1983, S. 422.
[2] *Vid.* J. L. Villacañas, *La quiebra de la razón ilustrada: idealismo y romanticismo.* Madrid, Cincel 1990, págs. 208 y ss.; también, Marisa Siguan, *Romanticismo/Romanticismos*, M. Siguan, ed. en «Novalis: nostalgia y utopía política. Una respuesta romántica a Kant». PPU, Barcelona 1988.

sía completamente distinto: los *Geistliche Leider* se mueven más bien dentro del ámbito de la poesía efusiva, intimista, sentimental, más orientada a transmitir y despertar sentimientos religiosos que a servir de vehículo a un ideario teológico y religioso concreto, como es el caso en los *Himnos*. Poemas de una métrica ceñida y regular —en contraste en esto también con los *Himnos*—, los *Cantos Espirituales* se sitúan dentro de la tradición de los *Gesangbücher* —«libros de cánticos»— de la liturgia católica y protestante. Novalis conocía tal tradición —J. K. Lavater, J. G. Schultz, F. G. Klopstock, Ch. F. Gellert... —y con esta obra quería situarse dentro de ella, aportando un nuevo modelo de este género; en una carta que escribió a Fr. Schlegel, el poeta pedía que a este conjunto de poemas se le pusiera el título de *Muestra de un nuevo libro de cantos espirituales*. En realidad, durante mucho tiempo, y hasta entrado el siglo xx, éste fue el uso que se hizo de estos poemas; von Büllow cuenta que en cierta ocasión el padre del poeta, que cantaba canciones espirituales en los servicios religiosos de una comunidad evangélica, preguntó por la autoría de la letra de una de ellas, que resultó el I de los *Geistliche Lieder*. Franz Schubert puso música a los que llevan los números V, VI, VII, IX y XV.

Estos quince poemas, que no forman en realidad un conjunto y cuya ordenación no se debe a Novalis, debían aparecer en la revista *Athenäum*, pero fueron sustituidos a última hora por los *Himnos a la Noche;* no vieron la luz pública hasta el año 1802, en el *Almanaque de las Musas para el año 1802*. Schleiermacher y Fr. Schlegel mostraban una gran admiración por estos poemas; como ocurre con otras obras de este autor, estaban destinados a una obra de mayores proporciones —de ahí el título que Hardenberg propuso que se diera a este conjunto—, pero la temprana muerte de Novalis hizo que este proyecto no pudiera ser llevado a término.

El 24 de febrero de 1798, Novalis escribe una carta a A. W. Schlegel en la que le dice que, con el título *Los aprendices de Sais,* ha empezado algo —que no dice qué es lo que va a ser— de lo que sólo tiene fragmentos, pero que «todos versarán sobre la Naturaleza». La obra, que Hardenberg se proponía terminar una vez hubiera concluido el *Enrique de Ofterdingen,* quedó incompleta. De ella han quedado dos fragmentos, uno breve y otro de mayor amplitud, y el cuento simbólico de *Hyazinth und Rosenblüte* —«Jacinto y Flor de Rosa»—, que, al igual como ocurre con el cuento del *Ofterdingen,* resume lo fundamental de la obra. En *Los aprendices* encontramos elementos de muy diversa procedencia: Goethe, Fichte, Hemsterhuis, Werner... Por su carácter incompleto y por el hecho de que en estos fragmentos aparecen distintas opiniones sobre la Naturaleza, esta obra, a pesar del cuento simbólico, deja abiertos muchos interrogantes y puede apoyar la opinión de aquellos que encuentran elementos —adherencias...— ilustrados en Hardenberg y que se resisten a la visión aproblemática y monolítica que sobre este autor se ha tenido.

En el primer fragmento se expresan diversas opiniones sobre la Naturaleza: las de «algunos», para quienes ésta es un caos hostil al ser humano; las de otros «más animosos», para quienes es algo que hay que domar por medio de la libertad —donde, de un modo inequívoco se está oyendo a Fichte—; las de «varios», para quienes a la Naturaleza sólo se accede a través de la intimidad del hombre, y a las de «un hombre serio», para quien «el sentido del mundo es la razón».

Uno de los aprendices, ante opiniones tan diversas, se siente aturdido y confuso; un «compañero animoso», para sacarle de su perplejidad y de su abismamiento, le cuenta la historia de Jacinto y Flor de Rosa: un extranjero —el conocido motivo novaliano— llega a la casa de Jacinto y le cuenta a éste muchas cosas sobre los países y las gentes que ha conocido; antes de marcharse, el desconocido le ha dado al muchacho un libro que nadie debe leer; el joven se despide de sus padres; pide a éstos que le despidan de su amada y se marcha en busca de la «velada doncella» que conoce los secretos de la Naturaleza. Después de un largo viaje, Jacinto llega al templo de la diosa Sais, se duerme

—otro motivo conocido—, porque «sólo un sueño podría conducirle a lo más santo» y, al descubrir el velo de la doncella, Flor de Rosa cae en brazos del muchacho; sólo por el amor le es posible al ser humano conocer los secretos de la Naturaleza.

En el segundo fragmento de *Los aprendices de Sais* asistimos a las opiniones de cuatro aprendices sobre el ser de la Naturaleza y sobre la posibilidad de acceder a él: para el primero sólo puede comprender la esencia de la Naturaleza aquél que deja que ella surja en su interior, en la totalidad de su desarrollo; para el segundo la Naturaleza es una «gran simultaneidad»; para el tercero los modos de acercarse a la Naturaleza son distintos en los artistas, los pensadores y los niños; para el cuarto, que es el joven a quien le han contado el cuento de Jacinto y Flor de Rosa, para que la Naturaleza se revele al hombre, es necesario que éste se abisme en el seno de ésta. Tras estas manifestaciones, y después que los aprendices han entonado un cántico, el maestro pronuncia la última palabra: el oficio de proclamar la Naturaleza requiere unas condiciones naturales que deben ser desarrolladas «desde la juventud por una constante aplicación, por medio de la soledad y el silencio, porque hablar mucho es algo que no se aviene con la atención continua que debe emplear» el que ejerce este oficio.

El ensayo *Fe y amor o el rey y la reina*, escrito en la primavera de 1798, está estructurado en 68 párrafos, numerados por el mismo autor, y desarrolla ideas políticas que ya se encuentran en algunas cartas de Novalis y sobre todo en las *Observaciones varias*, una serie de notas que, con modificaciones importantes y encabezadas por el título de *Polen*, publicó Fr. Shlegel en la revista *Athenäum* en 1798. Algunas de estas ideas, dentro de un marco muy distinto, las encontraremos luego en *La Cristiandad o Europa*.

La motivación externa de aquel ensayo es la subida al trono de Prusia de Friedrich Wilhelm III y su esposa Luise, un reinado que empezaba con el propósito de emprender reformas políticas y económicas, de luchar contra la corrupción que se había enseñoreado de la corte en el reinado anterior, de regular la censura y de propiciar en los ciudadanos una vida de sencillez y trabajo. Bajo estos auspicios escribió Hardenberg este ensayo.

El autor quería que la obra se publicara en forma de libro, con un grabado que representara la pareja real, y que se pusiera mucho esmero en la impresión; Novalis valoraba mucho su ensayo, decía que había que leerlo «con fe y amor». Los deseos del autor no pudieron ser satisfechos; en una carta al poeta, Fr. Schlegel se excusa diciendo que los libreros quieren obras que contengan temas de mayor popularidad y que, en contra de sus deseos, tiene que publicar el ensayo en el *Jahrbuch*.

Al igual como ocurre con *La Cristiandad o Europa, Fe y amor*, a pesar de que a un lector poco atento pueda darle esta impresión, no tiene que ver lo más mínimo con una reacción antiilustrada o el deseo de reinstaurar el antiguo régimen. En este ensayo Novalis propugna la idea de la poetización del estado, de la síntesis entre monarquía y república y critica una organización política centrada exclusivamente en el bienestar material de los ciudadanos. Para nuestro autor, en el estado el rey es como «el centro de un sistema planetario»; la monarquía no tiene carácter hereditario: «todo hombre debe ser capaz de ocupar el trono. El instrumento para educar a los hombres en vistas a una meta tan lejana como ésta es un rey. Él va asimilando poco a poco la masa de sus súbditos. Cada uno de ellos ha salido de un antiquísimo linaje real. ¡Pero cuán pocos llevan todavía el sello de este origen!» El monarca, que leyó el ensayo, hizo comunicar a Hardenberg su disgusto por haber olvidado que el rey también es un ser humano.

El ensayo *La Cristiandad o Europa*, escrito en los meses de octubre y noviembre de 1799, ha sido objeto también de interpretaciones que se apartan muchísimo del sentido propio de esta obra. El hecho de que no se publicara hasta 1826, en plena Restauración, y de que, incluso en vida de

Novalis, cuando éste la leyó en Jena a su círculo de amigos, no fuera bien aceptada —hasta tal punto que, para decidir si se publicaba o no, se llamó a Goethe como árbitro, que desaconsejó tal publicación—, acaba de dar a la historia de la recepción de este ensayo un sesgo torcido.

Como a *Fe y amor*, a este escrito hay que verlo también dentro de las preocupaciones postrevolucionarias y está muy lejos de ser un documento reaccionario u oscurantista. *La Cristiandad o Europa* no es ni un tratado de historia ni un escrito político de carácter programático. Para Novalis la historia constituye una unidad dialéctica cuyas oscilaciones caminan hacia la reconciliación y la paz. Con su ensayo, que Hardenberg quiso que se entendiera como una *Rede* —un discurso, un sermón casi—, el poeta quiso propiciar la llegada de esta paz y de esta reconciliación despertando en el lector «el órgano religioso», que es el instrumento para comprender el devenir histórico, porque para Novalis el historiador, o el interesado en la historia, no debe ser un hombre pasivo, sino que debe intervenir en el curso de los hechos.

7. Novalis en España

La historia de la recepción de Novalis en España tiene un capítulo muy especial en el que quisiera centrar nuestra atención unos momentos (Para la presencia del poeta romántico en las letras castellanas véase en la bibliografía el apartado dedicado a las traducciones).

En un artículo de Joan Maragall de abril de 1901 leemos:

> Novalis murió hace cien años (...) más parece contemporáneo nuestro que hijo del siglo XVIII.

Más abajo:

> Novalis era sencillamente un poeta, pero un poeta integral, es decir, que todas las cosas y sus diversos órdenes aparentes los consideraba dentro de la sola realidad poética (...) hoy todavía, al cabo de un siglo, irradia su obra.

Tres años más tarde, el poeta catalán emprende la traducción del *Enrique de Ofterdingen*. En una carta de Maragall a Unamuno de 26 de noviembre de 1906 (el poeta catalán comenta lo que el rector de Salamanca le había contado sobre su futuro *Tratado del amor de Dios,* el libro que luego se titularía *La agonía del Cristianismo,* una obra que, en años de triste recordación, alarmó tanto a la jerarquía eclesiástica española —¿habrían leído algo más que el título?, ¿entenderían correctamente el genitivo que figura en él?—, que ésta decidió prohibir su lectura...) leemos:

> Y luego aquello que me dice de que en el mundo de la poesía todo se hermana. Este sentimiento de la poesía como integración lo hago mío, y lo encuentro lleno de promesas, vagas pero sublimes. Estoy acabando una traducción catalana del *Enrique de Ofterfingen* de Novalis en el que hay mucho de esto.

Las obras de Maragall en las que de un modo más claro aparecen ecos del sistema novaliano son dos tratados teóricos, *Elogi de la paraula* y *Elogi de la Poesia,* un artículo escrito a raíz de los acontecimientos de la «semana trágica» de Barcelona, «L'església cremada», tres poemas, *El Comte Arnau, La mort de Serrallonga* y *Excelsior,* y el poema dramático *Nausica.*

Si recordamos las líneas matrices del sistema novaliano, advertiremos el gran parentesco con este ideario que reflejan estas frases del ensayo *Elogi de la Poesia* del poeta catalán:

> Poesia és l'art de la paraula, entenent per art la bellesa passada a través de l'home, i per bellesa la revelació de l'essència per la forma. Forma vull dir l'empremta que en la matèria ha deixat el ritme creador[3].

---

[3] Poesía es el arte de la palabra, entendiendo por arte la belleza pasada a través del hombre, y por belleza la revelación de la esencia por la forma. Al decir forma quiero decir la impronta que en la materia ha dejado el arte creador.

o bien este otro pasaje del *Elogi de la Paraula:*

> la paraula és la cosa més meravellosa perquè en ella s'abracen i es confonen tota la maravella corporal i tota la meravella espiritual de la Naturalesa.
> Sembla que la terra esmerci totes les seves forces en arribar a produir l'home com a més alt sentit de si mateixa; i que l'home esmerci tota la força del seu ésser en produir la paraula[4].

El gran poema *El comte Arnau,* la obra que ocupó varios años de la vida del poeta barcelonés y que encierra lo esencial de sus ideas sobre la poesía, está también muy cerca del espíritu de Novalis. En un artículo titulado «Poesía de noviembre», escrito el 7 de este mes de 1901, Maragall pone en conexión de un modo explícito a este poema con la «Cançó» de su poema:

> Viven los muertos de Novalis en el amor que mueve los elementos. Viven en la divina tristeza del recuerdo; se sumergen en el océano de la vida en cuyo fondo está Dios (...) Pocas veces se habrá sentido el cielo tan cerca de la Tierra. Pero dentro de este sentimiento horriblemente angustioso late un anhelo redentor: un anhelo de redimir poéticamente al Comte Arnau, llevándole del noviembre de nuestra Cançó al noviembre de la primavera de Novalis.

En efecto, el camino salvador del Comte Arnau es un camino en el que el cielo y la tierra están en continuidad, en el que el conde debe llevarse —elevándola y sublimándola— toda su vida pasada, una vida que, desde una perspectiva no novaliana, es «una vida de pecado», una vida de la que el conde debiera arrepentirse y que debiera dejar atrás... Lo que va a salvar esta vida pasada y va a ponerla

---

[4] la palabra es la cosa más maravillosa porque en ella se abrazan y se confunden toda la maravilla corporal y toda la maravilla espiritual de la Naturaleza.
Parece que la tierra emplee todas sus fuerzas por llegar a producir al hombre como el más alto sentido de sí misma; y que el hombre emplee toda la fuerza de su ser en producir la palabra.

en camino del paraíso va a ser la poesía, la poesía popular concretamente —ya en Novalis se decía que la poesía no es una actividad gremial, propia de unos pocos...—; una niña, una pastora del Pirineo, es quien encamina definitivamente la canción del conde:

> En un pendís de la muntanya
> hi ha una pastora de l'ull blau
> que, tot cantant la cançó estranya
> s'el va estimant, el Comte Arnau
> (...)
>
> I la pastora enamorada
> canta que canta la cançó
> li ha mudat tota la tonada
> i ha redimit el pecador[5].

La cosmovisión novaliana penetra en la misma cotidianeidad del poeta catalán. En un artículo escrito durante la «semana trágica» encontramos huellas clarísimas del pensamiento del poeta alemán: Maragall oye misa un domingo en una iglesia recientemente incendiada por los anarquistas. Para este autor es la misa más edificante y aleccionadora que ha oído en su vida. Las huellas de la barbarie —¿de la aparente barbarie?— hacen pensar en la indistinción entre la Iglesia perseguida y la Iglesia triunfante; toda verdadera Iglesia debe ser una Iglesia en lucha, en camino hacia el paraíso —como el del Comte Arnau...—; la Iglesia debe estar buscando siempre la luz, y los anarquistas,

---

[5] En la pendiente de una montaña,
una pastora de ojos claros
va cantando la canción extraña
y va amando al conde Arnaldos
(...)
Y la pastora enamorada
canta que canta la canción:
la melodía, cambiada,
ha redimido al pecador.

(traducción de María Parés. *Joan Maragall. Antología poética (Edición bilingüe)*, Madrid, Alianza Editorial 1985, pág. 151).

paradójicamente, tienen un papel en esta misión itinerante de la comunidad de los creyentes. Oigamos algunos pasajes de este artículo:

> (...) la Iglésia en viu de la persecució, perquè nasqué consubstancialment amb ella; i el seu major perill està en la pau. Per això cobra força del poble, al perseguir-la quan la veu triomfant (...) Perquè aquesta és la llei de l'amor: patir per a no adormir-se, ésser contrariat per a esclatar. I les multituds, que ens semblen mogudes per l'odi, no fan sino actuar segons aquesta llei i l'obeeixen sense coneixement, esgarriant-se per mil camins en les tenebres, cercant sortida a la llum[6].

También en el poema de la muerte del bandolero Serrallonga encontramos elementos novalianos: al confesar el ladrón sus pecados al sacerdote que le asiste en sus últimos momentos, no puede evitar el rememorar gozosamente los placeres y, en algún modo, la grandeza de la vida que ha llevado. Asimismo en el drama *Nausica* volvemos a encontrar elementos novalianos: la hija del rey de los feacios debe proporcionarle al héroe la posibilidad de encontrar su patria; el amor que surge entre los dos no puede llevarse a término porque detendría el camino del héroe; el sacrificio de la muchacha que ha encontrado a Ulises en la playa y que, a pesar de su aspecto miserable, ha sabido ver en él al héroe, adquiere en esta obra un sentido simbólico: estamos en el *Schweben* novaliano —de Nausica a Penélope—, en el progreso indefinido propugnado por el Romanticismo.

Pero donde de un modo más claro aparece, casi a modo de declaración de principios, el ideario novaliano de Maragall es en el poema «Excelsior»:

---

[6] la Iglesia vive de esta persecución, porque nació consustancialmente con ella; y su mayor peligro está en la paz. Por esto cobra fuerza del pueblo, al perseguirla éste cuando la ve triunfante (...) Porque ésta es la ley del amor: padecer para no dormirse, sufrir contrariedades para estallar. Y las multitudes, que nos parecen movidas por el odio, no hacen sino actuar según esta ley, y la obedecen sin conocerla, extraviándose por mil caminos en las tinieblas, buscando salir a la luz.

Vigila, esperit, vigila,
no perdis mai el teu nord,
no et deixis dû a la tranquila
aigua mansa de cap port.

Gira, gira els ulls en l'aire,
no miris les platges ruïns,
dóna el front an el gran aire,
sempre, sempre mar endins.

Sempre amb les veles suspenses,
del cel al mar transparent,
sempre entorn aigües esteses
que es moguin eternament.

Fuig-ne, de la terra immoble,
fuig dels horitzons mesquins:
sempre al mar, al gran mar noble;
sempre, sempre mar endins.

Fora terres, fora platja,
oblida't de tot regrés:
no s'acaba el teu viatge,
no s'acabarà mai més...[7].

---

[7] Alerta, espíritu, alerta,
no pierdas nunca tu norte,
nunca dejes que te lleven
al agua mansa de un puerto.

Mira, mira siempre al cielo,
no mires la playa ruin,
enfréntate al amplio aire,
siempre, siempre mar adentro.

Siempre las velas tendidas
del cielo al mar transparente,
siempre entre aguas extensas
inquietas eternamente.

Huye de la tierra inmóvil
y de horizontes mezquinos,
siempre al mar, al gran mar noble;
siempre, siempre mar adentro.

8. Sobre la presente traducción

Terminamos aquí estas reflexiones introductorias sobre Novalis, su obra y el sentido que ésta pueda tener. Abrimos la puerta —si el lector no la ha franqueado ya por su cuenta...— a quien se sienta interesado por los *Himnos a la Noche* y *Enrique de Ofterdingen*. Son la versión, remozada en lo que he podido, de una traducción mía de hace casi veinte años: el mayor número de modificaciones se encuentran en los pasajes en verso. Obras hermosas las que presentamos en este volumen; el placer estético que puedan depararle al lector dependerá fundamentalmente de lo que el traductor haya podido salvar de la belleza de estas páginas. En el caso de obras como las que siguen, en las que la dimensión estilística en modo alguno es un factor secundario, la fidelidad al todo de la creación literaria —al qué y al cómo— requiere a veces, si no se quiere destruir una forma que es obligado conservar, ciertas libertades en lo relativo al modo de expresar lo que el poeta ha querido decirle a su lector: no dudé en tomármelas en mi edición de 1975 y me he reafirmado en este criterio al volverme a enfrentar con estos textos; otra cuestión es si, una vez tomada esta decisión, he acertado siempre a encontrar la formulación más adecuada para cada pasaje en el que me ha parecido lícito apartarme ligeramente de la literalidad...

Son muchas las perplejidades y las dudas que le acometen al traductor y al presentador en el momento de entregar esta obra a sus lectores; en las páginas que preceden no se ha encontrado en situación de despejar todas las incógnitas ni de tomar una postura concreta en relación con las cuestiones que este autor y estas obras plantean. Sin em-

---

Fuera tierras, fuera playa,
olvida qué es regresar:
no termina tu viaje,
no terminará jamás.

(traducción de María Parés, *op. cit.*, pág. 165).

bargo, toda obra literaria puede leerse de muchas maneras; la actitud pasiva, estética, despreocupada de la problemática histórico-literaria que la obra entraña es una de ellas; en modo alguno me atrevería a formular un juicio de valor en relación con este tipo de lectura. Los libros —en su lengua original o traducidos— tienen su vida propia en manos de los lectores; esta vida se encuentra en ocasiones muy lejos de los propósitos del autor y de los quebraderos de cabeza que éste haya podido dar a sus estudiosos. Las diversas ediciones que la traducción castellana de estas dos obras —la mía y la de otros colegas— ha tenido hacen pensar en la aceptación gozosa de estos dos libros de Novalis y en una lectura múltiple de los mismos. Con el deseo de seguir propiciando esta plural vida *post mortem* sale este libro a la luz pública.

BIBLIOGRAFÍA

I. Ediciones

Bülow S III Novalis: Schriften. Hrsg. von Ludwig Tieck und Eduard von Bülow. Dritter Theil, Berlín, 1846 (= Bd. III von S⁵).

Hb Novalis: Schriften. Kritische Neuausgabe auf Grund des handschritlichen Nachlasses. Hrsg. von Ernst Heilborn. 2 Theile in 3 Bdn., Berlín, 1901.

HKA I-IV² Novalis: Schriften. Die Werke Friedrich von Hardenbergs. Hrsg. von Paul Kluckhohn (†) und Richard Samuel. Zweite, nach den Handschriften ergänzte, erweiterte und verbesserte Auflage in 4 Bdn. und 1 Begleitband, Stuttgart, 1960 ff.

—Bd. I: Das dichterische Werk. Hrsg. von Paul Kluckhohn (†) und Richard Samuel unter Mitarbeit von Heinz Ritter und Gerhard Schulz, 1960.

—*Bd. II:* Das philosophische Werk I. Hrsg. von Richard Samuel in Zusammenarbeit mit Hans-Joachim Mähl und Gerhard Schulz, 1965.

—*Bd. III:* Das philosophische Werk Ii. Hrsg. von Richard Samuel in Zusammenarbeit mit Hans-Joachim Mähl und Gerhard Schluz, 1968.

—*Bd. IV:* Tagebücher, Briefwechsel, Zeitgenössische Zeugnisse. Hrsg. von Hans-Joachim Mähl und Gerhard Schulz. Mit einem Anhang: Bibliographische Notizen und Bücherlisten bearbeitet von Dirk Schröder, 1975.

HKA I³ Novalis: Schriften. Die Werke Friedrich von Hardenbergs. Hrsg. von Paul Kluckhohn (†) und Richard Samuel. 3., nach den Handschriften ergänzte, erweiterte und verbesserte Auflage in 4 Bdn. und 1 Begleitband. Band 1: Das dichterische Werk.

Hrsg. von Paul Kluckhohn (†) und Richard Samuel unter Mitarbeit von Heinz Ritter und Gerhard Schulz. Revidiert von Richard Samuel, Stuttgart, 1977.

HN Novalis: Werke, Schriften und Briefe Friedrich von Hardenberg. Hrsg. von Hans-Joachim Mähl und Richard Samuel. 3 Bde. München (Hanser), 1978 ff.

—*Bd, I:* Das dichterische Werk, Tagebücher und Briefe. Hrsg. von Richard Samuel, 1978.

—*Bd. II:* Das philosophisch-theoretische Werk. Hrsg. von Hans-Joachim Mähl, 1978.

Kamnitzer, Ernst (Hrsg.): Novalis. Fragmente. Erste vollständige, geordnete Ausgabe, Dresden, 1929.

Kl. I-IV Novalis: Schriften. Im Verein mit Richard Samuel hrsg. von Paul Kluckhohn. Nach den Handschriften ergänzte und neugeordnete Ausgabe. 4 Bde., Leipzig, 1929.

Kohlschmidt, Hildburg und Werner (Hrsg.): Novalis Gesammelte Werke, Gütersloh, 1967.

Minor I-IV Novalis: Schriften. Hrsg. von Jakob Minor. 4 Bde. Jena, 1907. 2. Aufl, 1923.

S^{1-5} *I/II* Novalis: Schriften. Hrsg. von Friedrich Schlegel und Ludwig Tieck. 2 Bde. Berlín, 1802. 2. Aufl, 1805. 3. Aufl, 1815. 4. Aufl, 1826. 5. Aufl, 1837.

Schulz, Novalis Novalis: Werke. Hrsg. und kommentiert von Gerhard Schulz, München, 1969 (= Beck's kommentierte Klassiker).

Staiget, Emil (Hrsg.): Novalis. Gedichte. Romane, Zürich, 1968 (= Manesse Bibliothek der Weltliteratur).

Träger, Claus (Mhrsg.): Novalis. Dichtungen und Prosa. Hrsg. von C. T. und Heidi Ruddigkeit, Leipzig, 1975 (= Reclams Universal-Bibliothek. 394).

Wasmuth I-III (IV)[1,2] Novalis: Werke und Briefe. Hrsg. von Ewald Wasmuth. 3 Bde., Berlín, 1943. 2 Aufl.: Novalis: Werke, Briefe, Dokumente. Hrsg. von F. W. 4 Bde., Heidelberg, 1953-1957.

II. Obras de carácter biográfico

BING, J., *Novalis (Fr. von Hardenberg) Eine biographische Charakteristik*, Hamburg, Leipzig, 1893.

HARDENBERG, K., «Lebensbeschreibung seines Bruders. Philipp Friedrich Freiherr von Hardenberg (Novalis)», en *Euphorion*, 52, 1958 (S. 174-182).

HESSE, H./ISENBERG, K. (Hrsg.), *Novalis. Dokumente seines Lebens und Sterbens* (neu eingerichtet von V. Michels), Frankfurt a. M., 1976.

SCHULZ, G., *Novalis in Selbstzeugnissen und Bilddokumenten*, Reinbek, 1969.

III. OBRAS DE CARÁCTER GENERAL

DILTHEY, W., «NOVALIS», en *Das Erlebnis und die Dichtung*, Götingen, 1985.

HEFTRICH, E., *Novalis. Vom Logos der Poesie*, Frankfurt a. M., 1969.

HEILBORN, E., *Novalis, der Romantiker*, Berlín, 1901.

HERDERER, E., *Novalis*, Wien, 1949.

IMLE, F., *Novalis. Seine philosophische Weltanschauung*, Paderborn, 1928.

KLUCKHOHN, P., «Friedrich von Hardenbergs Entwicklung und Dichtung», en *Novalis' Schriften*, Bd. I, Stuttgart, 1960 (S. 1-67).

LUKÁKS, G., «Novalis», en *Die Seele und die Formen*, Berlín, 1911 (S. 93-117).

SCHUBART, A., *Novalis' Leben, Dichten und Denken. Auf Grund neuerer Publikationen im Zusammenhang dargestellt*, Gütersloh, 1887.

SCHULZ, G., «Die Berufslaufbahn Friedrich von Hardenberg (Novalis)», en *Jahrbuch der deutschen Schillergesellschaft*, 7, 1963 (S. 253-312).

— «Der Fremdling und die blaue Blume. Zur Novalis-Rezeption», en *Romantik heute*, Bonn-Bad Godesberg, 1972 (S. 31-47).

SPENLÉ, J.-E., *Novalis. Essai sur l'Idealisme Romantique en Allemagne*, París, 1904.

TIECK, L., «Vorrede zur dritten Auflage», en *Novalis' Schriften*, Bd. 1, Berlín, 1815 (S. XI-XXXVIII).

WOLF, A., *Zur Entwicklungsgeschichte der Lyrik von Novalis. Ein stilkritischer Versuch*, Uppsala, 1928.

IV. OBRAS SOBRE LOS «HIMNOS A LA NOCHE»

BISER, E., *Abstieg und Auferstehung. Die geistige Welt in Novalis' «Hymnen an die Nacht»*, Heidelberg, 1954.

HEUKENKAMP, U., *Das Programm einer Selbstbefreiung durch Poesie und Imagination in Novalis' «Hymnen an die Nacht»*, Berlín, 1970.

KAMLA, H., *Novalis' «Hymnen an die Nacht». Zur Deutung und Datierung*, Kopenhagen, 1945.

KOMMERELL, M., «Novalis' *Hymnen an die Nacht*», en *Gedicht und Gedanke. Auslegung deutscher Gedichte*, hrsg. von H. O. Burger, Halle, 1942 (S. 202-236).

RITTER, H., *Novalis' «Hymnen an die Nacht». Ihre Deutung nach Inhalt und Aufbau auf textkritischer Grundlage*, Heidelberg, 1974.

V. Obras sobre «Enrique de Ofterdingen»

GLOEGE, G., *Novalis' «Heinrich von Ofterdingen» als Ausdruck seiner Persönlichkeit. Eine ästhetisch-psychologische Stiluntersuchung*, Leipzig, 1911.

RITTER, H., «Die Entstehung des *Heinrich von Ofterdingen*», en *Euphorion*, 55, 1961 (S. 163-195).

SAMUEL, R., «Heinrich von Ofterdingen», en *Der Deutsche Roman. Struktur und Geschichte* (Hrsg. Benno von Wiese), Bd. I, Düsseldorf, 1963, S. 252-300.

WOLTERECK, K., *Goethes Einfluss auf Novalis' «Heinrich von Ofterdingen»*, Weida, 1914.

VI. Traducciones al castellano y al catalán

Enrique de Ofterdingen (prólogo y traducción de G. Bleiberg), Madrid, Espasa-Calpe, 1951.

Himnos a la Noche. Enrique de Ofterdingen (introducción, traducción y notas de E. Barjau), Madrid, Editora Nacional, 1975, 1981.

Himnos a la Noche (traducción de J. F. Elvira Hernández), Madrid, Alberto Corazón, 1975.

La Enciclopedia (traducción de F. Montes de Santiago), Madrid, Fundamentos, 1976.

La Cristiandad o Europa (traducción de M. Truyol Wintrich y A. Poch), Madrid, Centro de Estudios Constitucionales, 1977.

Enrique de Ofterdingen (traducción de J. M. Mínguez) Barcelona, Bruguera, 1983.

Escritos Escogidos (traducción de Jenaro Talens), Madrid, Visor, 1984.
Himnos a la Noche (traducción de J. M. Valverde), Barcelona, Icaria, 1985.
Los discípulos en Sais (traducción de Félix de Azúa), Madrid, Hyperion, 1988.
Himnos a la Noche. Enrique de Ofterdingen (traducción de E. Barjau), Barcelona, Orbis, 1982, 1990.
Himnes a la Nit (traducción de A. Tàpies Barba), Barcelona, Curial, 1975.
«Heinrich von Ofterdingen» (traducción de Joan Maragall), en *Novel·les i Narracions Romàntiques*, Barcelona, Ed. 62 i «la Caixa», 1981 (págs. 45-180).

HIMNOS A LA NOCHE

A la luz de la luna, H. Pether.

I

¿Qué ser vivo, dotado de sentidos, no ama, por encima de todas las maravillas del espacio que lo envuelve, a la que todo lo alegra, la luz – con sus colores, sus rayos y sus ondas; dulce omnipresencia, cuando ella es el alba que despierta? Como el más profundo aliento de la vida la respira el mundo gigantesco de los astros, que flotan, en danza sin reposo, por sus mares azules – la respira la piedra, centelleante y en eterno reposo, la respira la planta, meditativa, sorbiendo la vida de la tierra, y el salvaje y ardiente animal multiforme – pero, más que todos ellos, la respira el egregio Extranjero[1], de ojos pensativos y andar flotante, de labios dulcemente cerrados y llenos de música. Lo mismo que un rey de la Naturaleza terrestre, la luz concita todas las fuerzas a cambios innúmeros, ata y desata vínculos sin fin, envuelve todo ser de la tierra con su imagen celeste – su sola presencia abre la maravilla de los imperios del mundo.

Pero me vuelvo hacia el valle, a la sacra, indecible, misteriosa Noche. Lejos yace el mundo – sumido en una profunda gruta – desierta y solitaria estancia. Por las cuerdas del pecho sopla profunda melancolía. En gotas de rocío quiero hundirme y mezclarme con la ceniza. – Lejanías del recuerdo, deseos de la juventud, sueños de la niñez, breves alegrías de una larga vida y vanas esperanzas se acercan en grises ropajes, como niebla del atardecer tras la puesta del sol. En otros espacios abrió la luz sus alegres tiendas. ¿No

---

[1] *Vid.* Introducción, págs. 29 y 30.

tenía que volver con sus hijos, con los que esperaban su retorno con la fe de la inocencia?

¿Qué es lo que, de repente, tan lleno de presagios, brota en el fondo del corazón y sorbe la brisa suave de la melancolía? ¿Te complaces también en nosotros, Noche oscura? ¿Qué es lo que ocultas bajo tu manto, que, con fuerza invisible, toca mi alma? Un bálsamo exquisito[2] destila de tu mano, como de un haz de adormideras. Por ti levantan el vuelo las pesadas alas del espíritu. Oscuramente, inefablemente nos sentimos movidos — alegre y asustado, veo ante mí un rostro grave, un rostro que dulce y reverente se inclina hacia mí y, entre la infinita maraña de sus rizos, reconozco la dulce juventud de la Madre. ¡Qué pobre y mezquina me parece ahora la Luz! — ¡Qué alegre y bendita la despedida del día!. Así, sólo porque la Noche aleja de ti a tus servidores, por esto sólo sembraste en las inmensidades del espacio las esferas luminosas[3], para que pregonaran tu omnipotencia — tu regreso — durante el tiempo de tu ausencia. Más celestes que aquellas centelleantes estrellas nos parecen los ojos infinitos que abrió la Noche en nosotros. Más lejos ven ellos que los ojos blancos y pálidos de aquellos incontables ejércitos — sin necesitar la Luz, ellos penetran las honduras de un espíritu que ama — y esto llena de indecible delicia un espacio más alto. Gloria a la Reina del mundo, a la gran anunciadora de universos sagrados, a la tuteladora del amor dichoso — ella te envía hacia mí — tierna amada — dulce y amable sol de la Noche — ahora permanezco despierto — porque soy Tuyo y soy Mío[4] — tú me has anunciado la Noche: ella es ahora mi vida — tú me has hecho hombre — que el ardor del espíritu consuma mi cuerpo, que, convertido en aire, me una y me disuelva contigo íntimamente, y así va a ser nuestra noche de bodas.

---

[2] El opio.
[3] Las estrellas, mensajeras de la Luz.
[4] Al reconocer su pertenencia a la Noche, el poeta cobra conciencia de la plena posesión de sí mismo.

II

¿Tiene que volver siempre la mañana? ¿No acabará jamás el poder de la tierra? Siniestra agitación devora las alas de la Noche que llega. ¿No va a arder jamás para siempre la víctima secreta del Amor? Los días de la Luz están contados; pero fuera del tiempo y del espacio está el imperio de la Noche. – El Sueño dura eternamente. Sagrado Sueño – no escatimes la felicidad a los que en esta jornada terrena se han consagrado a la Noche. Solamente los locos te desconocen y no saben del Sueño, de esta sombra que tú, compasiva, en aquel crepúsculo de la verdadera Noche, arrojas sobre nosotros. Ellos no te sienten en las doradas aguas de las uvas – en el maravilloso aceite del almendro[5] y el pardo jugo de la adormidera[6]. Ellos no saben que tú eres la que envuelve los pechos de la tierna muchacha y convierte su seno en un cielo – ellos ni barruntan siquiera que tú, viniendo de antiguas historias, sales a nuestro encuentro abriéndonos el Cielo y trayendo la llave de las moradas de los bienaventurados, de los silenciosos mensajeros de infinitos misterios.

III

Antaño, cuando yo derramaba amargas lágrimas; cuando, disuelto en dolor, se desvanecía mi esperanza, y cuando estaba en la estéril colina[7], que, en angosto y oscuro lugar, albergaba la imagen de mi vida – solo, como jamás estuvo nunca un solitario, hostigado por un miedo indecible – sin fuerzas, pensando únicamente en la miseria. – Cuan-

---

[5] Aceite de almendras amargas; Novalis lo usó como remedio contra los calambres.
[6] El opio.
[7] Probablemente la tumba de Sophie, sobre la que no hay vegetación ninguna.

do entonces buscaba auxilio por un lado y por otro – avanzar no podía, retroceder tampoco – y un anhelo infinito me ataba a la vida apagada que huía – entonces, de horizontes lejanos azules – de las cimas de mi antigua beatitud, llegó un escalofrío de crepúsculo – y, de repente, se rompió el vínculo del nacimiento – se rompieron las cadenas de la Luz. Huyó la maravilla de la tierra y huyó con ella mi tristeza – la melancolía se fundió en un mundo nuevo, insondable – ebriedad de la Noche, Sueño del Cielo, tú viniste sobre mí – el paisaje se fue levantando dulcemente; sobre el paisaje, suspendido en el aire, flotaba mi espíritu, libre de ataduras, nacido de nuevo. En nube de polvo se convirtió la colina – a través de la nube vi los rasgos glorificados de la Amada. En sus ojos descansaba la eternidad – cogí sus manos, y las lágrimas se hicieron un vínculo centelleante, indestructible. Pasaron milenios, descendían huyendo a la lejanía, como huracanes. Apoyado en su hombro lloré; lloré lágrimas de encanto para la nueva vida. – Fue el primero, el único Sueño – y desde entonces, desde entonces sólo siento una fe eterna, una inmutable confianza en el Cielo de la Noche, y en la luz de este Cielo: la Amada.

IV

Ahora sé cuándo será la última mañana – cuándo la Luz dejará de ahuyentar la Noche y el Amor – cuándo el sueño será eterno y será solamente Una Visión inagotable, un Sueño. Celeste cansancio siento en mí – Larga y fatigosa fue mi peregrinación al Santo Sepulcro, pesada la cruz. La ola cristalina, al sentido ordinario imperceptible, brota en el oscuro seno de la colina; a sus pies rompe la terrestre corriente, quien ha gustado de ella, quien ha estado arriba en el monte que separa los dos reinos[8] y ha mirado al otro lado, a la nueva tierra, a la morada de la Noche – en ver-

---

[8] El reino de la Luz y el de la Noche, la vida en este mundo y la vida después de la muerte.

Recuerdo de Johan Bremer, C. D. Friedrich.

Paisaje nocturno con figuras junto al fuego, Frank.

dad, éste ya no regresa a la agitación del mundo, a la tierra en que anida la Luz en eterna inquietud.

Arriba se construye cabañas[9], cabañas de paz, anhela y ama, mira al otro lado, hasta que la más esperada de todas las horas le hace descender y le lleva al lugar donde mana la fuente – sobre él flota lo terreno[10], las tormentas lo llevan de nuevo a la cumbre, pero lo que el toque del Amor santificó fluye disuelto por ocultas galerías, al reino del más allá, donde, como perfumes, se mezcla con los amados que duermen en lo eterno.

Todavía despiertas, viva Luz, al cansado y le llamas al trabajo – me infundes alegre vida – pero tu seducción no es capaz de sacarme del musgoso monumento del recuerdo. Con placer moveré mis manos laboriosas, miraré a todas partes adonde tú me necesites – glorificaré la gran magnificencia de tu brillo – iré en pos, incansable, del hermoso entramado de tus obras de arte – contemplaré feliz la sabia andadura de tu inmenso y luciente reloj – escudriñaré el equilibrio de las fuerzas que rigen el maravilloso juego de los espacios, innúmeros, con sus tiempos. Pero mi corazón, en secreto, permanece fiel a la Noche y fiel a su hijo, el Amor creador. ¿Puedes tú ofrecerme un corazón eternamente fiel? ¿Tiene tu sol ojos amorosos que me reconozcan? ¿Puede mi mano ansiosa alcanzar tus estrellas? ¿Me van a devolver ellas el tierno apretón y la palabra amable? ¿Eres tú quien la ha adornado con colores y un leve contorno – o fue Ella la que ha dado a tus galas un sentido más alto y más dulce? ¿Qué deleite, qué placer ofrece tu Vida que susciten y levanten los éxtasis de la muerte? ¿No lleva todo lo que nos entusiasma el color de la Noche? Ella te lleva a ti como una madre y tú le debes a ella todo tu esplendor. Tú te hubieras disuelto en ti misma – te hubieras evaporado en los espacios infinitos, si ella no

---

[9] Alusión al pasaje evangélico que narra la transfiguración de Jesús (Luc. IX, 33: «levantemos tres tiendas...»).
[10] *Vid.* el capítulo VI de *Enrique de Ofterdingen:* «"¿Dónde está el río?" gritó (Enrique) entre sollozos. "Aquí, encima de nosotros, ¿no ves sus ondas azules?" Enrique levantó la vista y vio cómo el río azul discurría silencioso sobre su cabeza.»

te hubiera sostenido, no te hubiera ceñido con sus lazos para que naciera en ti el calor y para que, con tus llamas, engendraras el mundo. En verdad, yo existía antes que tú existieras – la Madre me mandó, con mis hermanos, a que poblara el mundo, a que lo santificara por el Amor, para que el universo se convirtiera en un monumento de eterna contemplación – me mandó a que plantara en él flores inmarcesibles. Pero aún no maduraron estos divinos pensamientos – Son pocas todavía las huellas de nuestra revelación – Un día tu reloj marcará el fin de los tiempos, cuando tú seas una como nosotros y, desbordante de anhelo y de fervor, te apagues y te mueras. En mí siento llegar el fin de tu agitación – celeste libertad, bienaventurado regreso. Mis terribles dolores me hacen ver que estás lejos todavía de nuestra patria; veo que te resistes al Cielo, antiguo, magnífico. Pero es inútil tu furia y tu delirio. He aquí, levantada, la Cruz, la Cruz que jamás arderá – victorioso estandarte de nuestro linaje.

> Camino al otro mundo,
> y sé que cada pena
> va a ser el aguijón
> de un placer infinito.
> Todavía algún tiempo,
> y seré liberado,
> yaceré embriagado
> en brazos del Amor.
> Infinita la vida
> hierve dentro de mí:
> miro desde lo alto,
> me asomo hacia ti.
> En aquella colina[11]
> tu brillo palidece,
> y una sombra te ofrece
> una fresca corona.
> ¡Oh, Bienamado[12], aspira

---
[11] En esta imagen se funden la tumba de Sophie y la de Cristo.
[12] Jesús.

mi ser todo hacia ti;
así podré amar,
así podré dormir.
Ya siento de la muerte
olas de juventud:
en bálsamo y en éter
mi sangre se convierte.
Vivo durante el día
lleno de fe y valor,
y por la noche muero
presa de un santo ardor.

V

Sobre los amplios linajes del hombre reinaba, hace siglos, con mudo poder, un destino de hierro. Pesada, oscura venda envolvía su alma temerosa – La tierra era infinita – morada y patria de los dioses. Desde la eternidad estuvo en pie su misteriosa arquitectura. Sobre los rojos montes de Oriente, en el sagrado seno de la mar, moraba el sol, la luz viva que todo lo inflama. Un viejo gigante[13] llevaba en sus hombros el mundo feliz. Encerrados bajo las montañas, yacían los hijos primeros de la madre Tierra. Impotentes en su furor destructor contra la nueva y magnífica estirpe de los dioses y la de sus allegados, los hombres alegres. La sima oscura y verde del mar era el seno de una diosa. En las grutas cristalinas retozaba un pueblo próspero y feliz. Ríos y árboles, animales y flores tenían sentido humano. Dulce era el vino, servido por la juventud, visible en su auge[14] – un dios en las uvas – una diosa, amante y maternal, creciendo hacia el cielo en la plenitud y el oro de las espigas – la sagrada ebriedad del Amor, un dulce culto a la más bella de las diosas[15] – eterna, polícroma fiesta de los hijos del cielo y de los moradores de la tierra, pasaba,

---

[13] Alusión al mito de Atlas.
[14] Hebe, la diosa de la juventud, escanciaba el néctar a los dioses.
[15] Afrodita/Venus.

rumorosa, la vida, como una primavera, a través de los siglos. Todas las generaciones veneraban con fervor infantil la tierna llama, la llama de mil formas, como lo supremo del mundo. Un pensamiento sólo fue, una espantosa imagen vista en sueños.

>Terrible se acercó a la alegre mesa,
>y en salvaje pavor envolvió el alma;
>ni los dioses supieron consolar
>el pecho acongojado de tristeza.
>Por sendas misteriosas llegó el Mal;
>a su furor fue inútil toda súplica.
>Era la muerte, que el bello festín
>interrumpía con dolor y lágrimas.
>
>Entonces, separado para siempre
>de lo que alegra aquí el corazón;
>lejos de los amigos, que en la tierra
>nostalgia sufren y dolor sin fin,
>parecía que el muerto conocía
>sólo un pesado sueño, inútil lucha.
>De los placeres se rompió la ola
>contra una roca de infinito tedio.
>
>Con alto ardor, con atrevido espíritu,
>el hombre embelleció la horrible máscara;
>un tierno adolescente ha apagado
>la luz y ahora descansa, y es suave
>como el viento en el arpa el fin del día.
>Se funden los recuerdos en las aguas
>oscuras, refrescantes de las sombras;
>la poesía cantó nuestra tristeza,
>mas el misterio de la eterna noche
>seguía todavía inescrutado,
>el grave signo de un poder lejano.

A su fin se inclinaba el viejo mundo. Se marchitaba el jardín de delicias de la joven estirpe – hacia arriba, al libre espacio, al espacio desierto, aspiraban los hombres subir, los que ya no eran niños, los que iban creciendo hacia su edad madura. Huyeron los dioses, con todo su séquito – Sola y sin vida estaba la Naturaleza. Con cadena de hierro ató el árido número y la estricta medida[16]. Como en polvo y en brisas se deshizo en oscuras palabras la inmensa floración de la vida. Había huido la fe que conjura y la compañera de los dioses, la que todo lo muda, la que todo lo hermana, la Fantasía. Frío y hostil soplaba un viento del Norte sobre el campo aterido, y el país del milagro, la patria entumecida por el frío, se levantó hacia el éter. Las lejanías del cielo se llenaron de mundos de luz. Al profundo santuario, a los altos espacios del espíritu se retiró con sus fuerzas el alma del mundo – para reinar allí hasta que despuntara la aurora de la gloria del mundo. La luz ya no fue más la mansión de los dioses y el signo del cielo – con el velo de la Noche se cubrieron. La Noche fue el gran seno de la revelación – a él regresaron los dioses – en él se durmieron, para resurgir, en nuevas y magníficas figuras, ante el mundo transfigurado. En el pueblo, despreciado por todos, madurado temprano, tercamente extraño a la feliz inocencia de su juventud, apareció, con rostro nunca visto, el mundo nuevo – En la poética cueva de la pobreza – Un Hijo de la primera Virgen y Madre[17] – de un misterioso abrazo el infinito fruto. Rico en flor y en presagios, el saber de Oriente reconoció el primero el comienzo de los nuevos tiempos – Una estrella le señaló el camino que llevaba a la humilde cuna del Rey. En nombre del Gran Futuro le rindieron vasallaje con esplendor y perfume, maravillas supremas de la Naturaleza. Solitario, el corazón celestial se desplegó en un cáliz de omnipotente amor – vuelto su rostro al gran rostro del Padre, recostado en el pecho, rico en presagios y dulces esperanzas, de la Madre, amorosamente grave. Con ardor que diviniza, los proféticos ojos del Niño en flor contemplaban los días futuros; miraba a sus amados, los retoños de su estirpe divina, sin temer por el destino terrestre de sus días. Muy pronto, ex-

---

[16] La Ilustración, el imperio del pensamiento racional.
[17] María.

trañamente conmovidos por un íntimo amor, se reunieron en torno a él los espíritus ingenuos y sencillos. Como flores, germinaba una nueva y extraña vida a la vera del Niño. Insondables palabras, el más alegre de los mensajes, caían como centellas de un espíritu divino, de sus labios amables. De costas lejanas, bajo el cielo sereno y alegre de Héllade nacido, llegó a Palestina un cantor[18] y entregó su corazón entero al Niño del Milagro:

> Tú eres el joven[19] que desde hace tiempo
> estás pensando, sobre nuestras tumbas:
> un signo de consuelo en las tinieblas —
> alegre comenzar de un nuevo hombre.
> Aquello que nos hunde en la Tristeza
> en un dulce anhelar de aquí nos saca:
> la Muerte nos anuncia eterna Vida,
> Tú eres la Muerte y sólo Tú nos salvas.

Lleno de alegría, partió el cantor hacia Indostán — ebrio su corazón de dulce amor; y esparció la noticia con ardientes canciones bajo aquel dulce cielo, y miles de corazones se inclinaron hacia él, y el alegre mensaje en mil ramas creció. El cantor se marchó, y la vida preciosa fue víctima pronto de la honda caída del hombre — Murió en sus años mozos, arrancado del mundo que amaba, de su madre, llorosa, y los amigos, medroso. El negro cáliz[20] de indecibles dolores tuvieron que apurar sus labios amorosos — Entre angustias terribles llegaba la hora del parto del mundo nuevo. Libró duro combate con el espanto de la vieja muerte — grande era el peso del viejo mundo sobre él. Una vez más volvió a mirar a su madre con afecto — y llegó entonces la mano que libera, la mano del eterno amor — y

---

[18] Se ha discutido sobre la identidad de este cantor; Wörner, Kommerell y Frye creen que se trata del mismo poeta autor de estos himnos; para Hiebel se trata de una figura que reúne estas tres: un discípulo de Jesucristo, un cantor helénico emparentado con Orfeo, y Novalis.
[19] Cristo.
[20] *Vid*. Math. 26, 39: «Padre mío, si es posible, pase de mí este cáliz.»

se durmió en la eternidad. Por unos días, unos pocos tan sólo, cayó un profundo velo sobre el mar rugiente y la convulsa tierra[21] — mil lágrimas lloraron los amados — cayó el sello del misterio — espíritus celestes levantaron la piedra, la vieja losa de la oscura tumba. Junto al durmiente — moldeados dulcemente por sueños — estaban sentados ángeles — En nuevo esplendor divino despertado, ascendió a las alturas de aquel mundo nacido de nuevo — con sus propias manos sepultó el viejo cadáver en la huesa que había abandonado y, con mano omnipotente, colocó sobre ella una losa que ningún poder levanta.

Tus amados aún lloran lágrimas de alegría, lágrimas de emoción, de gratitud infinita, junto a tu sepulcro — sobrecogidos de alegría, te ven aún resucitar — y se ven a sí mismos resucitar contigo; te ven llorar, con dulce fervor, en el pecho feliz de la Madre; pasear, grave, con los amigos; decir palabras que parecen arrancadas del Árbol de la Vida; te ven correr anhelante a los brazos del Padre, llevando contigo la nueva Humanidad, el cáliz inagotable del dorado Futuro. La Madre corrió pronto hacia ti — en triunfo celeste — Ella fue la primera que estuvo contigo en la nueva patria. Largo tiempo transcurrió desde entonces, y en creciente esplendor se agitó tu nueva creación — y miles de hombres siguieron tus pasos: dolores y angustias, la fe y la añoranza les llevaron confiados detrás de ti — contigo y la Virgen celeste caminan por el reino del Amor — servidores del templo de la muerte divina, tuyos para la Eternidad.

Se levantó la losa[22] —
Resucitó la Humanidad —
Tuyos para siempre somos,

---

[21] *Vid.* Math. 28, 2: «Y sobrevino un gran terremoto, pues un ángel del Señor bajó del cielo y acercándose removió la piedra del sepulcro y se sentó sobre ella.»
[22] Alusión a la resurrección de Jesucristo.

no sentimos ya lazos.
Huye la amarga pena
ante el cáliz de Oro,
Vida y Tierra cedieron
en la última Cena.

La muerte llama a bodas —
Con luz arden las lámparas —
Las vírgenes ya esperan —
no va a faltar aceite[23] —
que a lo lejos se oiga
el cortejo que llega,
que los astros nos hablen
con voz y acento humanos.

A ti, mil corazones,
María, se levantan.
En esta vida, en sombras,
te buscan sólo a ti.
La salud de ti esperan
con profético gozo,
si tú, Santa María,
a tu pecho les llevas.

Cuántos se consumieron
en amargos tormentos
y, huyendo de este mundo,
volvieron hacia ti.
Ellos son nuestro auxilio
en penas y amarguras —
vamos ahora a ellos,
para ser allí eternos.

Nadie que crea y ame
Llorará ante una tumba:
el Amor, dulce bien,

---

[23] Alusión a la parábola de las vírgenes prudentes y las vírgenes necias (Math. 25, 1-10).

nadie le robará —
Su nostalgia mitiga
la ebriedad de la Noche —
fieles hijos del Cielo
velan tu corazón.

Con tal consuelo avanza
la vida hacia lo eterno;
un fuego interno ensancha
y da luz a nuestra alma;
una lluvia de estrellas
se hace vino de vida,
beberemos de él,
y seremos estrellas.

El amor se prodiga:
ya no hay separación.
La vida, llena, ondea
como un mar infinito;
una noche de gozo —
un eterno poema —

VI

NOSTALGIA DE LA MUERTE

Descendamos al seno de la tierra,
dejemos los imperios de la Luz;
el golpe y el fulgor de los dolores
son la alegre señal de la partida.
Veloces, en angosta embarcación[24],
a la orilla del Cielo llegaremos.

Gloria y honor a la Noche sin fin,
el Sueño eterno sea alabado.
El día, con su sol, nos calentó,

---

[24] Alusión a la barca de Caronte.

una larga aflicción nos marchitó.
Dejó ya de atraernos lo lejano,
queremos ir a la casa del Padre.

¿En esta tierra qué vamos a hacer
con nuestro amor, nuestra fidelidad?
El hombre abandonó todo lo viejo;
ahora va a estar solo y afligido.
Quien amó con piedad el mundo pasado
no sabrá ya qué hacer en este mundo.

Los tiempos en que aún nuestros sentidos
ardían luminosos, como llamas;
los tiempos en que el hombre conocía
el rostro y la mano de su Padre;
en que algunos, sencillos y profundos,
conservaban la impronta de la Imagen.

Los tiempos en que aún, ricos en flores,
los antiguos linajes destellaban
y en que los niños, por ganar el cielo,
buscaban los tormentos y la muerte;
y en medio de la vida y la alegría
algunos pechos el amor rompía.

Tiempos en que, en ardor de juventud,
el mismo Dios al hombre se mostraba,
con amoroso ánimo entregaba
su dulce vida a una temprana muerte,
sin rechazar angustias ni dolores,
tan sólo por estar a nuestro lado.

Medrosos y nostálgicos los vemos,
velados por las sombras de la Noche;
jamás en este mundo temporal
se calmará la sed que nos abrasa.
Debemos regresar a nuestra patria,
este sagrado tiempo allí veremos.

¿Qué es lo que nos retiene aún aquí?
Los amados descansan hace tiempo.
En su tumba termina nuestra vida;
miedo y dolor invaden nuestra alma.
Ya no tenemos nada que buscar –
harto está el corazón – vacío el mundo.

De un modo misterioso e infinito,
un dulce escalofrío nos anega –
como si de profundas lejanías
se oyera resonar nuestra tristeza:
¿Será que los amados nos recuerdan
y nos mandan su aliento de añoranza?

Bajemos a encontrar la dulce Amada,
a Jesús, el Amado, descendamos –
No temáis ya: el atardecer comienza
para aquellos que aman y se afligen.
Un sueño rompe nuestras ataduras
y en el seno del Padre nos sumerge.

ENRIQUE DE OFTERDINGEN

DEDICATORIA[1]

Tú despertaste en mí el noble anhelo
de contemplar el corazón del mundo;
tu mano me dio fuerza y confianza
para pasar seguro las tormentas.

Con presagios cuidaste de tu hijo,
por fabulosos prados lo llevaste;
modelo de mujer, de dulce mente,
impulsaste su pecho al gran salto.

¿Qué es lo que me encadena a esta tierra?
Mi corazón, mi vida, ¿no son tuyos?
¿Tu amor no me protege en este mundo?

Me consagro por ti al noble arte,
pues tú, amada, quieres ser mi Musa,
duende callado que mi canto vela.

En un eterno cambio nos saluda
la misteriosa fuerza de los cantos:
allí es la paz eterna que bendice
la tierra, aquí es un mar de juventud.

Ella la luz derrama en nuestros ojos,
ella nos da el sentido de las artes;

---

[1] La destinataria de esta dedicatoria es Sophie von Kühn.

El corazón alegre y el corazón cansado
saborean el milagro de una santa ebriedad.

Sus generosos senos me criaron
por ella soy ahora lo que soy
y puedo alegre levantar la vista.

Mi más alto sentido aún dormía,
pero la vi acercarse, como un ángel;
al despertar se me llevó volando

[84]

Primera parte

LA ESPERA

I

Sus padres se habían ido a la cama y dormían; sonaba el tic-tac acompasado del reloj de pared; fuera silbaba el viento y sacudía las ventanas; la claridad de la luna iluminaba de vez en cuando la habitación.

El muchacho, inquieto, tumbado sobre su lecho, pensaba en el extranjero[1] y en todo lo que éste les había contado. «No son los tesoros —se decía— lo que ha despertado en mí este extraño deseo. Bien lejos estoy de toda codicia. Lo que anhelo es ver la Flor Azul. Su imagen no me abandona; no puedo pensar ni soñar en otra cosa. Jamás me había ocurrido algo semejante: es como si antes hubiera estado soñando, o como si, en sueños, hubiera sido trasladado a otro mundo. Porque en el mundo en que antes vivía, ¿quién hubiera pensado en preocuparse por flores? Antes jamás oí hablar de una pasión tan extraña por una flor. ¿De dónde venía este extranjero? Nadie de nosotros había visto nunca a un hombre así, y, sin embargo, no alcanzo a saber por qué he sido yo el único a quien sus palabras han causado una emoción tan grande. Los demás han oído lo mismo que yo y a nadie le ha ocurrido lo que me está ocurriendo a mí. ¡Ni yo mismo soy capaz de hablar del extraño estado en que me encuentro! A menudo es tan grande su encanto... Y aunque no tengo ante mis ojos la Flor, me siento arrastrado por una fuerza íntima y profunda: nadie puede saber lo que esto es ni nadie lo sabrá nunca. Si no

---

[1] Sobre el sentido del motivo novaliano del extranjero *vid.* Introducción, págs. 29 y 30.

fuera porque lo estoy viviendo y penetrando todo con una luz y una claridad tan grandes, pensaría que estoy loco; desde la llegada del extranjero todas las cosas se me hacen mucho más familiares. Una vez oí hablar de tiempos antiguos, en los que los animales, los árboles y las rocas hablaban con los hombres[2]. Y ahora, justamente, me parece como si de un momento a otro fueran a hablarme, y como si yo pudiera adivinar en ellos lo que van a decirme. Debe de haber muchas palabras que yo todavía no sé; si supiera más palabras, podría comprenderlo todo mucho mejor. Antes me gustaba bailar; ahora prefiero pensar al ritmo de la música.»

El muchacho fue perdiéndose lentamente en dulces fantasías y se durmió. Primero soñó en inmensas lejanías y regiones salvajes y desconocidas. Caminaba sobre el mar con ligereza incomprensible; veía extraños animales; se encontraba viviendo entre las más diversas gentes, tan pronto en guerra, entre salvaje agitación, como en tranquilas cabañas. Caía prisionero y en la más afrentosa miseria. Todas las sensaciones llegaban a un grado de intensidad que él no había conocido jamás. Vivía una vida de infinitos matices y colores; moría y volvía de nuevo al mundo; amaba hasta la suprema pasión, y era separado para siempre de su amada.

Por fin, al amanecer, cuando fuera apuntaban los primeros rayos del sol, la agitación de su espíritu se fue remansando y las imágenes fueron cobrando claridad y fijeza. Le parecía que caminaba solo por un bosque oscuro. Sólo raras veces la luz del día brillaba a través de la verde espesura. Pronto se encontró ante un desfiladero que subía montaña arriba. Tuvo que trepar por piedras musgosas, arrancadas de la roca y lanzadas corriente abajo por un antiguo torrente. Cuanto más subía, más luminoso se iba haciendo el bosque. Por fin llegó a un pequeño prado que estaba en la ladera de la montaña. Al fondo del prado se levantaba un enorme peñasco, a cuyo pie vio una abertura

---

[2] Alusión a la Edad de Oro. En su primer despertar a la poesía Enrique se siente viviendo en esta época mítica de la Humanidad.

que parecía ser la entrada de un pasadizo excavado en la roca. Anduvo por él cómodamente un buen rato, hasta llegar a un ensanchamiento, un espacio amplio del que salía una luz muy clara que él había visto brillar ya de lejos. Así que entró vio un rayo muy fuerte, que, como saliendo de un surtidor, ascendía hasta la parte más alta de la bóveda para deshacerse allí en infinidad de pequeñas centellas que se reunían abajo en una gran alberca; el rayo de luz brillaba como oro encendido; no se oía el más mínimo ruido: un sagrado silencio envolvía el espléndido espectáculo. Se acercó a la alberca, en la que ondeaban trémulos infinitos colores. Las paredes de la cueva estaban revestidas de aquel líquido, que no era caliente, sino fresco, y que desde ellas arrojaba una luz azulada y pálida. Metió la mano en la alberca y se humedeció los labios. Le pareció como si un hálito espiritual penetrara todo su ser y se sintió íntimamente confortado y refrescado. Le entró un deseo irreprimible de bañarse; se desnudó y se metió en la alberca. Le pareció que le envolvía una nube encendida por la luz roja del atardecer; una sensación celestial le invadió interiormente; mil pensamientos pugnaban, con ínima voluptuosidad, por fundirse en él. Imágenes nuevas y nunca vistas aparecían ante sus ojos; también ellas penetraban unas dentro de otras, y en torno a él se convertían en seres visibles; cada onda de aquel deleitoso elemento venía a estrecharse junto a él como un delicado seno. De aquel mar parecían desprenderse encantadoras doncellas que en aquellos momentos vinieran a tomar cuerpo junto al muchacho.

Embriagado de embeleso, pero dándose cuenta muy bien de todas las impresiones, nadó despaciosamente, siguiendo la corriente del río, que, saliendo de la alberca, se metía en la roca. Una especie de dulce somnolencia le invadió: soñaba cosas que no hubiera sido capaz de describir. Una luz distinta le despertó. Se encontró en un mullido césped, a la vera de una fuente, cuyas aguas penetraban en el aire y parecían desaparecer en él. No muy lejos se levantaban unas rocas de color azul marino, con vetas multicolores; la luz del día que le circundaba tenía una claridad y una dulzura desacostumbradas; el cielo era de un purísimo azul oscuro[3]. Pero lo que le atraía con una fuerza irresistible era una flor alta y de un azul luminoso que estaba primero junto a la fuente y que le tocaba con sus hojas anchas y brillantes. Entorno a ella había miles de flores de todos los colores, y su delicioso perfume impregnaba todo el aire. El muchacho no veía otra cosa que la Flor Azul, y la estuvo contemplando largo rato con indefinible ternura. Por fin, cuando quiso acercarse a ella, ésta empezó de pronto a moverse y a transmudarse: las hojas brillaban más y más y se doblaban, pegándose al tallo que iba creciendo; la flor se inclinó hacia él, y sobre la abertura de la corola, que formaba como un amplio collar azul, apareció, como suspendido en el aire, un delicado rostro. El dulce pasmo del muchacho iba creciendo ante aquella transformación; en aquel momento la voz de su madre le despertó, y se encontró en la habitación de sus padres, dorada ya por el sol de la mañana. Enrique estaba demasiado embelesado para molestarse por esta interrupción: dio los buenos días amablemente a su madre y le devolvió el amoroso abrazo que ésta le había dado.

—¡Eh, dormilón! —dijo el padre—. Hace rato que por tu culpa tengo que estar aquí sentado limando, sin poder usar el martillo; tu madre quería dejar dormir a su querido hijo. Hasta para el desayuno he tenido que esperar. Has sido muy listo eligiendo el estudio; por él tenemos nosotros que trabajar y velar hasta las tantas. Aunque, según me han contado, un verdadero sabio tiene que pasar noches en vela también para estudiar las grandes obras de sus ilustres predecesores.

—Padre —contestó Enrique—, no os enfadéis de que haya dormido hasta tan tarde; ya sabéis que no acostumbro a hacerlo. Tardé mucho en dormirme y tuve al princi-

---

[3] El azul es el color dominante en esta novela; en las notas preparatorias de Novalis encontramos esta frase: «todo es azul en mi libro». Es un color que aparece también con frecuencia en la obra de Hölderlin; simboliza la presencia del mundo eterno en el mundo terrestre. *Vid.* nota 20 del capítulo primero de la segunda parte.

pio muchas pesadillas, hasta que, por fin, tuve un sueño tan dulce que tardaré en olvidarme de él; creo que ha sido algo más que un sueño.

—Hijo mío —dijo la madre—, a buen seguro que has estado durmiendo boca arriba, o te habrás distraído ayer al rezar las oraciones de la noche. No tienes el aspecto de todos los días.

La madre salió de la habitación. El padre continuaba aplicado a su trabajo y decía:

—Los sueños no son más que sueños, piensen lo que quieran los sabios sobre ello; y lo que tú debes hacer es dejarte de tonterías y no pensar en estas cosas: son inutilidades que sólo pueden hacerte daño. Se acabaron aquellos tiempos en que en los sueños se mezclaban apariciones divinas; y hoy no podemos comprender, ni llegaremos a comprenderlo nunca, qué debieron de sentir aquellos hombres escogidos de los que nos habla la Biblia. En aquel tiempo todo debió de ser de otra manera, tanto los sueños como las demás cosas de los hombres.

En los tiempos en que ahora vivimos ya no existe contacto directo entre los humanos y el cielo. Las antiguas historias y las Escrituras son ahora las únicas fuentes por las que nos es dado saber lo que necesitamos conocer del mundo sobrenatural; y en lugar de aquellas revelaciones sensibles, ahora el Espíritu Santo nos habla por medio de la inteligencia de hombres sabios y buenos, y por medio de la vida y el destino de hombres piadosos. Los milagros de hoy en día nunca me han edificado mucho; nunca creí en estos grandes hechos de que nos hablan los clérigos. Con todo, que aprovechen a quien crea en ellos; yo me guardaré muy bien de apartar a nadie de sus creencias.

—Pero, padre, ¿por qué sois tan contrario a los sueños? Sean ellos lo que fueren, no hay duda de que sus extrañas transformaciones y su naturaleza frágil y liviana tienen que darnos que pensar. ¿No es cierto que todo sueño, aún el más confuso, es una visión extraordinaria que, incluso sin pensar que nos lo haya podido mandar Dios, podemos verla como un gran desgarrón que se abre en el misterioso velo que, con mil pliegues, cae en nuestro interior? En los libros más sabios se encuentran incontables historias de sueños que han tenido hombres dignos de crédito; acordaos si no del sueño que hace poco nos contó el venerable capellán de la corte y que os pareció tan curioso.

Pero aún dejando aparte estas historias, imaginad que por primera vez en vuestra vida tuvierais un sueño. ¿No es verdad que os maravillaríais y que no permitiríais que se discutiera lo extraordinario de un acontecimiento que para los demás es una cosa cotidiana? A mí el sueño se me antoja como algo que nos defiende de la monotonía y de la rutina de la vida; una libre expansión de la fantasía encadenada, que se divierte barajando las imágenes de la vida ordinaria e interrumpiendo la continua seriedad del hombre adulto con un divertido juego de niños. Seguro que sin sueños envejeceríamos antes. Por esto, aunque no lo veamos como algo que nos llega directamente del cielo, bien podemos ver al sueño como un don divino, como un amable compañero en nuestra peregrinación hacia la Santa Sepultura. Estoy seguro de que el sueño que he tenido esta noche no ha sido algo casual, sino que va a contar en mi vida, porque lo siento como una gran rueda que hubiera entrado en mi alma y que la impulsara poderosamente hacia adelante.

El padre sonrió amablemente y, mirando a la madre, que en aquel momento entraba en la habitación, dijo:

—Madre, Enrique no puede desmentir la hora que le trajo a este mundo: en sus palabras hierve el ardiente vino de Italia que había traído yo de Roma y que iluminó nuestra noche de bodas. Entonces también yo era otro hombre. Los vientos del Sur me habían despabilado; rebosaba de fuerza y alegría; y tú también eras una muchacha ardiente y deliciosa. La casa de tu padre estaba desconocida; de todas partes habían venido músicos y cantores, y hacía tiempo que no se había celebrado una boda tan alegre en Ausburgo.

—Hace poco estabais hablando de sueños —dijo la madre—. ¿Te acuerdas de que entonces me contaste uno que habías tenido en Roma y que fue el que te impulsó a venir a Ausburgo para pedir mi mano?

—Me lo recuerdas en un momento oportuno —dijo el padre—; me había olvidado completamente de aquel curioso sueño que me estuvo dando que pensar tanto tiempo; pero él es, creo, precisamente, una prueba de lo que acabo de decir. Es imposible soñar algo más claro y ordenado; ahora mismo podría contar perfectamente lo que vi, y, sin embargo, ¿qué significado ha tenido? Que soñara contigo y que sintiera inmediatamente deseos de que fueras mía era lo más natural del mundo, porque yo ya te conocía: tu natural amable y dulce me había conmovido vivamente desde un principio, y lo único que me contenía en el deseo de poseerte era el anhelo de conocer tierras nuevas. Cuando tuve este sueño mi curiosidad se había aplacado ya un tanto; por esto pudo más entonces la inclinación hacia ti.

—Contadnos aquel sueño tan extraño —dijo el chico.

—Una noche —empezó diciendo el padre— había salido yo a dar un paseo por Roma. El cielo estaba despejado y la luna, con su luz pálida y misteriosa, bañaba las viejas columnas y los muros. Mis compañeros seguían a las muchachas; a mí, la nostalgia y el amor me llevaron a salir al campo. Al fin, empecé a tener sed, y entré en la primera casa de campo que encontré para pedir un poco de vino o de leche. Salió un anciano, que debió de tomarme por un visitante sospechoso. Le dije lo que quería, y en cuanto supo que era extranjero, y alemán, me hizo entrar muy amablemente en su habitación y me trajo una botella de vino. Me hizo sentar y me preguntó cuál era mi oficio. La estancia estaba llena de libros y objetos antiguos. Nos ensartamos en una larga conversación: me contó muchas cosas de tiempos pasados, de pintores, de escultores y de poetas. Hasta entonces nunca había oído hablar de estas cosas de aquel modo. Me pareció como si estuviera en otro mundo, como si hubiera desembarcado en otro país. Me enseñó sellos grabados en piedra y otros objetos artísticos antiguos; después, con viva emoción, me leyó hermosísimos poemas, y de este modo se nos pasó el tiempo en un momento. Todavía ahora se me alegra el corazón cuando pienso en aquel hervidero de mil extraños pensamientos y sensaciones que llenaban mi espíritu aquella noche. Aquel hombre vivía en los tiempos paganos como si fueran su propio tiempo; había que ver con qué ardor anhelaba volver a aquel oscuro pasado. Por fin me enseñó una habitación en la que podría pasar el resto de la noche, porque se había hecho demasiado tarde para volver a Roma. Me dormí en seguida: me parecía que estaba en mi ciudad y que salía por una de sus puertas. Era como si tuviera que ir a alguna parte a hacer algo, pero no sabía adónde tenía que ir ni qué era lo que tenía que hacer. Me encaminé a las montañas del Harz[4], a toda prisa: se me antojaba que iba a mi boda. No me detenía ni un momento; iba campo traviesa por bosques y valles, y pronto llegué al pie de una alta montaña[5]. Cuando llegué a la cumbre divisé ante mí la Llanura Dorada[6]; desde allí dominaba toda Turingia, ninguna montaña se interponía ante mi vista. Enfrente, al otro lado, se erguía el Harz, con sus oscuras montañas; y veía multitud de castillos, monasterios y aldeas. Estando en aquella dulce contemplación se me ocurrió pensar en el anciano que me estaba hospedando aquella noche y me pareció que llevaba ya mucho tiempo viviendo en su casa. Pronto descubrí una escalera que penetraba en la montaña y descendí por ella. Al cabo de un buen rato llegué a una gran cueva[7]. Había allí un anciano vestido con larga túnica, sentado ante una mesa de hierro mirando fijamente a una doncella hermosísima que, esculpida en mármol, estaba frente a él. Su barba había crecido por encima de la mesa de hierro y cubría sus pies. Su aspecto era a la vez se-

---

[4] Macizo montañoso situado en la frontera entre la antigua República Democrática Alemana y lo que fue la República Federal de Alemania.

[5] El Kyffhäuser, un monte del Harz; según una leyenda de Turingia, en el interior de esta montaña el emperador Federico II está esperando su resurrección, tras la cual el monarca unirá de nuevo a toda la Cristiandad; esta leyenda se trasladó luego a la figura de Federico I (Barbarossa).

[6] Llanura situada entre Nordhausen, el monte Kyffhäuser y Artern, la localidad donde Novalis empezó a escribir el *Enrique de Ofterdingen*.

[7] La cueva en la que, según la leyenda a la que acabamos de hacer referencia, se encuentra Federico Barbarossa.

vero y amable, y me recordó una de las cabezas antiguas que la noche anterior me había enseñado mi huésped[8]. Una luz resplandeciente llenaba la cueva. Estando yo en este sueño, contemplando al anciano, sentí de repente que mi anfitrión me daba unas palmadas en el hombro; me cogió de la mano y me llevó a través de largos pasadizos. Al cabo de un rato vi a lo lejos un leve resplandor, como si el sol quisiera entrar en aquella galería. Corrí siguiendo aquella claridad y me encontré en seguida en una verde llanura; pero todo me pareció muy distinto: aquello no era Turingia. Inmensos árboles de hojas grandes y brillantes esparcían sombra por doquier. El aire era muy cálido, no obstante su calor no era agobiante. Por todas partes había fuentes y flores, y entre todas las flores una que me gustaba especialmente; me parecía como si las demás se inclinaran ante ella.

—¡Oh, padre!, decidme de qué color era —gritó el hijo, emocionado.

—No me acuerdo, por mucho que hayan quedado grabados en mi mente los detalles.

—¿No era azul?

—Puede ser —prosiguió el viejo, sin prestar atención a la extraña brusquedad de Enrique—. Recuerdo sólo que experimenté una sensación extraña y que estuve mucho tiempo sin acordarme de mi acompañante. Al fin, cuando me volví hacia él, me di cuenta de que me estaba mirando atentamente y de que me sonreía con íntima alegría. De qué modo salí de aquel lugar no sabría decirlo ahora. Estaba de nuevo en la cumbre de la montaña. Mi acompañante estaba a mi lado y me decía: «Has visto el milagro del mundo. De ti depende que seas el ser más feliz de la tierra y que, además, llegues a ser un hombre famoso. Fíjate bien en lo que voy a decirte: si el día de San Juan, al atardecer, vuelves a este lugar y le pides a Dios de todo corazón que te haga comprender este sueño, te será dada la mayor suerte de este mundo; fíjate sólo en una florecilla azul que encontrarás aquí; arráncala y encomiéndate humildemente

---

[8] Este busto representaba a este emperador.

al Cielo: él te guiará.» Después, siempre en sueños, me encontré entre maravillosas figuras y seres humanos; tiempos infinitos, en un mágico espectáculo de múltiples transformaciones, pasaban ante mis ojos. Mi lengua se encontraba como libre de ataduras, y todo lo que decía sonaba como música. Después de esto todo se volvió de nuevo oscuro, angosto y habitual; vi a tu madre que me miraba con ojos entre amables y avergonzados; llevaba en sus brazos a un niño resplandeciente; iba a acercármelo cuando de repente éste fue creciendo más y más, brillaba y lucía con creciente intensidad, hasta que por fin, con unas alas blancas y resplandecientes, se levantó por encima de nosotros, nos cogió en brazos y nos llevó volando tan arriba que veíamos la tierra como una escudilla de oro bellamente cincelada. Del resto del sueño me acuerdo sólo de una cosa: que volvieron a aparecer la flor, la montaña y el anciano[9]. Pero en seguida me desperté y me sentí movido por un gran amor. Me despedí de aquel huésped que me había acogido con tanta amabilidad; él me pidió que volviera a visitarle; así se lo prometí y así lo hubiera hecho de no haber salido tan pronto de Roma para dirigirme a toda prisa a Ausburgo.

---

[9] El padre ha tenido un sueño parecido al del hijo, pero no ha sabido interpretarlo: lo que en realidad era una llamada para la Poesía lo ha visto él como un anuncio de su próxima boda. En el primer capítulo de la segunda parte del *Enrique de Ofterdingen* se habla del talante no poético del padre del protagonista.

II

San Juan había pasado. Ya hacía tiempo que la madre de Enrique quería ir a Ausburgo, a casa de su padre: el abuelo todavía no conocía al nieto, a quien tanto quería. Unos buenos amigos del viejo Ofterdingen, gente de negocios, necesitaban ir a Ausburgo para sus cosas. He aquí, pues, que la madre decidió aprovechar esta ocasión para realizar su deseo; tanto más porque de un tiempo a aquella parte notaba que Enrique estaba más silencioso y ensimismado que nunca. Lo veía triste o, quizás, enfermo; pensaba que un viaje largo, el ver gente y países nuevos, y —quién sabe..., esto no lo decía ella a nadie— el encanto de una hermosa y joven paisana suya podrían tal vez ahuyentar las sombras de la mente de su hijo; esperaba que un cambio así podría devolver quizás a Enrique aquel carácter simpático y alegre que había tenido siempre. Al viejo le pareció bien el proyecto, y Enrique no cabía en sí de contento: qué alegría poder ir a un país que, por lo que desde hacía tiempo le venían contando su madre y algunos viajeros, imaginaba como un paraíso en la tierra; cuántas veces había soñado con ir allí.

Enrique acababa de cumplir veinte años. Nunca había salido más allá de los alrededores de su ciudad natal y no conocía el mundo sino por lo que había oído contar de él. Bien pocos libros habían caído en sus manos. En aquella ciudad, residencia del Landgrave, se llevaba una vida sencilla y tranquila, según las costumbres de aquella época. Incluso el esplendor mismo y las comodidades de la vida de un príncipe de entonces apenas se pueden comparar con las que un hombre acomodado, en épocas posteriores, sin ser excesivamente derrochador, se podía permitir y podía ofrecer a su familia. Pero esto mismo hacía que el hombre pusiera más cariño y afecto a todos aquellos enseres de que se rodeaba para satisfacer las más diversas necesidades de su vida: les daba más importancia y los apreciaba más. Si el misterio de la Naturaleza y el nacimiento de las cosas en el seno de ella atraía ya el espíritu de aquellos hombres, llenos de presentimientos y adivinaciones, el extraño arte con que estos enseres habían sido trabajados, la romántica lejanía de que venían, lo sagrado de su antigüedad —porque, conservados cuidadosamente, pasaban de una a otra generación— aumentaban el amor de los hombres hacia estos mudos compañeros de su existencia. A menudo se les elevaba al rango de sagrados talismanes, que guardaban una bendición y un destino especiales, y de cuya posesión dependía a veces la felicidad de reinos enteros y de familias dispersas por el mundo. Un dulce encanto y una peculiar sencillez, mezcla de severidad e inocencia, adornaban aquellos tiempos; y aquellas joyas, repartidas por manos ahorrativas, brillaban, tanto más porque eran pocas, en aquella penumbra y llenaban de maravillosas esperanzas el espíritu pensativo de aquellos hombres. Si es cierto que sólo una sabia distribución de luces, colores y sombras es capaz de mostrarnos la escondida maravilla del mundo visible y parece darnos una visión nueva y más alta de todo, no hay duda de que esta hábil distribución y esta sabia economía se encontraban por doquier en aquellos tiempos. Sin embargo, hoy en día la superior comodidad de que gozamos nos ofrece la imagen uniforme y sin matices de un mundo habitual y cotidiano. En todas las transiciones, como si fueran una especie de reinos intermedios, diríase que hay una fuerza espiritual y superior que quiere salir a la luz; y del mismo modo como en el mundo en que vivimos los parajes más ricos en tesoros subterráneos y celestes se encuentran entre las grandes montañas, fragosas e inhóspitas, y las inmensas llanuras, asimismo entre los ásperos tiempos de la barbarie y las edades ricas en arte, en ciencia y en bienestar se encuentra la época romántica, llena de sabiduría, una época que, bajo un sencillo ropaje, encubre una figura excelsa [1]. ¿A quién no le gusta pasear a la hora del crepúsculo, entre dos luces, cuando el día y la noche se encuentran y se rompen en mil sombras y colores de superior belleza y armonía? Hundámonos, pues, en los años en que vivió Enrique, cuando, pletórico de emoción, salía al encuentro de nuevos acontecimientos.

El muchacho se despidió de sus compañeros y de su maestro, el anciano y sabio capellán de palacio, que conocía muy bien las grandes cualidades de su discípulo y que, encomendándole al cielo en sus pensamientos, le dijo adiós con emoción. La condesa era la madrina de Enrique; éste había estado con ella varias veces en la Wartburg [2]; también de ella fue a despedirse el muchacho. La noble dama tuvo amables palabras para su protegido, le dio buenos consejos, le regaló una cadena de oro para el cuello y le deseó buen viaje.

Enrique se separaba con tristeza de su padre y de su ciudad natal. Ahora es cuando sabía lo que era separarse de lo que uno ama. Antes, cuando pensaba en el viaje, no había imaginado lo que iba a ser este sentimiento de verse arrancado por primera vez del mundo que hasta entonces había sido suyo y de sentirse como lanzado hacia una orilla desconocida. Es inmensa la tristeza que se apodera de un joven en esta primera experiencia de lo pasajero de las cosas de este mundo; antes de llegar a este momento de la vida todo parece necesario, imprescindible, firmemente enraizado en lo más profundo de nuestro ser e inmutable como él. La primera separación es el primer anuncio de la muerte: de su imagen ya nunca podrá olvidarse el hombre; luego, después de haber estado inquietándole largo tiempo, como una visión nocturna, a medida que va menguando

---

[1] Para Novalis lo romántico, en uno de sus sentidos, es lo que se refiere a la conciencia de la gran fuerza que mueve las cosas; aflora más en las épocas de transición que en aquellas en las que el hombre cree haber llegado a su estado definitivo.

[2] Castillo situado en Sajonia, cerca de Eisenach; es famoso porque en él se celebraron justas poéticas de minnesingers; en 1521 Lutero tradujo en este castillo el Nuevo Testamento.

en él el gusto por las apariencias del día y a medida que va creciendo el anhelo por un mundo más seguro y más estable, esta primera impresión se va convirtiendo en un amable guía y en un amigo consolador. La proximidad de su madre confortaba mucho a Enrique. El mundo que dejaba no le parecía aún perdido del todo: el muchacho la abrazaba con redoblada ternura.

Amanecía cuando los viajeros traspusieron la puerta de Eisenach, y aquella media luz favorecía la emoción que embargaba a Enrique. Conforme se iba haciendo de día el viajero iba viendo mejor las tierras, nuevas para él, que estaban atravesando; y cuando, al llegar a una altura, divisó, iluminado por la luz del sol naciente, el paisaje que abandonaba, el joven sintió que entre el turbio remolino de sus pensamientos brotaban, desde lo más íntimo de su ser, antiguas melodías. Se sentía en el umbral de aquellas tierras lejanas que tantas veces, inútilmente, había querido ver desde las montañas cercanas, y de las que él se había hecho un cuadro de extraños colores: estaba a punto de sumergirse en aquel mar azul. Tenía ante él la Flor maravillosa. Miraba hacia Turingia, el país que estaba dejando atrás, con una extraña impresión: le parecía como si, después de largos viajes, desde los países a los que ahora se dirigía volviera a su patria; como si su viaje fuera un viaje de regreso.

Sus compañeros, que iban al principio callados, lo mismo que él, como si a todos les poseyeran sentimientos e impresiones semejantes, empezaron poco a poco a despertarse y a amenizar el viaje con toda clase de diálogos y narraciones. La madre de Enrique creyó que había que sacar a su hijo de las ensoñaciones en las que le veía sumergido y empezó a contar cosas de su patria, de la casa de su padre y de la alegre vida que se llevaba en Suabia. Los mercaderes asentían a todo lo que decía la madre, apoyaban sus relatos, alababan la hospitalidad del viejo Schwaning y no se cansaban de ponderar las bellezas de las paisanas de su compañera de viaje.

—Hacéis muy bien en llevar a vuestro hijo allí —decían—. Las costumbres de vuestro país son más dulces y agradables. La gente sabe preocuparse por lo útil sin menospreciar lo placentero. Cada cual busca el modo de satisfacer sus necesidades contando con los demás y de un modo tal que atrae la atención y agrada a todo el mundo. El mercader se encuentra a gusto en Suabia; la gente le respeta. Las artes y los oficios prosperan y se ennoblecen allí; al que no es perezoso le parece ligero el trabajo: tantas y tan varias son las comodidades que éste le procura; y aunque esta ocupación pueda ser monótona y pesada, le asegura al hombre el goce de una gran variedad de frutos provenientes de múltiples y agradables actividades. El dinero, el trabajo y los productos de éste se incrementan mutuamente, se expanden en seguida por el país y hacen florecer sus pueblos y ciudades. Y del mismo modo como las horas del día se emplean para el trabajo, las de la noche se dedican sólo a los hermosos placeres de las artes y la conversación. El espíritu del hombre busca descanso y variación, y en qué lugar puede encontrarlos de un modo más noble y más bello que en el libre juego y en las obras de una facultad tan elevada como es su espíritu creador. En ninguna parte como en Suabia puede uno oír cantos de tan atractiva belleza, contemplar lienzos de mayor hermosura ni ver, en los salones de danza, movimientos más alados ni figuras más bellas. En el aire natural y espontáneo de la gente y en la animación de las conversaciones se advierte la proximidad de Italia. Vosotras, las mujeres, podéis dar color a las reuniones y, sin temor a lo que puedan decir, podéis, con vuestro encanto, despertar una animada competición por atraer la atención de los hombres. La áspera seriedad y la ruda grosería de éstos se convierten allí en una dulce vivacidad y en una suave y moderada alegría, y el amor, bajo mil figuras, pasa a ser allí el genio que dirige aquellas felices reuniones. Y todo ello, lejos de favorecer la corrupción de costumbres y de principios, no parece sino fomentar el buen orden y la paz, como si los malos espíritus huyeran de la cercanía del encanto y la gracia, y no hay duda de que en toda Alemania no podríamos encontrar muchachas más honestas y esposas más fieles que las de Suabia.

—Sí, muchacho, los aires claros y tibios del Sur disiparán este ceño tímido y taciturno; las alegres muchachas os harán más suelto y hablador. Ya vuestro nombre, por desconocido allí, y vuestro estrecho parentesco con el viejo Schwaning, que es la alegría de todas las reuniones, despertarán la curiosidad de las muchachas; no os van a faltar hermosos ojos que se fijen en vos. Y a buen seguro que, si seguís el consejo de vuestro abuelo, habréis de adornar nuestra ciudad trayéndonos una joya tan dulce y hermosa como la mujer que nos trajo vuestro padre.

La madre de Enrique se sonrojó y agradeció con una amable sonrisa la hermosa alabanza de la patria que hacían los mercaderes y la buena opinión que tenían de las mujeres de Suabia; el muchacho, a pesar de su ensimismamiento, no había podido dejar de escuchar con gran atención y con íntima complacencia las descripciones que sus compañeros de viaje hacían del país que iba a ver dentro de poco.

—Aunque no queráis seguir el oficio de vuestro padre —prosiguieron los mercaderes— y prefiráis dedicaros, según nos han dicho, al estudio, no es preciso por ello que entréis en religión y renunciéis a los más bellos placeres de esta vida. Bastante mal está ya que las ciencias y el consejo de los príncipes estén en manos de una clase tan apartada de la vida común y con tan poca experiencia de las cosas como son los clérigos. En la soledad en que viven, sin tomar parte en los negocios del mundo, es forzoso que sus pensamientos adquieran un aire de esterilidad y que no puedan atender a las cosas de esta vida. Hombres sabios y prudentes los encontraréis también en Suabia entre los laicos; podréis escoger la rama del saber humano que más os plazca: no os han de faltar los mejores maestros y consejeros.

Enrique, que al oír esto se había acordado de su amigo el capellán de palacio, dijo al cabo de un rato:

—Aunque yo, con toda mi inexperiencia de las cosas del mundo, no os pueda contradecir en lo que decís sobre la incapacidad de los clérigos para juzgar y dirigir los asuntos terrenales, permitidme que os recuerde a nuestro excelente capellán de palacio, que sin duda es un ejemplo de hombre sabio y de maestro cuyas enseñanzas y consejos yo nunca podré olvidar.

—Respetamos de todo corazón a un hombre de tan excelentes cualidades como éste —contestaron los mercaderes—; sin embargo, sólo estamos de acuerdo en lo que decía sobre su sabiduría, si por sabiduría entendéis aquel modo de comportarse en la vida que se aviene con la voluntad de Dios. Si le consideráis tan prudente en las cosas del mundo como versado y docto en las cosas que atañen a la salvación, permitidnos que disintamos de vuestro parecer. Esto no quiere decir que por ello deje de ser este religioso un hombre digno de la mayor alabanza: hasta tal punto está sumido en la ciencia de las cosas sobrenaturales, que no puede preocuparse de ver y penetrar en las terrenas.

—Con todo —dijo Enrique—, ¿no os parece que aquella sabiduría superior es precisamente la más adecuada para conducir de un modo sereno y desapasionado los asuntos de los hombres?, ¿no os parece que aquella sencillez e ingenuidad, propias de un niño, son capaces de encontrar el recto camino que conduce a través del laberinto de las cosas de este mundo de un modo más seguro que aquella sabiduría cegada por consideraciones de interés propio y desencaminada y frenada por los muchos azares y complicaciones de la vida? No sé, pero me parece como si hubiera dos caminos para llegar a la ciencia de la historia humana: uno, penoso, interminable y lleno de rodeos, el camino de la experiencia, y otro, que es casi un salto, el camino de la contemplación interior[3]. El que recorre el primero tiene que ir encontrando las cosas unas dentro de otras en un cálculo largo y aburrido; el que recorre el segundo, en cambio, tiene una visión directa de la naturaleza de todos los acontecimientos y de todas las realidades, es capaz de observarlas en sus vivas y múltiples relaciones y

---

[3] Respecto al valor que la contemplación interior tiene, en relación con la experiencia directa de las cosas, recuérdese lo que se ha dicho en la Introducción (págs. 18 y 19) sobre la idea novaliana del hombre como microcosmos y el mundo como macroanthropos.

de compararlas con los demás objetos como si fueran figuras pintadas en un cuadro. Tenéis que perdonarme que os hable como un muchacho soñador: sólo la confianza en vuestra bondad y la memoria de mi maestro, que desde hace mucho tiempo me ha enseñado este segundo camino, que es el suyo, me han podido hacer tan osado.

—Hemos de reconocer —dijeron los bondadosos mercaderes— que no somos capaces de seguir el hilo de vuestros pensamientos; sin embargo, nos place ver con qué afecto os acordáis de vuestro excelente maestro y de qué modo se conoce que habéis aprendido sus enseñanzas. Nos parece que tenéis dotes para ser poeta: habláis de un modo tan fácil y suelto de todo lo que ocurre en vuestro espíritu...; nunca os falta la expresión exacta ni la comparación adecuada. Por otra parte, se os ve inclinado a lo maravilloso, que es el elemento de los poetas.

—No sé —dijo Enrique—; desde hace tiempo oigo hablar a menudo de poetas y de trovadores, pero nunca he visto a ninguno. No puedo ni sospechar cómo debe ser el extraño arte de estos hombres; sin embargo, anhelo siempre oír hablar de él. Me parece como si tuviera que comprender mucho mejor lo que ahora no es para mí sino un vago presentimiento[4]. Sobre poesías he oído hablar mucho; sin embargo, nunca me ha sido dado ver una; mi maestro no ha tenido nunca la oportunidad de adquirir conocimientos sobre este arte. Nada de lo que me ha dicho de él lo he podido entender claramente. Sin embargo, él pensaba siempre que era un arte noble al que yo me entregaría del todo si alguna vez me era dado conocerlo. Decía que antiguamente había sido un arte mucho más extendido, que todo el mundo había tenido un conocimiento mayor o menor de él. Decía que había sido un arte emparentado con otras artes excelsas que hoy en día no se conservan. Que el cantor era un hombre distinguido de un modo

---

[4] En el capítulo V de esta novela se dice que Enrique «comprendía aquellas extrañas figuraciones y sugerencias que la contemplación del mundo había suscitado ya muchas veces en su espíritu». *Vid.* nota anterior.

especial por una gracia divina, de tal modo que, inflamado por una presencia invisible, era capaz de anunciar aquí en la tierra una sabiduría celestial que él envolvía en los acentos de una dulce armonía. Predicaba sabiduría celestial a los hombres bajo el ropaje de hermosas canciones.

A esto dijeron los mercaderes:

—En realidad, aunque muchas veces hemos oído con agrado los cantos de los poetas, jamás nos hemos preocupado por desentrañar los secretos de su arte. Es muy posible que la venida de un poeta al mundo tenga que ver con algún astro especial, porque realmente hay algo de maravilloso en este arte. Las otras se distinguen muy bien de ésta y se pueden comprender mucho mejor. Uno puede saber fácilmente lo que son la pintura y la música, y con paciencia y constancia puede uno iniciarse sin dificultad en estas artes: los sonidos están en las cuerdas, no hace falta más que adquirir la habilidad necesaria para moverlas y sacar de ellas una bella melodía. En la pintura la gran maestra es la Naturaleza: ella es la que ofrece al hombre esta infinidad de hermosas y extrañas figuras, ella es la que da a las cosas colores, luces y sombras; una mano diestra, una mirada certera y un conocimiento del modo de preparar y mezclar los colores son capaces de imitar perfectamente esta Naturaleza. Y por esto es muy fácil también comprender el efecto que estas artes producen en los hombres, el agrado que sus obras les proporcionan. El canto del ruiseñor, el murmullo del viento, las luces, los colores y las formas nos placen porque dan agradable ocupación a nuestros sentidos; y como la Naturaleza, que es la autora de todas estas cosas, ha producido también nuestros sentidos y los ha conformado según ellas, la imitación artificial de la Naturaleza tiene que agradar forzosamente a éstos. La Naturaleza misma quiere gozar del inmenso arte que en ella se encierra: por esto se transforma en seres humanos; en ellos se alegra de su propia magnificencia, separa lo placentero y dulce de las cosas y lo vuelve a crear de un modo tal, que, bajo las más variadas formas, puede disfrutar de ello en todo tiempo y lugar. En cambio, en la poesía en parte alguna podemos encontrarnos con nada externo. No es un arte que cree nada con las manos o por medio de instrumentos. La vista y el oído no perciben nada de ella, porque el efecto propio de este misterioso arte no es el hacernos oír el sonido de las palabras. En la poesía todo es interior: así como los otros artistas llenan nuestros sentidos exteriores con sensaciones agradables, el poeta llena el santuario interior de nuestro espíritu con pensamientos nuevos, maravillosos y placenteros. Él es el que sabe despertar en nosotros, a su placer, aquellas fuerzas secretas; sus palabras nos descubren un mundo maravilloso que antes no conocíamos. Tiempos pasados y futuros, figuras humanas sin número, regiones maravillosas y sucesos extraordinarios surgen ante nosotros, como saliendo de profundas cavernas, y nos arrancan de lo presente y conocido. Oímos palabras nuevas y, no obstante, sabemos lo que quieren decir. Lo que el poeta dice tiene un poder mágico: hasta las palabras más usuales adquieren en sus labios un sonido especial y son capaces de arrebatar y fascinar al que las oye.

—Con lo que me estáis diciendo —dijo Enrique— mi curiosidad se convierte en ardiente impaciencia. Por favor, contadme cosas de todos los trovadores que hayáis oído. Nunca me cansaré de oír hablar de estos extraños hombres. De repente me parece como si en mi más tierna infancia hubiera oído hablar de ellos en alguna parte, pero no puedo acordarme absolutamente de nada. Pero todo lo que me decís me resulta tan claro, tan conocido...; vuestras hermosas explicaciones me causan un placer tan grande...

—A nosotros mismos —prosiguieron los mercaderes— nos gusta recordar los buenos ratos, que no son pocos, que hemos pasado en Italia, en Francia y en Suabia en compañía de trovadores. Nos alegra el vivo interés que manifestáis por todo lo que venimos hablando. Cuando se va de viaje por las montañas, como ahora, la conversación resulta doblemente agradable y el tiempo pasa volando. Quizás os deleitaría oír contar algunas de las bellas historias que hemos oído contar en nuestros viajes. De los cantos que hemos oído poco podemos deciros, porque el placer y la embriaguez del momento nos impidieron conservarlos en la memoria; por otra parte, el trajín de nuestro oficio ha borrado de nuestras mentes muchos recuerdos.

Antiguamente toda la naturaleza debió de estar más llena de vida y de sentido que ahora. Fuerzas que hoy en día los animales apenas parecen advertir y que sólo el hombre es capaz de sentir y gozar, movían entonces cuerpos sin vida; y así era posible que hubiera hombres hábiles que, por sí solos, realizaran hazañas y provocaran fenómenos que actualmente se nos antojan totalmente inimaginables y fabulosos[5]. De este modo, según nos cuentan viajeros que todavía han oído estas leyendas de boca de la gente del pueblo, en tiempos muy remotos, en las tierras que ocupa ahora el imperio griego, debió de haber poetas que, con el extraño son de maravillosos instrumentos, despertaban la secreta vida de los bosques y los espíritus que se escondían en las ramas de los árboles; hacían revivir las simientes y convertían regiones yermas y desérticas en frondosos jardines; domesticaban animales feroces y educaban a hombres salvajes, despertando en ellos amables instintos y artes de paz, convertían ríos impetuosos en tranquilas corrientes, y hasta llegaban a arrancar a las piedras de su inmovilidad para hacerlas mover al ritmo de sus cantos. Estos hombres debieron de ser al mismo tiempo oráculos y sacerdotes, legisladores y médicos, porque su arte mágico era capaz de hacer descender a este mundo a los seres más elevados, instruirles en los secretos del futuro y revelarles las proporciones y la estructura natural de todas las cosas, y hasta las fuerzas interiores y las virtudes curativas de los números, de las plantas y de todas las criaturas.

A partir de entonces, dicen las leyendas, la naturaleza, que hasta aquel momento había sido una selva en la que reinaba la confusión y la discordia, se llenó de múltiples y variados sonidos y de extrañas simpatías y proporciones. Y lo raro es que, a pesar de que nos han quedado estas hermosas huellas que nos recuerdan la presencia en el mundo de aquellos hombres bienhechores, su arte o su delicada sensibilidad ante la Naturaleza se hayan perdido. En aquel

---

[5] El poeta es el único hombre capaz de sentir la fuerza espiritual que mueve el mundo.

tiempo ocurrió, entre otras cosas, que uno de aquellos extraños poetas, o mejor diríamos músicos —porque podría ser que la música y la poesía fueran una misma cosa o tal vez dos cosas que se necesitan mutuamente como la boca y el oído, pues la boca no es más que un oído que se mueve y que contesta—, ocurrió, digo, que aquel músico[6] quiso ir por mar a una tierra extranjera. Poseía gran cantidad de hermosas joyas y objetos de valor que le habían regalado como prueba de agradecimiento. Encontró en la playa un barco, y los marineros, por un precio que él les prometió, parecían dispuestos a llevarle al país al que él quería ir. Pero el brillo y la belleza de estos tesoros no tardaron en tentar la codicia de los marineros; hasta tal punto que se pusieron de acuerdo para coger al poeta, arrojarlo al mar y luego repartirse sus pertenencias. Así que cuando estuvieron en alta mar se lanzaron sobre él y le dijeron que tenía que morir, que habían decidido arrojarle al agua. Él les suplicó una y otra vez que no le mataran, les dijo que les ofrecía todos sus tesoros como rescate y les auguró una gran desgracia si intentaban llevar a cabo su plan. Pero ni una cosa ni otra les hacía desistir de su idea, porque temían que, dejándolo con vida, algún día podría revelar su crimen. Viendo que los marineros estaban resueltos a llevar adelante su propósito, les pidió que por lo menos antes de morir le permitieran cantar su último canto, y que luego él mismo, con su sencillo instrumento de madera, se arrojaría al mar delante de todos. Los marineros sabían muy bien que si llegaban a oír su canto mágico su corazón se ablandaría y se sentirían presos del remordimiento. Por esto decidieron otorgarle esta última gracia, pero resolvieron taparse los oídos mientras cantara; de este modo no oirían su voz y podrían persistir en su empeño. Y así ocurrió. El cantor entonó un canto bellísimo, infinitamente conmovedor. Todo el barco resonaba, resonaban también las olas; el sol y las estrellas aparecieron juntos en el cielo, de las verdes aguas salían multitud de peces y monstruos marinos que danzaban al compás de aquella música. Sólo

---

[6] Leyenda del poeta Arion; se encuentra ya en Herodoto y en Ovidio.

los marineros permanecían hostiles a aquella maravilla: con los oídos tapados esperaban impacientes el final del canto. El canto terminó. El poeta, con frente clara y serena, y llevando en sus brazos el mágico instrumento, saltó al oscuro abismo. Apenas había tocado las resplandecientes ondas cuando un monstruo marino, agradecido por su música, cargó sobre su lomo al sorprendido cantor y se lo llevó nadando. Al poco rato había alcanzado ya la orilla a la que el poeta quería llegar y lo dejó suavemente entre los juncos de la playa. El poeta se despidió de su salvador cantándole una alegre canción y se marchó de allí agradecido. Al cabo de un tiempo, paseando solo por la orilla del mar, se quejaba con dulces acentos de la pérdida de aquellas joyas que él quería tanto porque eran para él recuerdos de horas felices y muestras de amor y gratitud. Todavía no había terminado su canción cuando, de repente, oyó un murmullo en el agua: su antiguo amigo se acercaba nadando; el monstruo abrió sus fauces y dejó caer sobre la arena los tesoros que los marineros le habían robado. Estos, después que el poeta se hubo arrojado al mar, empezaron enseguida a repartirse el botín. Este reparto originó una pelea que terminó en una lucha a muerte en la que perecieron la mayoría de ellos; los pocos que quedaron no pudieron hacerse con el barco, que se estrelló contra la costa y se hundió. Sólo después de muchas penalidades lograron salir con vida, llegando a tierra con los vestidos hechos jirones y con las manos vacías. Así es como, con la ayuda del agradecido animal, que buscó los tesoros por el mar, pudieron llegar éstos a manos de su antiguo dueño.

III

Después de una pausa, los mercaderes prosiguieron:
—Sabemos otra historia que, aunque es más reciente y sin duda no relata hechos tan maravillosos como los que acabáis de oír, con todo es posible que os guste y que os haga conocer un poco más los efectos de este extraordinario arte. Había una vez un rey que vivía en un espléndido palacio y estaba rodeado de una corte fastuosa. De todas partes acudían multitud de hombres y mujeres que querían tomar parte en la magnificencia y esplendor de aquella vida. En las fiestas, que allí eran diarias, no faltaba nunca la más grande profusión de exquisitos manjares, las más bella música, los trajes y adornos más lujosos ni los más variados espectáculos y diversiones; para acabar de hacer agradable la vida en aquel palacio hay que decir que reinaba en él una sabia ordenación de todas las cosas: varones prudentes, complacientes y eruditos entretenían a la gente y daban alma y vida a las conversaciones, y apuestos galanes y hermosas doncellas eran la verdadera alma de aquellas encantadoras veladas. El anciano rey, que por otra parte era un hombre grave y severo, tenía dos debilidades que eran el verdadero motivo de aquella vida espléndida y a las que se debía la belleza y hermosura de todo cuanto se hacía en palacio. Una de ellas era su hija, a la que amaba con indecible ternura por ser un vivo recuerdo de su esposa, muerta en plena juventud, y por ser una muchacha de inefable belleza y encanto. Por ella, por traerle el cielo a la tierra, el padre hubiera ofrecido todos los tesoros de la naturaleza y todo el poder del espíritu humano. La

otra era una verdadera pasión por la poesía y por los poetas. Desde su juventud había leído con íntimo deleite las obras de éstos; había dedicado mucho tiempo y mucho dinero en coleccionar poesías de todas las lenguas, y desde siempre había preferido a cualquier otra la compañía de los trovadores. De todos los confines de la tierra los mandaba venir a su corte y los colmaba de honores. Nunca se cansaba de escuchar sus cantos, y era frecuente que por un canto nuevo de los que a él le arrebataban llegara a olvidar los asuntos más importantes, llegara a olvidarse incluso de comer y de beber. Su hija había crecido entre estas canciones y toda su alma se había convertido en una tierna melodía, en una sencilla expresión de melancolía y nostalgia. La benéfica influencia de aquellos poetas tan protegidos y honrados por el anciano monarca se hacía notar en todo el país, pero de un modo especial en la corte. Allí se saboreaba la vida a pequeños sorbos, como una bebida exquisita, y con un placer y una seguridad tanto más puros cuanto que todas las malas pasiones y los instintos hostiles eran conjurados como disonancias de la armonía que señoreaba en todos los espíritus. La paz del alma y la beatitud de la contemplación interior de un mundo feliz creado por el hombre eran el tesoro de aquella época maravillosa; y la discordia aparecía sólo en las viejas leyendas de los poetas como una antigua enemiga del hombre. Parecía como si los espíritus del canto no hubieran podido dar a su protector una mejor prueba de su amor y de su agradecimiento que aquella hija, que poseía todas las gracias que la más dulce fantasía pueda juntar en la delicada figura de una doncella. Cuando en aquellas hermosas veladas, rodeada de un bello cortejo y vestida con una resplandeciente túnica blanca, se la veía escuchar con profunda atención las justas poéticas de los enardecidos trovadores y cómo, ruborizada, colocaba una fragante corona sobre los rizados cabellos del afortunado vencedor, pensaban todos que estaban ante el alma misma del aquel maravilloso arte, ante el espíritu que suscitaba aquellos versos mágicos, y dejaban de admirar los arrobamientos y las melodías de los poetas.

Sin embargo, sobre aquel paraíso en la tierra parecía flotar un misterioso destino. La única preocupación de los habitantes de aquellas regiones eran las nupcias de aquella princesa en flor: de ellas dependía la continuidad de aquellos felices tiempos y la suerte de todo aquel reino. El rey estaba cada día más viejo. Él mismo parecía muy preocupado por el matrimonio de su hija; sin embargo, no se veía por el momento ninguna posibilidad que pudiera satisfacer los deseos de todos. El sagrado respeto que infundía la casa del rey impedía que ninguno de los súbditos se atreviera siquiera a pensar en la posibilidad de poseer algún día a la princesa. Todo el mundo la veía como un ser sobrenatural, y los príncipes de otros países que en aquella corte habían manifestado deseos de casarse con la hija del rey parecían estar tan por debajo de ella, que a nadie se le ocurría imaginar que la princesa o el rey pudieran fijarse en ellos. El sentimiento de distancia que se tenía en aquella corte había ido apartando a todos los pretendientes, y la fama del gran orgullo de aquella familia real, que se había extendido por todos los reinos, parecía cohibir a los otros, temerosos como estaban de no ir más que a buscar una humillación. Y totalmente infundada no era esta fama. El rey, a pesar de toda su bondad y dulzura, estaba, sin casi él notarlo, poseído de un sentimiento de superioridad tan grande, que no podía concebir la idea de casar a su hija con un hombre de inferior condición o de cuna menos noble; el simple pensamiento de esta posibilidad se le hacía insoportable. El gran valor de aquella doncella, sus cualidades excepcionales no habían hecho más que afianzar este sentimiento en el anciano monarca. Procedía de una antigua estirpe real de Oriente. Su esposa había sido el último vástago de la descendencia del famoso héroe Rustan[1]. En sus cantos, los poetas le habían hablado siempre de su parentesco con aquellos seres sobrehumanos que un día habían sido señores del mundo; y en el mágico espejo de la poesía, la distancia entre su estirpe y la de los otros hombres, la majestad y el esplendor de su ascendencia brillaban con tal

---

[1] Héroe de la épica iraní; sus gestas ocupan gran parte de *El libro de los reyes;* luchó contra los turcos y acabó siendo rey del Irán.

intensidad, que le parecía que la noble casta de los poetas era el único vínculo que le unía con el resto de la humanidad. Inútilmente buscaba un segundo Rustan; al mismo tiempo veía que el corazón en flor de su hija, el estado de su reino y su avanzada edad hacían desear, en todos los aspectos, el matrimonio de la doncella.

No muy lejos de la corte, en una hacienda apartada, vivía un anciano cuya sola ocupación era la educación de su único hijo; aparte de esto daba consejos a los campesinos que se encontraban en casos graves de enfermedad. Su hijo era un muchacho de talante serio que vivía entregado totalmente al estudio de la Naturaleza, ciencia en la que su padre le había instruido desde la infancia. Hacía ya varios años que el anciano había llegado desde lejanas tierras a aquel país pacífico y próspero, y no anhelaba otra cosa que gozar de la dulce paz y del sosiego que el monarca infundía en todo su reino. Aprovechaba aquella situación para desentrañar las fuerzas de la Naturaleza y transmitir a su hijo aquellos apasionantes conocimientos; éste revelaba una gran capacidad para estos estudios, y la Naturaleza manifestaba una especial predisposición para confiar sus enigmas a un espíritu tan profundo como el suyo. El aspecto exterior del muchacho no llamaba la atención en nada: sólo el que tuviera un sentido especial para descubrir la secreta condición de su noble rostro y la desusada claridad de su mirada habría sido capaz de ver en él algo especial. Cuanto más se le miraba, mayor atracción se sentía por él, y nadie podía separarse de su lado cuando escuchaba su voz penetrante y dulce y su discurso fácil y atrayente.

Los jardines de la princesa llegaban hasta el bosque, que ocultaba la vista del pequeño valle en el que se encontraba la hacienda del viejo. Un día la princesa se había ido a pasear a caballo por el bosque; iba sola: de este modo podía, con mayor tranquilidad, ir siguiendo el hilo de sus fantasías e ir repitiendo algunos de los cantos que le habían gustado. El frescor de aquel profundo bosque hacía que se fuera adentrando más y más en sus sombras; de este modo llegó a la hacienda en la que vivían el anciano y su hijo. Tenía sed; bajó del caballo, lo ató a un árbol y entró en la casa a pedir un poco de leche. El hijo, que se encontraba en aquel momento allí, casi se asustó al ver ante sus ojos la imagen encantadora de una mujer majestuosa, adornada con todos los encantos imaginables de juventud y belleza, y divinizada, casi, por la transparencia indefiniblemente atractiva de un alma pura, inocente y noble. El muchacho se apresuró a satisfacer aquella súplica, que en la voz de la doncella había sonado como un canto celeste; mientras tanto, con un gesto modesto y respetuoso, el anciano se acercó a la muchacha y la invitó a sentarse junto a una sencilla lumbre que estaba en el centro de la casa y en la que ardía, silenciosa y juguetona, una leve llama azul. Con sólo entrar, la doncella se sintió sorprendida por las mil cosas curiosas que adornaban la estancia, por el orden y la pulcritud del conjunto y por un cierto aire como religioso que impregnaba toda la pieza; la sencillez en el vestir de aquel venerable anciano y el discreto continente de su hijo corroboraron esta primera impresión. El padre la tomó enseguida por una persona de la corte, por la riqueza de sus vestiduras y por la nobleza de su porte[2].

Mientras el hijo había ido por leche, la princesa preguntó sobre algunas de las cosas que más le habían llamado la atención, especialmente por unos cuadros antiguos que estaban encima del hogar al lado de la silla que le había ofrecido el anciano y que le llamaron la atención; éste se los enseñó con gran amabilidad y con explicaciones que atraían vivamente la atención de la doncella.

El joven volvió pronto con una jarra de leche fresca y se la ofreció a la muchacha con un gesto a la vez sencillo y respetuoso.

Después de haber tenido una agradable conversación con los dos, la princesa, con indecible dulzura, les dio las gracias por su amable hospitalidad y, ruborizada, les pidió que la dejaran volver, porque quería gozar de nuevo de aquellas explicaciones que tantas cosas interesantes le decían sobre los objetos admirables que se encontraban en

---

[2] Sobre el motivo del extranjero *vid.* Introducción, págs. 29 y 30.

aquella casa; y subiendo al caballo se marchó sin haber dicho quién era, porque se dio cuenta de que ni el padre ni el hijo habían advertido que era la hija del rey.

A pesar de que la capital estaba tan cerca, tanto el padre como el hijo habían procurado evitar siempre el tumulto de la gente, sumidos como vivían en sus estudios, y el muchacho nunca había sentido deseos de tomar parte en las fiestas de la corte: no se separaba de su padre más que una hora al día, como máximo, para pasearse por el bosque, buscando mariposas, insectos y plantas, a veces, y escuchando la tranquila voz de la Naturaleza a través de sus múltiples y varios encantos externos.

Tanto para el padre como para la princesa y el muchacho, el sencillo acontecimiento de aquel día había tenido una gran importancia. El anciano se había dado cuenta enseguida de la profunda impresión que la desconocida había causado en su hijo, y lo conocía lo bastante para saber que una impresión como aquélla, nueva para él, había de durar en el muchacho toda su vida. Sus pocos años y la naturaleza de su corazón habían de convertir en inclinación invencible una primera impresión como la que había tenido aquel día[3]. Ya hacía tiempo que el anciano esperaba esto. La extremada gentileza y bondad de aquella aparición le infundían, sin él mismo darse cuenta, una íntima simpatía, y su espíritu, confiado, alejaba de él toda preocupación por las consecuencias que pudiera tener aquel extraño encuentro fortuito.

La princesa, cabalgando hacia palacio, sentía algo que no había sentido nunca: se abría ante ella un mundo nuevo; una sensación única, como de claroscuro, maravillosamente móvil y vivaz, le impedía pensar propiamente en nada. Un velo mágico[4] envolvía, con amplios pliegues, su conciencia, hasta entonces tan clara; le parecía que si este

---

[3] En esta narración se encuentra prefigurado el amor de Enrique por Matilde (cap. VI y ss.); sobre la relación entre narración y realidad, *vid*. Introducción, págs. 40 y 41.

[4] El símbolo del velo es central en el pensamiento de Novalis; *vid*. lo que sobre *Los aprendices de Sais* se dice en la Introducción, pág. 47.

velo se levantara, iba a encontrarse en un mundo sobrenatural. El recuerdo de la poesía, el arte que hasta aquel momento había ocupado toda su alma, se había convertido en un canto lejano que enlazaba su pasado con el extraño y dulce sueño de ahora.

Cuando llegó a palacio se sintió como asustada, casi, ante la magnificencia de aquella corte y el esplendor y brillantez de la vida que en ella se llevaba, pero más que nada la asustó también la bienvenida que le dio su padre: por primera vez en su vida el rostro del monarca infundía en ella un respeto mezclado de temor. Le parecía absolutamente necesario no decir ni una sola palabra sobre su aventura. Todo el mundo estaba demasiado acostumbrado a su seriedad soñadora, a su mirada perdida en fantasías y profundas meditaciones para notar en ella nada extraordinario. Ya no se encontraba en aquel dulce estado de espíritu en que se encontraba antes: todos los que la rodeaban le parecían desconocidos; una extraña angustia la estuvo acompañando todo el día, hasta que por la noche la alegre canción de un poeta que exaltaba la esperanza y cantaba los milagros de la fe en el cumplimiento de nuestros deseos la llenó de un dulce consuelo y la meció en el más agradable de los sueños.

El muchacho, por su parte, en cuanto se hubo despedido de ella, se adentró enseguida en el bosque; escondido en los matorrales que rodeaban el camino, había seguido a la princesa hasta la puerta del jardín de palacio; luego volvió a casa por el mismo camino que había recorrido la doncella. De repente vio a sus pies una cosa que brillaba vivamente. Se inclinó a cogerla: era una piedra de color rojo oscuro que por un lado lanzaba fuertes destellos y por el otro tenía grabadas unas cifras ininteligibles. El muchacho la miró: era una gema de gran precio que le pareció haber visto en la parte central del collar que llevaba la desconocida. Como si tuviera alas en los pies, y como si la doncella estuviera todavía en su casa, el muchacho corrió a toda prisa a enseñar la piedra a su padre. Los dos acordaron que a la mañana siguiente el joven volvería al camino en el que había encontrado la piedra y esperaría a ver si alguien iba en busca de ella, para poder devolvérsela; si no, la guardarían hasta la próxima visita de la desconocida, para dársela a ella directamente.

El muchacho estuvo casi toda la noche contemplando la gema; al amanecer sintió deseos irreprimibles de escribir algunas palabras en la hoja en la que iba a envolver la piedra. Él mismo no sabía exactamente qué querían decir aquellas palabras que escribió.

> Un signo misterioso está grabado
> en las profundidades de esta piedra,
> en su sangre, que arde como el fuego;
> se puede comparar a un corazón
> donde descansa la Desconocida.
>
> Mil centellas en torno a la piedra,
> un mar de luz en torno al corazón.
> Sepultado en la piedra un resplandor:
> ¿podrá este resplandor al fin llegar
> al corazón de este corazón?

Apenas despuntó el día el muchacho se puso en camino y se dirigió a toda prisa a la puerta del jardín del palacio.

Entre tanto, la noche anterior, al desvestirse, la princesa notó que en su collar faltaba aquella piedra preciosa, que era a la vez un recuerdo de su madre y un talismán cuya posesión le aseguraba la libertad de su persona, de tal modo que con él no podía caer en poder de nadie contra su voluntad.

Aquella pérdida le causó sorpresa más que temor. Se acordaba de que el día anterior, en aquel paseo que había dado por el bosque, llevaba todavía aquella piedra, y estaba segura de que debía haberla perdido, o bien en la casa del anciano o bien en el bosque, de regreso a palacio; todavía recordaba muy bien el camino; así que decidió salir de buena mañana a buscar la piedra, y esta idea la puso tan contenta que casi parecía que se alegraba de la pérdida de aquella joya: así tenía ocasión de volver a recorrer aquel camino.

Con las primeras luces del día la princesa atravesó el jardín de palacio y se dirigió al bosque; como andaba más deprisa de lo acostumbrado, encontró muy natural que su corazón latiera fuertemente y que sintiera una opresión en el pecho. Empezaba el sol a dorar las copas de los viejos árboles, que se agitaban con un suave murmullo, como si quisieran despertarse unos a otros de sus sueños nocturnos para saludar todos juntos al gran astro, cuando la princesa, sorprendida por un ruido lejano, levantó la vista y vio cómo el muchacho, que en aquel momento la había visto también a ella, corría a su encuentro.

Como clavado en el suelo, permaneció quieto unos momentos mirando fijamente a la doncella; parecía que quisiera convencerse de que era realmente a ella a quien tenía ante sus ojos y no a una visión ilusoria. El muchacho y la doncella se saludaron con una expresión contendia de alegría, como si hiciera ya tiempo que se conocieran y se amaran. Antes de que la princesa pudiera explicarle el motivo de su paseo matinal, el joven, ruboroso y palpitante de emoción, le entregó la piedra envuelta en el papel que contenía los versos escritos la noche anterior. Parecía como si la princesa adivinara ya lo que éstos decían. La doncella, sin decir una palabra, tomó el envoltorio con mano temblorosa y, como sin darse cuenta, casi premió el feliz hallazgo del muchacho colgándole una cadena de oro[5] que llevaba ella en el cuello. Turbado y confuso se arrodilló él a sus pies, y cuando la princesa le preguntó por su padre el muchacho estuvo unos instantes sin poder articular una sola palabra. Ella, bajando la vista, le dijo a media voz que volvería pronto a su casa, que tenía grandes deseos de aprovechar el ofrecimiento que le había hecho

---

[5] El símbolo de la cadena de oro se encuentra varias veces en el *Enrique de Ofterdingen*: capítulo II —cuando Enrique se despide de Landgrave—, capítulo V —boda del minero—; en el capítulo IX el símbolo de la cadena está unido a la doctrina física del galvanismo.

su padre de enseñarle todas aquellas rarezas que había visto en su primera visita.

La princesa volvió a dar las gracias al muchacho, con extremada efusión, y sin volver la vista se encaminó lentamente al palacio. El muchacho no pudo proferir palabra alguna. Hizo una profunda inclinación de cabeza y fue siguiendo a la doncella con la vista durante un buen tiempo, hasta que ésta desapareció entre los árboles.

Pocos días después, la princesa fue por segunda vez a casa del anciano, y a esta visita siguieron otras. El muchacho, sin darse cuenta, acabó acompañándola en todos estos paseos. A una hora convenida la recogía en la puerta del jardín, y luego la volvía a acompañar a palacio. A pesar de la gran confianza que ella iba teniendo hacia su compañero, hasta el punto de que ninguno de los pensamientos de su alma celestial permanecían ocultos al joven, la doncella guardaba un silencio impenetrable sobre su condición de hija del rey. Parecía como si su elevada cuna le infundiera a ella misma un secreto temor. Por su parte, el muchacho le entregaba también toda su alma. Padre e hijo la tomaban por una doncella noble de la corte. Ella profesaba al anciano el cariño de una hija. Las caricias que le hacía eran como dulces presagios de la ternura que ella tendría con su hijo. No tardó en convertirse en un miembro más de aquella maravillosa casa; con voz celestial y acompañándose de un laúd[6], cantaba dulces canciones al anciano y a su hijo; éste, sentado a los pies de la muchacha, escuchaba lo que le decía ésta sobre el dulce arte de la poesía; ella, a su vez, oía de los ardorosos labios del muchacho la clave de los misterios que la Naturaleza expande por doquier. Le enseñaba de qué modo el mundo había surgido por las extrañas simpatías que existían entre los elementos, y cómo los astros se habían dispuesto en melodiosos corros. Y toda la historia de la formación del mundo aparecía en el espíritu de ella a través de aquellas sagradas explicaciones. La doncella se quedaba como extasiada cuando

---

[6] El laúd simboliza la poesía; aparece también en otros pasajes de la novela, por ejemplo, págs. 122, 126, 135, 137, 141, 142, 254.

su alumno, en los momentos de mayor inspiración, cogía a su vez el laúd y con un arte increíble prorrumpía en los más bellos cantos.

Un día, acompañándola al palacio, el muchacho sintió que una fuerza especial se apoderaba de él y le infundía una desacostumbrada osadía; también la habitual reserva y discreción de la doncella se sintieron aquel día desbordados por un amor más fuerte que de costumbre: así fue como, sin saber ellos mismos de qué modo, cayeron uno en brazos del otro, y un ardiente beso de amor, el primero, fundió para siempre aquellos dos seres en uno.

Y he aquí que al caer la tarde, con las primeras sombras del crepúsculo, de repente un viento huracanado empezó a rugir en las copas de los árboles. Espesos nubarrones corrían trayendo la oscuridad de la noche: una gran tormenta se cernía sobre ellos. El muchacho se afanaba por poner a la doncella a salvo de aquella terrible tempestad y del peligro de que los árboles que arrancaba pudieran herirla; pero la gran oscuridad y el miedo de que pudiera ocurrirle algo a su amada hicieron que no acertara a encontrar el camino y fuera adentrándose cada vez más en el bosque. Su miedo iba creciendo conforme se iba dando cuenta de su error. La princesa pensaba en la angustia del rey y de la gente de palacio. A veces, como una espada, un terror indescriptible atravesaba su corazón; sólo la voz de su amado, que no cesaba de consolarla, lograba devolverle el ánimo y la confianza, y aliviar la opresión de su pecho. La tempestad seguía rugiendo; todos los esfuerzos por encontrar el camino eran inútiles, y los dos enamorados se sintieron felices al descubrir, a la luz de un rayo, una cueva[7] que, no lejos de ellos, se abría en la escarpada pendiente de una colina cubierta de bosque; allí esperaban encontrar un refugio seguro contra los peligros de la tempestad y un lugar de reposo para sus exhaustas fuerzas. La suerte les fue propicia. La cueva estaba seca y cubierta de limpio musgo.

---

[7] El símbolo de la cueva es también muy importante en el pensamiento de Novalis; está vinculado a la unión amorosa, el seno materno, el nacimiento, la muerte como nuevo nacimiento...

El muchacho encendió enseguida un fuego con musgo y pequeñas ramas secas, junto al cual pudieron secarse. Los dos enamorados se encontraban así solos, uno junto a otro, en un deleitoso apartamiento del mundo, a salvo de peligro, en un lugar tibio y confortable.

Un matojo de almendro silvestre cargado de fruto entraba por la abertura de la cueva, y no lejos de él encontraron un hilillo de agua fresca para calmar su sed. El muchacho llevaba el laúd, y este instrumento les deparó un esparcimiento alegre y sosegado junto al crepitar del fuego. Una fuerza superior parecía querer soltar rápidamente el nudo que había entre ellos dos y, a través de extrañas circunstancias, les llevaba a la romántica situación en la que se encontraban. La inocencia de sus corazones, el estado de especial encantamiento en que se encontraban sus almas y la irresistible fuerza de la dulce pasión juvenil que les unía les hizo olvidar pronto el mundo y sus relaciones, y, mecidos por el canto nupcial de la tempestad y bajo las antorchas festivas de los rayos, les sumió en la más dulce embriaguez que ninguna pareja mortal haya podido gozar jamás.

El alborear de una mañana azul y luminosa fue para ellos como el despertar en un mundo nuevo y feliz. Sin embargo, un torrente de ardientes lágrimas que brotaron de los ojos de la princesa le revelaron al muchacho las mil cuitas que se despertaban también en el corazón de ella. Aquella noche había representado para él como una serie de años: de mozo se había convertido en hombre. Con gran exaltación consolaba a su amada recordándole lo sagrado del verdadero amor, la gran fe que infundía en los corazones de los hombres, y pidiéndole que tuviera confianza en el espíritu que protegía su corazón y esperara de él el más alegre y sereno porvenir. La princesa sintió la verdad de las palabras de consuelo del muchacho y le confesó que era la hija del rey y le dijo que lo único que le infundía temor era el orgullo de su padre y la aflicción que en aquellos momentos sentiría. Después de meditarlo larga y profundamente, convinieron en lo que había que hacer, y el muchacho se puso inmediatamente en camino para ir a encontrar a su padre y explicarle sus planes.

Prometiendo a la princesa volver muy pronto con ella, la dejó sosegada y en medio de dulces pensamientos sobre lo que iba a suceder después de los acontecimientos de aquel día.

El muchacho no tardó en llegar a casa de su padre; el anciano se alegró de verle llegar sano y salvo, escuchó el relato de lo que había sucedido aquel día y de lo que los dos enamorados pensaban hacer, y, después de meditarlo unos momentos, le dijo que estaba dispuesto a ayudarle. Su casa estaba en un lugar bastante escondido y tenía algunas habitaciones subterráneas[8] en las que podía ocultarse fácilmente una persona. Allí viviría la princesa. Así que al anochecer fueron a buscarla. El anciano la acogió con gran emoción. Después, en la soledad de aquel refugio, la joven solía llorar siempre que se acordaba de su padre y de la tristeza que el viejo rey sentiría por la ausencia de su hija; sin embargo, a su amado le ocultaba este dolor; sólo hablaba de ello con el anciano, el cual la consolaba amorosamente, diciéndole que pronto volvería con su padre.

Entre tanto, en palacio hubo una gran consternación cuando por la noche notaron la falta de la princesa. El rey estaba fuera de sí y mandó gente a buscarla por todas partes. Nadie se explicaba su desaparición. A nadie se le ocurría que una secreta relación amorosa pudiese ser la causa de aquella ausencia; nadie pensaba tampoco en un posible rapto, tanto más cuanto que en la corte no faltaba más que ella. No había lugar a la más leve sospecha. Los mensajeros mandados por el rey volvieron con las manos vacías, y el monarca cayó en una profunda tristeza.

Sólo cuando al atardecer comparecían ante él los trovadores con algunas de sus bellas canciones, en el rostro del anciano parecía dibujarse levemente la alegría de antes: le parecía estar viendo cerca de él a su hija y con aquellos cantos cobraba la esperanza de volver a verla pronto. Pero cuando de nuevo se encontraba solo, se le partía otra vez el corazón de pena y lloraba con grandes sollozos. «De

---

[8] Se trata de una variante del símbolo que hemos explicado en la nota anterior.

qué me sirve —pensaba para sí— toda la magnificencia de mi corte y toda la gloria de mi estirpe si ahora soy más desdichado que ningún otro hombre? Nada puede suplir la falta de mi hija. Sin ella hasta los cantos de los trovadores no son más que palabras vacías y vanos artificios. Ella era el milagro que daba a estos cantos vida y alegría, forma y poder. ¡Quién pudiera ser el más humilde de mis siervos! Entonces tendría todavía a mi hija, y a lo mejor también un yerno, y nietos sentados sobre mis rodillas: entonces sí sería rey, no ahora. No son la corona y el imperio lo que le hacen a uno rey. Es aquel sentimiento, total y desbordante, de felicidad y paz, de satisfacción por los bienes que la tierra nos da, de ausencia de ambición. Esto es un castigo por mi soberbia. No tuve bastante con la pérdida de mi mujer. Y heme aquí sumido en una miseria sin límites.»

Así se quejaba el rey en sus momentos de más ardiente nostalgia. A veces le salía de nuevo su antigua severidad y su orgullo. Encolerizado ante sus propias quejas, quería sufrir y callar como un rey; creía entonces que su dolor era mayor que el de cualquier otro y que era cosa que correspondía a un rey el sufrir más que nadie. Pero luego, al anochecer, cuando entraba en las habitaciones de su hija y veía sus vestidos colgados, y todas sus pequeñas cosas colocadas sobre las mesas, como si la doncella acabara de salir de allí, olvidaba todos sus propósitos, se comportaba como un ser humano sumido en la aflicción y llamaba a sus más humildes criados y les pedía que se compadecieran de él. Toda la ciudad, todo el reino lloraba y gemía de todo corazón con el monarca.

Y ocurrió, curiosamente, que por todo el país corría una leyenda que decía que la princesa estaba viva y que volvería pronto con un esposo[9]. Nadie sabía de dónde venía aquella leyenda, pero todo el mundo se atenía a ella con alegre confianza, hasta el punto que todos esperaban con impaciencia el pronto regreso de la hija del rey[10]. Así pasaron varias lunas hasta que volvió la primavera.

---

[9] Sobre narración y realidad *vid*. Introducción, págs. 40 y 41.
[10] Para Novalis la poesía precede a la realidad, porque lo que mueve la realidad es, precisamente, la poesía.

«Apuesto lo que queráis —decían algunos con extraño optimismo— a que con la primavera vuelve también la princesa.» Hasta el mismo rey estaba más sereno y más esperanzado. La leyenda se le antojaba el augurio de un poder bienhechor. Las antiguas fiestas recomenzaron; para que en la corte volviera a florecer el esplendor de antes parecía que sólo faltaba la princesa.

Una noche, justamente el día en que se cumplía el año de la desaparición de aquélla, se encontraba toda la corte reunida en el jardín. El aire era tibio y sereno; tan sólo una leve brisa se dejaba oír allí arriba, en las copas de los viejos árboles, como si fuera el anuncio de un alegre cortejo que se acercara desde la lejanía. En medio de la luminaria de las antorchas y esparciendo miles de centellas por doquier, hasta la oscuridad de las sonoras copas, se levantaba un gran surtidor; el ruido del agua acompañaba la música de los múltiples y variados cantos que sonaban bajo aquella fronda. El rey estaba sentado sobre una rica alfombra, y entorno a él, con sus vestidos de gala, se hallaba reunida toda la corte. Una gran multitud llenaba completamente el jardín en torno a aquel gran espectáculo. Aquella noche, precisamente, se encontraba el rey sumido en profundos pensamientos: con mayor claridad que nunca veía ante sus ojos la imagen de la hija ausente; pensaba en los días felices que, hacía entonces justamente un año, habían terminado de un modo tan inesperado. Se sentía poseído de una gran nostalgia, y abundantes lágrimas bañaban su venerable rostro, pero al mismo tiempo sentía también una extraña serenidad: le parecía como si aquel año de tristezas no hubiera sido más que un mal sueño, y levantaba la vista como si quisiera buscar entre la gente y los árboles la imagen excelsa, sagrada, encantadora de su hija. En aquel momento los trovadores acababan de terminar sus cantos; un profundo silencio parecía delatar la emoción de todos, porque los poetas habían cantado las alegrías del retorno, de la primavera y del futuro que acostumbraban a engalanar las esperanzas de los hombres[11].

---

[11] Recuérdese lo que se ha dicho en la Introducción sobre el poder mágico del poeta, pág. 21.

De repente, el suave sonido de una hermosa voz, desconocida de todos y que parecía llegar de bajo la fronda de un roble secular, interrumpió el silencio del jardín. Todos dirigieron la mirada hacia el lugar de donde provenía la voz y vieron a un muchacho vestido de un modo sencillo, aunque desusado, que, con un laúd en las manos, proseguía tranquilamente su canción; al advertir que el rey dirigía hacia él su mirada, le correspondió con una profunda inclinación de cabeza. Su voz era extraordinariamente bella y su canción tenía un aire extraño y maravilloso. Hablaba del origen del mundo, de la aparición de los astros, de las plantas, de los animales y de los hombres; de la simpatía omnipotente de la Naturaleza, de la Edad de Oro y de sus dioses: Amor y Poesía; de la aparición del odio y la barbarie, y de la guerra que estas fuerzas tuvieron con aquellas divinidades bienhechoras, y, finalmente, de la victoria de estas últimas, que en el futuro traería el fin de toda aflicción, la nueva juventud de la Naturaleza y el retorno de una Edad de Oro que no tendría fin[12].

Mientras tanto, como fascinados por aquel canto, los viejos poetas se habían ido acercando en torno a aquel misterioso extranjero. Un entusiasmo jamás sentido se apoderaba de todos los espectadores, y el mismo rey se sentía como transportado por un torbellino celestial. Nunca se había oído un canto como aquél, y todos creían estar ante un ser del otro mundo, tanto más porque, conforme avanzaba su canto, el muchacho parecía volverse cada vez más hermoso, más espléndido, y su voz era cada vez más potente. La brisa jugaba con sus rizos dorados. Entre sus manos el laúd parecía cobrar vida, y su mirada, como embriagada, parecía sumida en la contemplación de un mundo escondido. Hasta la misma inocencia, como de niño, y la sencillez de su rostro les parecían a todos ser algo sobrenatural.

---

[12] El tema del retorno de la Edad de Oro de la Humanidad es también central en la obra de Novalis; vid. *La Cristiandad o Europa* y *Los aprendices de Sais*.

El canto terminó. Los ancianos poetas abrazaban fuertemente al muchacho llorando de alegría. Un júbilo íntimo, callado, corría por toda aquella multitud que se había reunido allí. El rey se acercó conmovido al joven. Este se arrojó humildemente a sus pies. El rey le hizo levantar, lo abrazó de todo corazón y le dijo que le pidiera una recompensa. Él, ruborizado, le pidió que le hiciera la merced de escuchar otra canción y que, después de haberla oído, decidiría sobre lo que le iba a pedir. El monarca retrocedió unos pasos y el extranjero empezó:

Por ásperos caminos va el trovero,
su túnica se rasga entre zarzales,
ha de cruzar torrentes y pantanos,
ninguna mano amiga se le tiende.
Su corazón, cansado, solitario,
sin rumbo, en llanto y quejas se desborda;
apenas ya sostiene su laúd
y un profundo dolor de él se apodera.

«Triste es la suerte que me dio el destino:
andar errante, no tener a nadie,
a todos llevar paz y diversión
y que nadie conmigo las comparta.
Los humanos por mí, sólo por mí,
se alegran de su vida y de su hacienda.
Ellos, no obstante, con escasa dádiva
del corazón las súplicas rechazan.

Nadie se inquieta cuando yo me marcho;
me ven pasar como a la primavera;
al alejarme de ellos afligido,
nadie mi pena y mi dolor comparte.
Reclaman solamente la cosecha,
no saben que soy yo quien la ha sembrado;
el cielo en un poema puedo darles,
y ellos ni una oración rezan por mí.

Lleno de gratitud siento adherido
un poder mágico en mis labios.
¡Oh si a mi mano atar también pudiera
la magia de los lazos del amor!
Nadie se ocupa del menesteroso
que llegó hambriento de un país lejano.
¿Qué corazón se apiadará de él?,
¿de su honda pena quién le librará?

Cae el trovero entre la maleza
y se duerme con llanto en las mejillas,
mas de sus cantos el divino Espíritu
planea sobre él y le consuela:

«Olvida desde ahora tus dolores,
pronto te verás libre de tus cargas;
lo que en vano buscaste por las cuevas
lo encontrarás ahora en el palacio.

El premio que ganaste ya está cerca,
pronto terminará tu andar errante,
tus sienes ceñirá una diadema,
se posa en ti la más fiel de las manos.
Un corazón sonoro está llamado
a convertirse en la gloria de un trono;
sube el poeta ásperos peldaños
pronto va ser un hijo del monarca»[13].

Al llegar a estos versos un extraño pasmo se había apoderado de todos: durante las últimas estrofas había aparecido un anciano que acompañaba a una figura femenina, cubierta con un velo, de noble porte y con un hermosísimo niño en brazos. El anciano y la dama se habían colocado detrás del cantor; el niño miraba sonriente a aquella

---

[13] Lo que el espíritu del canto le dice, en sueños, al muchacho es lo que ocurrirá en la realidad. Sobre la importancia del sueño como vía de acceso a la verdadera realidad, *vid.* el comienzo del capítulo I, también Introducción.

multitud, extraña para él, y alargaba sus manecitas hacia la resplandeciente diadema que el rey llevaba sobre su cabeza. Pero el pasmo de todos fue todavía mayor cuando, de repente, el águila preferida del rey, la que él llevaba siempre consigo, descendió de entre aquellos grandes árboles llevando en el pico una cinta dorada que debió de haber cogido de las habitaciones de palacio; el ave se posó sobre la cabeza del muchacho, y la cinta rodeó los rizados cabellos de éste. El muchacho se asustó por unos momentos; el águila, sin la cinta ya, fue a colocarse al lado del rey. El niño alargaba sus brazos pidiendo la cinta; el muchacho se la dio, y luego, hincando las rodillas ante el rey y con voz conmovida, prosiguió su canto de esta manera:

Dejando el trovador sus bellos sueños,
con alegre impaciencia se levanta;
bajo los grandes árboles camina
hacia el portal de bronce del palacio.

Los muros son pulidos como acero,
mas él con su canción puede escalarlos,
y pronto, entre amorosa y dolorida,
baja la hija del rey hasta sus brazos.

Amor estrechamente los enlaza;
huyendo del rumor de las corazas,
se entregan ambos a las dulces llamas,
en el refugio de la noche en calma.
Ocultos permanecen, temorosos,
pues la ira del rey los amedranta.
Cada mañana el despertar les trae
a un tiempo la aflicción y la alegría.

El trovador, con suaves melodías,
infunde esperanza en la madre.
Un día, atraído por los cantos,
allí ha llegado el rey, hasta la cueva.
Su hija, el nieto de dorados rizos
le ofrece, apartándolo del pecho;

con miedo y con dolor ambos se postran,
la cólera del rey se desvanece.

El amor ha ablandado y la Poesía
el corazón de un padre, aún en su trono,
y un dulce apremio ha transformado
un profundo dolor en gozo eterno.
Los tesoros, un día arrebatados,
Amor con rica usura los devuelve;
de alegría y perdón son los abrazos;
felicidad del cielo los envuelve.

¡Genio del canto, vuelve a la tierra!
Una vez más Amor te necesita:
lleva de nuevo a casa a la hija;
que vea en el rey de nuevo al padre,
que la reciba éste en sus brazos
y se apiade del nieto que le ofrecen;
cuando el amor su corazón desborde,
que al trovador abrace como a un hijo.

Al decir estas palabras, que resonaron dulcemente por las umbrosas alamedas del jardín, el muchacho levantó con mano temblorosa el velo que cubría la figura femenina que estaba junto al anciano. La princesa, deshecha en lágrimas y mostrándole el hermoso niño que llevaba en sus brazos, se arrojó a los pies del monarca. El trovador, con la cabeza inclinada, se arrodilló a su lado. Un medroso silencio parecía cortar el aliento de todos. El rey permaneció unos momentos silencioso y grave; luego tomó a la princesa en sus brazos, la estrechó fuertemente contra su pecho y prorrumpió en grandes sollozos; así permaneció largo tiempo. Después hizo levantar al muchacho y lo abrazó tiernamente. La multitud, exultando de júbilo, se apiñó en torno al monarca y los jóvenes esposos. El rey cogió al niño en brazos y lo levantó en alto como presentándolo devotamente al cielo; luego saludó amablemente al anciano. Todo el mundo lloraba de alegría. Los poetas prorrumpieron en cantos; y para aquel país, aquella noche fue como la sagrada vigilia de una vida que desde entonces sólo fue una hermosa fiesta.

Nadie sabe qué ha sido de aquel país. Las leyendas dicen sólo que la Atlántida[14] desapareció de los ojos de los hombres bajo las aguas del Océano.

---

[14] El mito de la Atlántida, el continente sumergido en el mar, se encuentra en el *Timeo* y en el *Critias* de Platón.

IV

Los viajeros hicieron algunas jornadas sin la más mínima interrupción. El camino era firme y seco, el cielo estaba sereno, el aire, fresco y agradable; atravesaban regiones fértiles, bien pobladas y de variado aspecto. Habían dejado atrás la terrible selva de Turingia. Los mercaderes habían hecho muchas veces aquel camino; en todas partes tenían gente conocida y en todas partes eran bien recibidos. Evitaban las regiones solitarias y amenazadas por bandoleros y si no tenían más remedio que atravesarlas, tomaban una escolta que, llegado el caso, pudiera defenderles. Conocían también a los señores de algunos de los castillos cercanos al camino; iban a visitarlos y ellos les preguntaban por sus negocios con los ausburgueses y les recibían con amable hospitalidad. Las esposas y las hijas de los castellanos rodeaban curiosas a los extranjeros. La madre de Enrique se ganaba enseguida la amistad de todas ellas con su simpatía y su carácter amable y complaciente. Les gustaba encontrar a una mujer de la ciudad que lo mismo estaba dispuesta a hablarles de las últimas novedades de la moda que a enseñarles a guisar unos platos. Tanto los caballeros como sus esposas alababan la discreción y los modales sencillos y dulces de Enrique: su cautivante figura causaba en ellas una impresión duradera. Era como la palabra sencilla de un desconocido, a la que uno de momento casi no presta atención, pero que luego, mucho tiempo después de haberse marchado éste, es como un capullo que se va abriéndose cada vez más hasta convertirse al fin en una espléndida flor de resplandecientes colores y apretadas hojas; una palabra que ya no se olvida, que uno no se cansa de repetir y en la que encuentra un tesoro inagotable y siempre actual[1]. Luego quiere uno reconstruir la imagen del desconocido, y busca y rebusca en su mente hasta que de pronto comprende claramente que era un habitante de un mundo superior.

Los mercaderes recibían muchos encargos; siempre se despedían con gran cordialidad y deseando volver a verse pronto. En uno de estos castillos, al que llegaron al atardecer, tuvieron una acogida alegre y festiva. El señor de la casa había sido hombre de armas, y ahora divertía y celebraba los ocios de la paz y la soledad de su vivienda con frecuentes banquetes; aparte el fragor de la guerra y de la caza, no conocía otra diversión que el vino.

Recibió a los visitantes con franca cordialidad, en medio del tumulto de los invitados. A la madre de Enrique la llevaron a ver a la señora de la casa, y los mercaderes y el muchacho se sentaron en torno a aquella alegre mesa, por la que circulaba con facilidad la copa de vino. A Enrique, después de suplicarlo éste mucho, y en atención a sus pocos años, se le permitió comportarse con su habitual moderación; los mercaderes, en cambio, no se mostraron remisos con el vino añejo de Franconia. La conversación versó sobre pasadas aventuras de guerra. Enrique escuchaba con gran atención el relato de aquellas hazañas, que para él resultaban nuevas. Los caballeros[2] hablaban de los Santos Lugares, de los milagros del Santo Sepulcro, de las aventuras de su viaje por tierra y por mar, de cómo algunos habían caído en poder de los sarracenos, y de la vida alegre y maravillosa que llevaban en los campamentos y en las batallas. Con gran energía se mostraban indignados de que aquellos Lugares Santos, que eran la cuna de la Cristiandad, estuvieran todavía en las sacrílegas manos de los infieles. Ensalzaban a los grandes héroes que, con su lu-

---

[1] *Vid.* Introducción, págs. 38 y 40.
[2] En el curso 1790-91 Schiller profesó en Jena una serie de lecciones sobre «Historia de las Cruzadas»; es posible que Novalis asistiera a estas clases.

cha esforzada y constante contra este pueblo impío, habían merecido una corona imperecedera en la gloria. El señor del castillo les mostró una riquísima espada que él, con su propia mano, había arrebatado a uno de los caudillos de este pueblo, después de haberle dado muerte, haber conquistado su fortaleza y haber hecho prisioneros a su mujer y a sus hijos; les contó que el emperador le había concedido poner esa espada en su escudo de armas. Todos contemplaron atentamente la preciosa espada; también Enrique, que la tomó en sus manos y se sintió poseído de un ardor bélico. El muchacho la besó con profunda unción. Todos se alegraban de ver la emoción que aquella espada le causaba. El anciano caballero le abrazó y le animó a que también consagrara para siempre su brazo a la lucha por la libertad del Santo Sepulcro, y a que cargara sobre sus espaldas la cruz milagrosa. Enrique estaba atónito y parecía no poder soltar aquella espada. «Mira, hijo mío —le dijo el anciano caballero—: está a punto de salir una nueva cruzada. El emperador mismo[3] va a ser quien conduzca nuestras huestes a Oriente. Por toda Europa resuena de nuevo el grito de la Cruz, y un fervor heroico surge por todas partes. Quién sabe si, tal vez, dentro de un año, nos encontraremos todos en la gran Jerusalén, la ciudad más hermosa del mundo, celebrando nuestra victoria contra el infiel con nuestro vino y acordándonos de nuestro país. Tendrás ocasión de verme al lado de una muchacha oriental. A nosotros, los occidentales, nos atraen de un modo especial, y si sabes manejar bien la espada no te van a a faltar hermosas prisioneras.» Entonces, los caballeros, con fuerte voz, entonaron el himno de cruzada que en aquellos tiempos se cantaba por toda Europa:

¿En manos de paganos el Sepulcro,
la tumba donde estuvo el Salvador?,
¿entre escarnio y ultrajes
profanada a diario?

---

[3] Federico II de Hohenstaufen; en la cruzada de 1228-29 conquistó Jerusalén.

Una voz sorda sale de su seno:
«¿Quién del odio y la saña va a librarme?»

¿Donde están sus discípulos, sus héroes?
¡Desapareció ya la Cristiandad!
¿quién volverá a traer la fe perdida?
¿quién llevará la Cruz en estos tiempos?
¿quién romperá los lazos de ignominia
y quién redimirá el Santo Sepulcro?

Por despertar al que duerme indolente,
se levanta, de noche, en mar y tierra,
sagrada, violenta tempestad;
azota el campamento,
la ciudad y el castillo;
un grito de dolor en las almenas:
«¿qué haces aquí, cristiano perezoso?»

Por todas partes se ven ángeles
con rostros graves, silenciosos;
ante las puertas, peregrinos
—lágrimas de dolor en sus mejillas—
con acentos de angustia se lamentan
de la ferocidad del sarraceno.

Una alba roja y turbia se levanta
en la gran tierra de la Cristiandad.
El dolor de la pena y el amor
se anuncia ya en las almas de los hombres.
Toman todos la cruz, toman la espada
y enardecidos salen de su hogar.

Un celo ardiente ruge en los ejércitos:
hay que librar el sepulcro de Cristo.
Alegres corren todos hacia el mar,
quieren llegar a los Santos Lugares.
Hasta los niños acuden corriendo
para juntarse a este sagrado ejército.

Ondea el estandarte de la Cruz,
ante él están los héroes probados;
del Paraíso las sagradas puertas
se abren para acoger a los guerreros:
todos quieren gozar de la gran dicha
de dar su vida por el Salvador.

¡A la guerra, cristianos!, que las huestes
divinas entren en la tierra santa;
que conozca el furor de los paganos
del Hijo del Altísimo el castigo;
con sangre de paganos lavaremos
con alegría el Sagrado Sepulcro.

Llevada por los ángeles, la Virgen
planea por encima del combate,
y aquel a quien la espada ha derribado
se despierta en los brazos de su Madre.
Con rostro iluminado ella se inclina
al fragor de las armas, a este mundo.

¡A los Santos Lugares! ¡Adelante!
suena la voz oscura del Sepulcro.
Pronto con la victoria y la oración
los pecados del hombre lavaremos.
Cuando el Sepulcro esté en nuestras manos
terminará el imperio del pagano.

El alma de Enrique estaba como transportada de emoción: imaginaba el Santo Sepulcro como una figura juvenil, pálida y noble, sentada sobre una gran piedra y en medio de una turba salvaje que la maltrataba ferozmente, mientras ella, con expresión de angustia, miraba hacia una cruz que brillaba con vivos destellos en el horizonte y que se reflejaba indefinidamente en las agitadas olas de un mar.

Su madre le mandó buscar para presentarlo a la esposa del caballero. Los caballeros, sumidos como estaban en el banquete y en la conversación sobre la cruzada que se estaba preparando, no se dieron cuenta de que Enrique se marchaba. El muchacho encontró a su madre en amigable conversación con la señora del castillo, una anciana dulce y bondadosa que le acogió con gran amabilidad.

La tarde era serena; el sol empezaba a declinar y Enrique, que tenía grandes deseos de estar solo y se sentía vivamente atraído por los dorados horizontes que penetraban en el oscuro aposento a través de las ojivas angostas de las ventanas, pidió permiso, que le fue otorgado enseguida, para salir del castillo a contemplar el paisaje.

Salió corriendo al aire libre; su espíritu se encontraba en un estado de especial agitación; desde la altura de aquella peña contempló, primero, el valle cubierto de bosque, por el que corría un arroyo, que movía algunos molinos; la gran profundidad del valle hacía que el ruido de éstos apenas fuera perceptible desde la altura de aquel castillo. Después contempló inmensas lejanías de montañas, bosques y valles; este espectáculo sosegó la inquietud de su espíritu. El ardor guerrero de hacía unos momentos desapareció, y de él quedó sólo un anhelo claro y lleno de imágenes. Sentía que le faltaba un laúd, aunque no sabía cómo estaba hecho tal instrumento ni qué podía conseguir de él. El claro y sereno espectáculo de aquel espléndido atardecer le mecía en dulces fantasías: la Flor de su corazón se le aparecía de vez en cuando como un relámpago.

Vagaba por aquella maleza salvaje, trepaba por piedras cubiertas de musgo, cuando, se repente, de un valle cercano, el canto dulce y penetrante de una voz femenina, acompañado de una música maravillosa, le despertó de sus sueños. Estaba seguro de que aquello era un laúd; lleno de admiración, se detuvo y oyó cantar en un mal alemán, la siguiente canción:

> Cansado corazón, ¿cómo no estallas
> estando bajo un cielo extranjero?,
> oh pálido fulgor de la esperanza,
> ¿cómo a mi rostro vuelves todavía?
> ¿Puedo pensar aún en el regreso?

Un torrente de lágrimas me anega;
mi corazón se rompe de dolor.

¡Si pudiera mostrarte nuestros mirtos,
la oscura cabellera de los cedros!
¡Si a los alegres corros te llevara
de nuestras fiestas fraternales!,
allí verías cómo fue tu amiga,
sus hermosos vestidos y sus joyas.

Nobles muchachos de mirada ardiente
se inclinan reverentes ante ella.
Con el lucero de la noche
se elevan hacia mí dulces canciones.
Se puede confiar en el amado;
su lema es: fidelidad y amor.

Aquí, en torno a cristalinas fuentes
do se posa el cielo, amoroso,
y envuelve entre sus ondas perfumadas
y ardientes la arboleda que cobija
y alberga entre sus frondas deleitosas,
bajo flores y frutos, a los pájaros
de mil colores y de dulce canto.

La tierra de mis padres está lejos,
lejos están los sueños de otros tiempos.
Cayeron hace tiempo aquellos árboles
y entre llamas ardió el viejo palacio.
Terribles, como un mar impetuosas,
vinieron hordas enemigas,
y nuestro paraíso sucumbió.

Horribles llamaradas se elevaban
hacia el azul del cielo.
Con briosos corceles penetraron
con furia en la ciudad; se oyeron sables;
mi padre y mis hermanos no volvieron,
de nosotras hicieron sus esclavas.

Mis ojos se velaron de tristeza;
tierra lejana, tierra maternal,
llenos de amor y llenos de nostalgia,
hacia ti están mirando todavía.
De librarme mis manos no dudaban
de esta vida y sus lazos, si no fuera
por la niña que llevo entre mis brazos.

Enrique oyó los sollozos de una niña y una voz que la consolaba. Atravesando la maleza, descendió un poco y encontró a una muchacha pálida y afligida, sentada al pie de un viejo roble. Una hermosa niña estaba abrazada a su cuello y lloraba; ella también lloraba, y a su lado, sobre el césped, había un laúd. La muchacha se asustó un poco al ver al desconocido que se acercaba a ella con expresión de dulce tristeza.

—A buen seguro habréis oído mi canción —dijo ella en tono amable—. Me parece haberos visto alguna otra vez. Dejadme pensar... No puedo acordarme; he perdido mucho la memoria; pero vuestro aspecto despierta en mí extraños recuerdos de alegres tiempos. ¡Oh!, me parece estar viendo a uno de mis hermanos, que antes de nuestra desgracia se marchó de casa y se fue a Persia a visitar a un famoso poeta[4]. Quizá vive todavía y canta el triste destino de sus hermanos. Si me acordara todavía de alguna de aquellas hermosas canciones que nos dejó... Era noble y tierno, y su gran felicidad era el laúd.

La criatura cuyos sollozos atrajeron al principio la atención de Enrique era una niña de unos diez o doce años. Ahora, apretándose fuertemente contra el pecho de la infeliz Zulima, observaba atentamente al extraño. A Enrique se le partía el corazón de pena; consoló con amables palabras a la muchacha a la que había oído cantar aquella canción y le pidió que le contara con más detalle toda su historia. A ella no pareció molestarle el ruego. Enrique se sentó frente a ella y escuchó el relato, interrumpido a menudo por el llanto. A Zulima le gustaba demorarse en la

---
[4] Posiblemente el poeta persa Firdûsi.

alabanza de su patria y de sus compatriotas. Hablaba con detalle de la nobleza de ánimo de éstos, de su extraordinario gusto y su fina sensibilidad por la poesía de la vida y por el encanto secreto y maravilloso de la Naturaleza. Describía las románticas bellezas de las regiones de Arabia, que —decía— son verdaderas islas felices en medio de los intransitables arenales, lugares de refugio para los atribulados y los que buscan descanso, colonias del paraíso, llenas de fuentes de agua fresca, cuyos riachuelos atraviesan antiguos y venerables sotos y corren rumorosos por encima de apretado césped y de relucientes piedras; parajes llenos de pájaros multicolores que entonan bellas melodías; lugares de especial encanto por los muchos restos que conservan de un pasado memorable[5].

Allí —siguió diciendo— veríais con asombro antiguas piedras con extraños trazos e imágenes de vivos colores. Por algo se conservan en tan buen estado y son tan conocidas. A fuerza de pensar y pensar, y de barruntar el sentido aislado de alguno de estos signos, acaba uno con verdaderas ansias de descifrar el significado profundo de aquellos textos seculares[6]. Su espíritu desconocido despierta reflexiones nuevas, y aunque uno se marche sin haber encontrado lo que buscaba, sin embargo, ha hecho dentro de sí mismo mil extraños descubrimientos que darán a su vida nueva luz y ocuparán por mucho tiempo su espíritu con pensamientos placenteros. La vida, en una tierra como aquélla, habitada desde tanto tiempo y embellecida y enriquecida desde antiguo por el esfuerzo, el trabajo y el amor de los hombres, tiene un especial encanto. La Naturaleza parece haberse hecho allí más humana y más comprensi-

---

[5] Zulima, la muchacha oriental, es aquí la representante del país de la poesía (*vid.* las notas que Novalis escribió para preparar la segunda parte de la novela). La figura de esta joven pudo haberla tomado Hardenberg del relato de J. G. Jacobi «Nessir y Zulima»; tiene que ver también con la figura central de la narración de L. Tieck «Historia de amor de la bella Magelone y del conde Peter de Provenza»; a Zulima cabe relacionarla también con Mignon del *Wilhelm Meister* de Goethe.

[6] *Vid.* Introducción, pág. 31.

ble; por debajo de lo que se ve transparece un borroso recuerdo que hace retroceder con nítidos perfiles las imágenes del mundo; de este modo goza uno de un mundo doble, que, precisamente por serlo, pierde toda gravidez y toda violencia y se convierte en la encantadora poesía y la fábula de nuestros sentidos. ¿Quién sabe si en esto no hay también algo de misteriosa influencia de los antiguos habitantes de aquel mundo, que, invisibles ahora, están presentes todavía en él?[7]. ¿No podría ser que fuera esta influencia la oscura fuerza que, en cuanto les llega el momento de su despertar, empuja a los hombres a salir de las regiones que ahora habitan y a buscar con impaciencia irresistible la antigua cuna de su estirpe y a arriesgar su fortuna y su sangre por poseerla?

Después de una pausa continuó:

No os creáis lo que os han contado sobre las atrocidades de la gente de mi tierra. En ninguna parte del mundo se ha tratado con mayor magnanimidad a los prisioneros; hasta a vuestros peregrinos, los que iban a Jerusalén, los hemos acogido con hospitalidad; sólo que bien pocos de ellos la merecían; la mayoría eran holgazanes, mala gente, y en sus peregrinaciones iban dejando huellas de sus tropelías; por esto no es de extrañar que muchas veces fueran objeto de justas venganzas. ¡Con qué tranquilidad hubieran podido los cristianos visitar el Santo Sepulcro sin necesidad de emprender una guerra inútil y espantosa que lo ha llenado todo de amargura e infinita miseria y que ha separado para siempre Oriente de Europa...! ¿Qué tenía que ver el nombre del que poseía estos lugares? Nuestros príncipes tenían una gran veneración por el sepulcro de vuestro Salvador, al que consideraban un profeta de la divinidad. ¡Y qué hermoso hubiera sido que aquel Sagrado Sepulcro se hubiera convertido en la cuna de un feliz entendimiento y en la ocasión para una eterna y bienhechora alianza entre los pueblos!

En aquella plática se había ido pasando la tarde. Empe-

---

[7] Sobre la disolución de la lineariedad del tiempo y la confusión de presente, pasado y futuro, *vid*. Introducción, págs. 40 y 43.

zaba a anochecer, y la luna, saliendo del húmedo bosque, difundía un apacible resplandor. Zulima, la niña y Enrique fueron subiendo lentamente al castillo. El muchacho se encontraba sumido en mil pensamientos; el entusiasmo guerrero de antes había desaparecido completamente[8]. Se daba cuenta de que en el mundo reinaba una extraña confusión. La luna le parecía como un espectador compasivo que para consolarlo le elevara por encima de las asperezas de la superficie de la tierra: contempladas desde aquella altura, casi desaparecían —tan abruptas e impracticables como le parecían antes, cuando andaba por ella...—. Zulima iba silenciosa a su lado, llevando a la niña de la mano. Enrique llevaba el laúd. Intentaba reavivar en su acompañante aquella esperanza, vacilante ya, de volver algún día a su patria; al mismo tiempo sentía en su corazón una fuerte llamada: él tenía que ser el que salvara a aquella joven; sin embargo, no sabía de qué modo podía ocurrir esto... En sus sencillas palabras parecía haber una fuerza especial, porque Zulima se sentía confortada como no se había sentido nunca y le daba las gracias con gran emoción.

Los caballeros estaban sentados todavía ante sus copas, y la madre de Enrique estaba aún hablando de asuntos de la casa con la esposa del señor del castillo. El muchacho no sentía ningún deseo de volver a aquella bulliciosa sala; estaba cansado y pronto se marchó con su madre al dormitorio que le habían asignado. Antes de dormirse le contó lo que le había ocurrido y enseguida se quedó dormido, entre agradables sueños.

También los mercaderes se retiraron pronto y, de buena mañana, estaban despiertos. Cuando reemprendieron el viaje, los caballeros estaban aún profundamente dormidos, pero la señora de la casa despidió cariñosamente a los viajeros. Zulima había dormido poco; una alegría interior la había tenido desvelada; apareció en el momento de la despedida y sirvió humilde y diligente a los viajeros. En el momento de marcharse éstos, la muchacha, rompiendo en llanto, fue a buscar el laúd y se lo entregó a Enrique, y, con

---

[8] *Vid.* Introducción, pág. 30

voz cortada por las copiosas lágrimas, le pidió que se lo llevara como recuerdo de Zulima:

—Era el laúd de mi hermano —dijo—; me lo regaló antes de marcharse; de todo lo que yo tenía es lo único que he podido salvar. Ayer me pareció que os gustaba; a mí me dejáis un regalo que no tiene precio: una dulce esperanza. Tomad esta pequeñísima muestra de mi agradecimiento; que él os haga recordar a la pobre Zulima. Estoy segura de que volveremos a vernos, y entonces, quizá, seré más feliz.

Enrique lloraba; el muchacho no se atrevía a aceptar aquel laúd que tan importante era para ella.

—Dadme tan sólo esta cinta dorada, con signos desconocidos, que lleváis en el cabello, si no es un recuerdo de vuestros padres o hermanos; tomad a cambio un velo, que mi madre me cederá gustosa.

Zulima accedió, finalmente, a los ruegos de Enrique y le dio la cinta, diciéndole:

—En ella está escrito mi nombre en letras de mi lengua materna que yo misma bordé en mejores tiempos. Miradla con amor: pensad que ella ha estado atando mis cabellos durante largos años de dolor y que ha ido perdiendo el color con su dueña.

La madre de Enrique sacó el velo y se lo entregó, y luego, estrechándola contra su pecho, la abrazó entre lágrimas.

V

Después de algunos días de viaje, llegaron a un pueblo que estaba al pie de unos abruptos montes, cortados por profundas gargantas. Por lo demás, la región era fértil y agradable, si bien la parte posterior de las montañas ofrecía un aspecto de muerte y horror. La posada era limpia; los dueños, serviciales. La sala estaba llena de gente, viajeros o simples clientes que habían ido allí a beber algo; sentados allí hablaban de los más variados temas.

Nuestros viajeros se unieron a aquel grupo y se mezclaron en las conversaciones. La atención de todos se centraba de un modo especial en un hombre de edad avanzada[1] y que llevaba un atuendo inhabitual en aquellas regiones; estaba sentado junto a una de las mesas y contestaba amablemente a las preguntas que algunos curiosos le hacían. Venía de otras tierras; aquel día se había levantado de buena mañana y había recorrido con detenimiento aquella región; hablaba de su ocupación y de las cosas que acababa de descubrir en aquel país. La gente decía que era uno de estos hombres que buscan tesoros. Y aunque hablaba con gran modestia de sus conocimientos y de lo que era capaz de hacer, todo lo que decía tenía un aire extraño y nuevo.

Contaba que había nacido en Bohemia y que desde joven había tenido una gran curiosidad por saber qué era lo que las montañas ocultaban en su seno, de dónde provenía

---

[1] Posible alusión a J. Böhme.

el agua de las fuentes y dónde se encontraban el oro, la plata y las piedras preciosas, que tan irresistible atracción ejercían sobre los hombres. Decía que en la iglesia de un monasterio cercano había observado muchas veces estas luminarias sólidas que se encuentran en los retablos y las reliquias, y que su único deseo era que hubieran podido hablar, para que le contaran su misterioso origen. A pesar de que a veces había oído decir —prosiguió— que estos tesoros y estas joyas provenían de países lejanos, siempre había pensado que por qué no podría haberlos también en estas tierras; que no en vano eran tan grandes, tan altas y tan bien protegidas las montañas, y que incluso le parecía que algunas veces, en los montes, había encontrado piedras que brillaban. Que le gustaba trepar por las grietas y entrar en las cavernas y que experimentaba un placer indecible recorriendo estas estancias y observando aquellas bóvedas fabricadas por los siglos. Por fin —siguió contando—, se encontró un día con un hombre, que iba de viaje, que le dijo que se hiciera minero, que en este oficio podría satisfacer su curiosidad. Le dijo que en Bohemia había minas; que no tenía más que seguir el curso del río, aguas abajo, y que después de diez o doce jornadas llegaría a Eula[2]; allí no tenía más que decir que quería ser minero. No se lo tuvo que repetir dos veces: al día siguiente se ponía en camino.

Después de un fatigoso viaje de varios días —siguió diciendo—, llegué a Eula. ¿Cómo podría describiros la emoción que sentí cuando desde una verde colina contemplé los montones de piedras, entre las que crecían hierbas y matojos, sobre las que se levantaban unas cabañas de madera, y cuando, una vez en el valle, vi las nubes de humo que se levantaban por encima del bosque? Un lejano ruido aumentaba mis ansias, y pronto me encontré, lleno de increíble curiosidad y poseído de una especie de fervor religioso, en uno de estos montones que los mineros llaman desmontes, ante los oscuros abismos que desde dentro de

---

[2] Eule (Jilova), al sur de Praga; ya en la Edad Media esta localidad era famosa por sus minas de oro.

las cabañas descienden verticalmente al interior de la montaña. Corrí hacia el valle, y no tardé en encontrarme con unos hombres vestidos de negro que llevaban una linterna en la mano; imaginé enseguida que eran mineros —luego comprobé que no me había equivocado—. Con un cierto temor me acerqué a ellos y les expuse mi deseo. Me escucharon amablemente y me dijeron que debía ir un poco más abajo, a la fundición; que allí preguntara por el capataz, quien a su vez me presentaría al que para ellos hace de jefe y de maestro, y que éste me diría si me admitía o no. A ellos les parecía que sí me iban a admitir; me advirtieron que en cuanto encontrara al capataz debía saludarle, diciendo: «¡Buena salida!», que ésta es la fórmula usual entre los mineros. Contento y ansioso seguí mi camino; no podía dejar de repetirme una y otra vez aquel saludo, nuevo para mí, tan lleno de sentido para los mineros. Encontré a un hombre anciano y venerable, que me recibió con gran amabilidad; yo le conté mi historia y le expuse mis grandes deseos de aprender aquel arte extraño y misterioso; él me prometió gustoso otorgarme lo que le pedía. Me pareció que no le había causado mala impresión; me hizo quedar en su casa. Impaciente como estaba, nunca veía llegar el momento de vestir aquel hermoso traje, subir a la viga y descender a la mina. Aquella misma noche el anciano me dio un traje de minero y me enseñó el manejo de algunos instrumentos que tenía guardados en una pequeña habitación.

Más tarde fueron a verle algunos mineros; a pesar de que tanto su lengua como la mayor parte de las cosas que decían me resultaban extrañas e incomprensibles, yo no perdía ni una palabra de aquellas conversaciones. Sin embargo, lo poco que creí haber entendido no hizo más que aumentar mis ansias y mi curiosidad; por la noche seguía pensando en ello, en extraños sueños[3]. Me desperté de buena mañana en la casa de mi nuevo huésped; poco a poco fueron llegando los mineros, que se reunían allí para

---

[3] Sobre la importancia del sueño en el pensamiento de Novalis *vid*. Introducción, págs. 34 y 42.

recibir órdenes. En una habitación de al lado habían instalado una pequeña capilla. Entró un monje y celebró una misa; después pronunció solemnemente una oración en la que pidió al cielo que tomara bajo su santa tutela a los mineros, que les protegiera en su peligroso trabajo, que les defendiera contra los ataques y los engaños de los malos espíritus y que les deparara la suerte de descubrir buenos filones. Yo nunca había rezado con tanta devoción como aquel día ni nunca había sentido de un modo tan vivo el profundo significado que tiene la misa. Veía a los que iban a ser mis compañeros como héroes subterráneos, como hombres que tenían que superar mil peligros, pero que, a la vez, tenían la envidiable suerte de poseer conocimientos maravillosos, gente que en su trato grave y silencioso con las rocas, que son los primeros hijos de la Naturaleza, en las maravillosas grutas de las montañas, están preparados para recibir dones del cielo y para elevarse sobre este mundo y sus tribulaciones.

Después de la ceremonia religiosa, el capataz me dio una linterna y un pequeño crucifijo de madera y los dos fuimos al «pozo», que es el nombre que los mineros damos a las abruptas entradas por las que se penetra en las cavidades subterráneas. Me enseñó el modo de bajar, las precauciones que había que tomar, así como el nombre de muchos objetos y partes de la mina. Él iba delante: impulsando con los pies la viga cilíndrica, llevando en una mano la linterna y cogiéndose con la otra a una cuerda que por un nudo corredizo iba deslizándose en una pértiga que estaba fijada a un lado, fue descendiendo a la mina; yo le miraba e iba haciendo lo mismo que él; de este modo llegamos con bastante rápidez a una profundidad considerable. Para mí aquello tenía un aire de solemnidad: la luz que me precedía se me antojaba como una buena estrella que me indicaba el camino que conducía a la secreta cámara de los tesoros de la Naturaleza. Una vez abajo, nos encontramos en un verdadero laberinto de corredores y galerías; el bueno de mi maestro no se cansaba de contestar a las muchas preguntas que yo le hacía ni de instruirme sobre su arte. El murmullo del agua, la lejanía de aquella tierra que, allí arriba, habitaban los hombres, la oscuridad y lobreguez de las galerías y el ruido lejano de los mineros que trabajaban en ellas me colmaban de alegría. Me sentía feliz, me encontraba en posesión plena de todo aquello que desde siempre había sido el objeto de mi más ardiente anhelo. No es posible explicar ni describir esta satisfacción total de un deseo innato, este extraño gusto por cosas que deben tener una relación estrecha con lo más profundo de nuestro ser, con actividades para las cuales uno parece estar destinado desde la cuna[4]. Es posible que a cualquier otra persona estas cosas le hubieran parecido corrientes, insignificantes o hasta incluso horribles y espantosas; a mí, en cambio, me parecían tan imprescindibles como el aire para los pulmones o el alimento para el estómago. Mi anciano maestro se alegraba de ver el íntimo placer que me causaba todo aquello, y me dijo que con el interés que yo tenía y con la atención que ponía en todo llegaría muy lejos: acabaría siendo un buen minero. ¿Cómo podría describiros la veneración con que hace más de cuarenta y cinco años, un dieciséis de marzo[5], vi por primera vez en mi vida al rey de los metales, en finísimas laminillas metidas entre las grietas de las rocas? Me hacía el efecto de que estaba encerrado en una terrible cárcel; su brillo me parecía el amable saludo con que acoge al minero que, a través de tantos peligros y penalidades, se ha abierto camino hacia él para sacarlo a la luz del día y hacer que llegue a honrar las coronas de los reyes, los vasos de los príncipes y las reliquias de los santos, y para que llegue a recorrer el mundo entero y reine en él en las monedas, adornadas con bellas imágenes y que los hombres aprecian y guardan con tanto celo. Desde aquel día me quedé en Eula; al principio tenía que ir sacando en cestos el material que los mineros iban excavando del criadero; pero luego, poco a poco, me fueron ascen-

---

[4] Recuérdese lo que se ha dicho en la Introducción —pág. 18— sobre la correspondencia hombre-mundo, el hombre como microcosmos y el mundo como macroanthropos.

[5] Julie von Charpentier, la segunda esposa de Novalis, nació el 16 de marzo de 1776.

diendo, hasta que llegué a excavador, que es propiamente el trabajo de minero, el que trabaja en la misma roca.

El viejo minero interrumpió su relato y descansó un momento; tomó su copa y bebió un trago; los demás, que le habían estado escuchando atentamente, brindaron a su salud con el saludo de los mineros: «¡Buena salida!» A Enrique le estaba gustando muchísimo todo lo que contaba el anciano, y esperaba ansioso que prosiguiera su narración.

Los otros discutían animadamente sobre los peligros y rarezas de la vida del minero y contaban extrañas leyendas, que hacían sonreír al viejo, quien se apresuraba a rectificar amablemente las peregrinas ideas de sus oyentes.

Al cabo de un rato dijo Enrique:

——De aquel tiempo a esta parte debéis de haber visto y oído hablar de cosas bien curiosas; seguro que no os habréis arrepentido de haber escogido esta vida, ¿verdad? ¿Os importaría contarnos cómo os ha ido desde entonces y qué es lo que os ha traído aquí? Parece que hayáis visto mucho mundo y sospecho que sois algo más que un minero como cualquier otro.

——A mí ——dijo el anciano—— me produce un gran placer recordar los tiempos pasados, porque en ellos encuentro siempre ocasiones para darle gracias a Dios por su bondad y misericordia. He tenido la suerte de llevar una vida alegre y serena, y no ha pasado un solo día en que me haya ido a la cama sin este sentimiento de gratitud. He sido feliz y afortunado en todo lo que he hecho y nuestro Padre celestial me ha protegido siempre del mal y ha dejado encanecer mis cabellos con honor. Después de Dios todo lo debo al que fue mi maestro; hace ya muchos años que fue a reunirse con sus antepasados; no puedo pensar en él sin que me vengan las lágrimas a los ojos. Era un hombre de aquellos tiempos en los que se vivía según la voluntad de Dios. A pesar de sus profundos conocimientos, era modesto y sencillo como un niño. Gracias a él la mina conoció un gran esplendor y proporcionó inmensos tesoros al duque de Bohemia. Este hombre hizo que toda la región se poblara, se enriqueciera y acabara convirtiéndose en un país floreciente. Todos los mineros le veneraban como a un padre, y mientras exista Eula su nombre será pronunciado siempre con emoción y gratitud. Había nacido en Lusacia y se llamaba Werner[6]. Cuando yo entré en su casa su única hija era todavía una niña. Mi laboriosidad, mi fidelidad y la gran estimación que yo tenía por aquel hombre me fueron granjeando de día en día su afecto. Me dio su nombre y me adoptó como hijo. Poco a poco la pequeña se iba haciendo una criatura viva y despierta; su rostro era amable y limpio, como su corazón. Viendo el afecto que ella me tenía y cómo a mí me gustaba juguetear con ella sin apartar mis ojos de los suyos, que eran azules y grandes como el cielo y brillaban como cristales, el padre me decía muchas veces que si yo llegaba a ser un buen minero y se la pedía no me la iba a negar; y cumplió su palabra: el día en que me hicieron excavador puso sus manos sobre nuestras cabezas y bendijo nuestra promesa de matromonio; pocas semanas más tarde la llevaba a mi alcoba como esposa. Aquel mismo día, en el turno de la mañana, justamente a la salida del sol, iniciándome yo todavía en el arte del excavador, descubrí una veta de metal precioso. El duque me mandó una cadena de oro[7] con su efigie grabada sobre una gran moneda, y me prometió que me daría el cargo de mi suegro. Qué feliz me sentía al poder colgar el día de mi boda en el cuello de mi novia una cadena de oro con el retrato del duque y ver cómo los ojos de todos no dejaban de mirarla... Nuestro anciano padre pudo todavía ver retozar algunos nietos en torno a él; el otoño de su vida le trajo más frutos de los que él esperaba. Pudo terminar su turno con alegría y dejar la oscura mina que es este mundo para ir a descansar en paz y esperar el día de la gran recompensa.

—Señor —dijo el anciano, dirigiéndose a Enrique y secándose algunas lágrimas—, el oficio de minero tiene que ser forzosamente un oficio bendecido por Dios: no hay ningún arte como la minería que dé mayor felicidad y no-

---

[6] Recuerdo del maestro que Hardenberg tuvo en la Bergakademie de Freiberg; *vid*. Introducción, pág. 12.

[7] En relación con el simbolismo de la cadena *vid*. capítulo III, nota 6.

bleza a los que lo practican, que despierte en ellos una fe tan grande en la sabiduría y la providencia divinas ni que mantenga de un modo más puro la inocencia y la sencillez de corazón. El minero nace pobre y muere pobre. Sólo aspira a una cosa: saber dónde se encuentra el imperio del metal y sacarlo a la luz del día. Con ello se contenta: el brillo cegador de los metales no puede nada contra la pureza de su corazón. El fuego de su peligrosa locura no es capaz de inflamar su espíritu: la felicidad del minero está en la contemplación de sus extrañas formaciones, lo peregrino y singular de su origen y de su morada, no en esta posesión material que promete a los hombres toda clase de dichas. Una vez se ha convertido en mercancía, el metal deja de ofrecer encanto alguno para el minero: prefiere arrostrar mil peligros y fatigas para arrancarlo de las entrañas de la tierra, que andar por el mundo siguiendo su fama, recorrer la superficie de la tierra, buscándolo con mil engaños y astucias. Aquellas fatigas mantienen fresco su corazón y su espíritu; agradecido, goza de su modesto salario, y todos los días sale de las oscuras cavernas de su oficio con renovada alegría de vivir. Él sí sabe lo que es el encanto de la luz y del reposo, la caricia de un aire libre y de un horizonte amplio; sólo él saborea los manjares y la bebida como refrigerio del cuerpo; los toma con la unción con que tomaría el cuerpo del Señor. Con qué amor y con qué espíritu abierto y sensible va a reunirse con los suyos, acaricia a la mujer y a los hijos y goza, dándole gracias a Dios, del hermoso regalo del diálogo y de la amistad.

Su trabajo solitario le separa durante una gran parte de su vida de la luz del día y del trato con los hombres. Por esto no se acostumbra a las cosas maravillosas y profundas que existen en la superficie de la tierra ni llega a adquirir nunca este embotamiento y esta indiferencia frente a ellas que tienen muchos de los que no practican este oficio; por esto también conserva un alma de niño, que le hace verlo todo en su espíritu original y en su múltiple y virginal encanto. La Naturaleza no quiere ser propiedad exclusiva de uno solo. Como propiedad se convierte en un veneno mortal que ahuyenta la paz y atrae un irreprimible deseo de poseerlo todo, que va acompañado de inquietudes y preocupaciones sin cuento y pasiones e instintos salvajes. Por esto, secretamente, la Naturaleza va socavando el suelo sobre el que el propietario asienta sus pies, y no tarda en sepultarle en el abismo que ella misma ha abierto; de este modo las cosas pasan de una mano a otra, y así van satisfaciendo su natural tendencia a pertenecer a todos los hombres.

En cambio, ved con qué paz y sosiego trabaja el minero en su desierto subterráneo: pobre, contento con lo que tiene, alejado del tumulto y la agitación del día, en él alienta sólo el ansia de saber y el amor a la paz y a la concordia. En su soledad se recrea pensando en sus compañeros y en su familia, y siente siempre viva la hermandad y la solidaridad entre los hombres. Su oficio le enseña a ser paciente, a no cansarse nunca, a no distraerse en pensamientos vanos. Porque tiene que habérselas con una fuerza extraña, dura e inflexible, que sólo un empeño obstinado y una vigilancia constante son capaces de vencer. Pero también ¡qué hermosa flor se abre allí, en aquellas medrosas profundidades! Es la confianza verdadera en el Cielo, en un Padre cuya mano providente está viendo todos los días en señales inconfundibles. Cuántas veces, sentado en el pozo y a la luz de mi linterna, habré estado yo contemplando con devoción y reverencia el sencillo crucifijo que llevan todos los mineros... Entonces ha sido cuando he comprendido bien el sagrado sentido de aquella enigmática imagen; y entonces ha sido cuando he sabido abrir en mi corazón la más noble de las galerías, la que me conduce a un filón que me deparará una ganancia imperecedera.

—Realmente —continuó el anciano después de una pausa—, debió de ser un hombre divino el que enseñó a la Humanidad el noble arte de la minería y el que escondió en el seno de la tierra este severo símbolo de la vida humana. Aquí se abre una galería amplia y fácil de excavar, pero de poco valor; allí la roca la va estrechando, hasta convertirla en una grieta miserable e insignificante, y, sin embargo, es precisamente allí donde empiezan los filones más nobles. Otras galerías degradan el filón, hasta que de repente una galería, emparentada con la primera, se une a ella, y hace subir indefinidamente el valor del mineral. Muchas veces, ante los ojos del minero, se viene abajo en mil pedazos la bóveda que él mismo ha excavado; sin embargo, éste, paciente, no se asusta, y continúa tranquilo su camino: aquel contratiempo recompensará enseguida su celo al reencontrar el filón con nueva fuerza y renovada nobleza. A menudo se deja seducir por un pasadizo engañoso que le aparta de la verdadera dirección; sin embargo, no tarda en darse cuenta de que lleva un camino equivocado y ataja con energía hasta encontrar de nuevo el pasadizo que le lleva al buen filón. Cómo llega a familiarizarse con los caprichos de la fortuna y cómo llega a convencerse de que el esfuerzo y la constancia son los únicos medios seguros para dominar estas veleidades de la suerte y arrancarles el tesoro que con tanta obstinación defienden...

—A buen seguro —dijo Enrique—, no os faltarán canciones que animen vuestra tarea. Se me antoja que es un oficio éste en el que, de pronto, os encontraréis cantando, movidos por el deleite mismo del trabajo, y que la música debe ser una buena compañera del minero.

—Exactamente. Así es como decís —contestó el anciano—: cantar y tocar la cítara son sus menesteres inseparables en la vida del minero, y no hay estamento que disfrute más de ellos que el nuestro. La música y la danza son la verdadera felicidad del minero; para él son como una alegre oración; el recuerdo y la esperanza de ellas ayudan a aligerar su penoso trabajo y a acortar sus largas horas de soledad.

Si queréis os haré escuchar una de las canciones[8] que más nos gustaba cantar cuando yo era joven:

> Es señor de la tierra
> quien sus entrañas mide

---

[8] Esta canción apareció en el *Musen-Almanach für das Jahr 1802* («Almanaque de las Musas para el año 1802»), págs. 160-162, con el título «La vida del minero»; este poema aparece 32 veces en distintas colecciones de canciones de mineros.

y en su profundo seno[9]
todo dolor olvida.

Él penetra el misterio
de la roca escondida;
él baja infatigable
a su oscuro taller.

Con la tierra se une,
a fondo la conoce;
como una novia inflama
ella su corazón.

Cada día la mira
con renovado amor;
no teme los pesares;
no puede reposar.

Los hechos del pasado,
gloriosos y magníficos,
ella, su amiga siempre,
dispuesta está a contar.

Las brisas del pasado
soplan en torno a él
y en las simas oscuras
brilla una eterna luz.

Por todos los caminos
llega él a su hogar,
y ella le sale al paso
premiándole en su afán.

Las aguas le acompañan,
fieles, montaña arriba;

---

[9] Sobre el simbolismo del seno de la tierra *vid*. nota 7 del capítulo III.

los castillos roqueros
le abren sus tesoros.

Él lleva ríos de oro
al palacio del rey,
y adorna sus coronas
con noble pedrería.

Al monarca le tiende
su afortunado brazo;
más él quiere bien poco:
alegría y pobreza.

Que anden en pos del oro
al pie de las montañas;
él, feliz, en las cumbres,
es señor de la tierra.

A Enrique le gustó muchísimo esta canción, y pidió al anciano que le cantara otra. Este, dispuesto a complacerle, le dijo:

—Sí, sé otra: es una extraña canción que ni nosotros mismos sabemos de dónde viene. Nos la trajo un minero que iba de paso; venía de muy lejos y era uno de estos extraños hombres que llevan una vara y adivinan lo que hay por debajo del suelo. La canción tuvo una gran acogida, por su carácter peregrino y singular: era casi tan oscura e incomprensible como su música; pero esto mismo le daba un extraño encanto; oyéndola nos parecía que estábamos soñando despiertos:

Sé de un castillo, en algún lugar,
en el que vive, silencioso, un rey [10];
un extraño cortejo le acompaña,
mas el rey nunca sube a las almenas.

---

[10] El oro, rey de los metales. Según algunas teorías alquímicas, a las que puede hacer alusión Novalis en este poema, la multiplicación de este metal traería consigo la liberación del alma del hombre.

Sus estancias y cámaras, ocultas,
las velan invisibles guardianes;
allí se oye tan sólo el susurrar,
el murmullo de fuentes conocidas
que de techos polícromos descienden.

Lo que las aguas, con sus claros ojos,
han visto allá en las bóvedas del cielo
al monarca estas fuentes se lo cuentan
y, fieles, nunca cesan de contar.

El rey se baña en sus corrientes ondas,
su cuerpo delicado purifica
para salir de nuevo reluciente
de aquella blanca sangre de su madre[11].

Aquel castillo, antiguo y prodigioso,
cayó del hondo seno de los mares[12];
quedó de pie, sujeto para siempre
para impedir su huida hacia los cielos.
Puertas adentro una invisible cinta
encadena a los hombres de aquel reino;
mientras, prendidas en los muros de piedra,
las nubes son banderas de victoria.

Una incontable multitud de hombres
rodea aquellas puertas, bien cerradas;
a servidores fieles todos juegan
dirigiendo al señor falsas lisonjas.
Creen deber a él su bienestar,
sin barruntar que son sus prisioneros;
cegados por deseos engañosos,
no saben descubrir a su enemigo.

---

11 «la madre» —*die Mutter*,—, expresión para indicar el mineral que contiene el metal que se busca; «la blanca sangre», las vetas blancas de cuarzo que contienen oro.
12 Alusión a la teoría geológica del neptunismo, profesada por A. G. Werner.

Sólo a unos pocos, hábiles, despiertos,
la sed de sus regalos no atormenta;
se esfuerzan con denuedo, sin fatiga
por socavar la antigua fortaleza.
Contra este poderoso y gran secreto
sólo podrá la mano inteligente;
si puede el interior dejar desnudo,
conseguirá alumbrar la libertad.

No hay muro que resista al diligente,
ni abismo que detenga al valeroso;
el que en su mano y corazón confía
camina sin temor tras de ese rey
y puede, al fin, prenderle en sus moradas.
Ahuyenta a los espíritus con espíritus
y se hace dueño de las bravas aguas,
y a recobrar su cauce las obliga.

Cuanto más salga al sol este monarca
y por la tierra se derrame,
más irá siendo su poder minado
y tanto más serán los hombres libres[13].
Hasta que un día, al fin rotos los lazos,
en el hueco castillo entrará el mar,
y en brazos de sus dulces, verdes aguas
de la Patria al regazo volveremos[14].

Cuando el anciano hubo terminado, a Enrique le pareció haber oído aquella canción en alguna parte. Se la hizo repetir, y se la escribió en un papel. Luego el minero salió de la posada y los mercaderes se quedaron hablando con los demás que estaban allí sobre las ventajas del arte de la minería, así como de sus trabajos y fatigas. Uno dijo:

---

[13] Referencia a la teoría alquímica de la que hemos hablado en la nota 10 de este capítulo.

[14] Del mismo modo que la materia representa una degradación de la realidad espiritual, el agua representa el espíritu. La entrada del agua en el seno de las montañas representa la liberación del peso de lo material y la elevación de la realidad al reino del espíritu.

—No os quepa duda de que este anciano ha venido aquí para algo. Hoy ha estado trepando por estas colinas, y estoy seguro de que habrá encontrado buenas señales. Cuando vuelva se lo preguntaremos.

—¿Sabéis qué podríamos pedirle? —dijo otro—. Que nos buscara una fuente para el pueblo. Tenemos el agua muy lejos y un buen manantial nos vendría muy bien.

—Se me ocurre —dijo un tercero— que podría pedirle que se llevara consigo a uno de mis hijos, que está trayendo piedras a casa todos los días. Seguro que el muchacho llegará a ser un buen minero, y este anciano parece ser un hombre de bien que sabría sacar buen partido de él.

Por su parte, los mercaderes hablaban de la posibilidad de entablar, por mediación de aquel minero, relaciones comerciales ventajosas con Bohemia y de obtener de allí metales a buen precio.

El anciano volvió a entrar; todo el mundo quería aprovechar la ocasión que les brindaba el hecho de haber conocido a aquel viejo minero. Este dijo:

—¡Qué atmósfera tan agobiante! ¡Qué mal se respira en esta habitación tan pequeña![15]. Fuera hay una luna espléndida; me gustaría mucho dar otro paseo. Hoy, con la luz del día, he visto algunas cuevas curiosas. No están muy lejos de aquí; podríamos ir ahora; quizá a algunos de vosotros os gustaría acompañarme; con sólo que nos llevemos una linterna creo que podremos examinarlas sin dificultad.

Toda la gente de aquel pueblo conocía aquellas cuevas, pero hasta entonces nadie se había atrevido a penetrar en ellas: creían en pavorosas leyendas de dragones y otros monstruos que, decían, habitaban allí. Algunos incluso aseguraban que los habían visto y que en la entrada de estas cavernas habían encontrado huesos de hombres y animales, llevados allí por aquellos monstruos y devorados después. Otros creían que allí debía de vivir un fantasma, porque algunas veces, aseguraban, habían visto desde lejos

---

[15] Estas frases pueden tener un sentido simbólico: los intereses mezquinos de los comerciantes y los campesinos frente a la visión poética de la realidad que tiene el minero.

una extraña figura humana, y por la noche habían oído canciones que venían de aquella dirección.

El anciano no parecía dar mucho crédito a todas estas historias; se reía y les decía que, yendo con un minero, no tenían por qué temer, que sólo con verle, los monstruos se iban a asustar, y que, en cuanto al fantasma, si, como decían, le gustaba cantar, a la fuerza tenía que ser un espíritu benéfico. La curiosidad hizo que muchos perdieran el miedo y se animaran a aceptar la invitación del anciano. También Enrique deseaba acompañarle; al principio su madre no quería darle permiso; el anciano trataba de convencerla; al fin, después de haberle hecho prometer que cuidaría del muchacho para que no le ocurriera nada malo, accedió a los ruegos de su hijo.

Los mercaderes también habían decidido formar parte de la expedición. La gente fue a buscar largas teas, para que les sirvieran de antorchas; una parte del grupo se pertrechó de escaleras, pértigas, cuerdas y toda clase de armas defensivas, y al fin todos emprendieron la marcha hacia aquellas colinas, que no estaban muy lejos. Delante iban el anciano, Enrique y los mercaderes. Aquel campesino que tenía un hijo que era tan aficionado a las piedras se lo había llevado consigo; el muchacho se había hecho con una antorcha y era el que indicaba el camino hacia las cuevas. La noche era serena y tibia. Sobre las colinas, la luna, con su dulce fulgor, despertaba extraños sueños en todas las criaturas. Ella misma parecía un sueño del sol: suspendida sobre aquel mundo ensimismado, hacía volver a aquella Naturaleza, dividida en mil parcelas, a los orígenes fabulosos en los que todo germen, soñoliento todavía, solitario y virginal, se esforzaba inútilmente por desplegar la oscura plenitud de su inmenso ser[16].

En el alma de Enrique se reflejaba la fábula de la noche. Le parecía como si el mundo descansara en él, se le abriera y, como a un huésped amigo, le mostrara todos sus tesoros y secretas ternuras. Le parecía comprender como nunca

---

[16] Estas líneas resumen perfectamente el núcleo del «idealismo mágico» de Novalis; *vid*. Introducción, págs. 18 y ss.

aquel espectáculo, a la vez sencillo e inmenso, que tenía ante sus ojos. Le parecía que si ordinariamente la Naturaleza se mostraba tan incomprensible era por su misma prodigalidad en multiplicar a los ojos de los hombres, con las más variadas apariencias, lo más familiar e íntimo de su esencia. Las palabras del anciano habían abierto en él una puerta secreta. Se veía en una pequeña estancia construida al lado mismo de una gran catedral: de las losas del suelo ascendía el pasado del mundo, grave y solemne; de la cúpula bajaba el futuro, claro y alegre, en forma de un coro de dorados ángeles que venían a su encuentro cantando. Potentes sonidos vibraban en aquel canto de plata, y por los amplios portones del templo entraban todas las criaturas: cada una de ellas decía de una forma perceptible lo más íntimo de su naturaleza en un sencillo ruego, una oración sencilla, pronunciada en un idioma familiar. Enrique no podía comprender cómo había estado tanto tiempo ajeno a una visión como aquélla, tan clara y que desde entonces era ya imprescindible para su ser. De repente veía de un golpe todas las relaciones que le unían con el inmenso mundo que le rodeaba; sentía lo que él había llegado a ser gracias al mundo y lo que el mundo iba a ser para él, y comprendía aquellas extrañas figuraciones y sugerencias que la contemplación del mundo había suscitado ya muchas veces en su espíritu[17]. Aquella historia que había oído de boca de los mercaderes y que hablaba de aquel muchacho al que le gustaba tanto contemplar la Naturaleza, y que acabó siendo yerno del rey, le vino de nuevo a la memoria, y mil otros recuerdos de su vida se entrelazaron en su mente con un hilo mágico[18].

Mientras Enrique estaba entregado a estos pensamientos, el grupo se había ido acercando a la cueva. La entrada era baja; el anciano cogió una antorcha, trepó por unas piedras y penetró en la caverna. Notó que de ella salía una

---

17 *Vid.* nota 4 del capítulo II.
18 El progresivo despertar de Enrique a la poesía coincide siempre con una visión cada vez más clara de la unidad del cosmos, de las relaciones entre todas las cosas, del sentido de los relatos y los sueños.

ligera corriente de aire, entonces se volvió a los otros y les dijo que podían seguirle sin temor. Los más miedosos entraron los últimos; llevaban las armas preparadas para utilizarlas en cualquier momento. Enrique y los mercaderes entraron después del anciano; a su lado, contento y alegre, iba aquel muchacho que quería ser minero. Al principio fueron siguiendo un pasadizo bastante estrecho; pronto llegaron a una cueva espaciosa y de alto techo que la luz de las antorchas no podía iluminar del todo; sin embargo, en la pared del fondo les pareció ver algunas aberturas que se perdían en la roca. El suelo era blando y bastante regular; tampoco las paredes ni el techo eran ásperos ni rugosos; pero lo que más llamó la atención de todos fue la gran cantidad de huesos y dientes que cubrían el suelo. Muchos de ellos se conservaban perfectamente; en otros se podían apreciar huellas de descomposición, y los que sobresalían aquí y allá de las paredes parecían como petrificados. La mayoría de ellos eran de gran tamaño, como si hubieran pertenecido a animales de una fuerza extraordinaria. Al anciano le alegraba mucho haber encontrado aquellos restos de épocas remotas; a la gente del pueblo, en cambio, no les hacía mucha gracia aquello. El anciano les decía que aquello eran huellas de un tiempo inmemorial: «¿cuando se ha oído decir por ahí —les preguntaba— que estos animales hayan devastado nunca vuestros rebaños o se hayan llevado a algún hombre de estos alrededores? ¿Os parece que estos huesos puedan ser de algún ser humano o de algún animal conocido por vosotros?» Era inútil: aquellos buenos campesinos creían que aquellos huesos eran una señal de que por allí cerca andaban feroces animales.

El anciano quería seguir explorando la montaña, pero los campesinos encontraron más prudente retirarse y esperarle a la entrada de la caverna. Enrique, los mercaderes y el muchacho se quedaron con el viejo después de haberse provisto de cuerdas y antorchas. Así llegaron pronto a una segunda cueva; el anciano tuvo buena cuenta en señalar con huesos dispuestos de una determinada manera el pasadizo por el que habían venido. Aquella caverna se parecía mucho a la primera; tenía también gran cantidad de restos de animales. Enrique estaba a la vez asustado y maravillado: le parecía estar paseándose por los pórticos del palacio interior de la tierra. De repente se sintió muy lejos del cielo y de la vida de los hombres, como si aquellas salas espaciosas y oscuras pertenecieran a un extraño reino subterráneo. «¿Quién podía sospechar —se decía— que bajo nuestros pies se moviera todo un mundo dotado de una inmensa vida? ¿Quién hubiera pensado jamás que en el interior de la tierra, e impulsados por el fuego de su oscuro seno, unos gérmenes desconocidos hubieran podido desplegar su ser hasta llegar a tomar formas gigantescas y a adquirir una fuerza espiritual tan grande? ¿No podría ser que en aquellos remotos tiempos estos pavorosos forasteros, acosados por el frío, hubieran salido de estas cavernas y hubieran aparecido entre los hombres? Quizá por aquel mismo tiempo los habitantes del cielo, las fuerzas vivas y parlantes de las estrellas, se hacían visibles por encima de las cabezas de los humanos. Estos huesos, ¿son huellas de la marcha de estos monstruos hacia la superficie de la tierra, o de su huida hacia las profundidades?

De repente el viejo llamó a los que le acompañaban y les enseñó unas huellas bastante recientes de pisadas humanas; no encontraron muchas, así que el viejo creyó que podían seguirlas sin temor a encontrarse con bandoleros; iban a seguir ya aquella pista, cuando, de pronto, como viniendo de lejanas profundidades, como bajo sus pies, oyeron con bastante claridad una canción. A pesar de su pasmo, que no fue pequeño, guardaron silencio y escucharon atentamente:

> Con placer vivo en el valle,
> sonrío en la oscura noche;
> del amor la dulce copa[19]
> me ofrecen todos los días.
>
> Sus santas gotas levantan
> mi alma al cielo, a sus puertas;

---

[19] Posible alusión a la Eucaristía (H.-J. Simm); para M. Camus, alusión al mar como símbolo de la unión primitiva de todas las cosas.

aunque viva en esta tierra,
una embriaguez me invade.

Mecido en dulces visiones,
no temo ningún dolor:
la reina de las mujeres
me da su fiel corazón.

Años de dolor y llanto
esta arcilla iluminaron
y una imagen han grabado
que me da la la eternidad[20].

Y todos aquellos años
me parecen un instante;
cuando me lleven de aquí
los veré con gratitud.

Todos se quedaron sorprendidos: la canción les había fascinado; tenían que encontrar como fuera al cantor.
Después de buscar un poco, vieron en un ángulo de la pared de la derecha un pasadizo que bajaba: las huellas parecían indicarles que debían seguir por aquel camino. Muy pronto les pareció advertir una claridad que iba aumentando conforme iban descendiendo. Se abrió una cavidad abovedada, más grande todavía que las otras dos que habían encontrado, en cuya pared del fondo vieron una figura humana: estaba sentada detrás de una mesa de piedra sobre la que había un gran libro; tenía al lado una linterna y parecía estar leyendo.
Volvió la cabeza hacia ellos, se levantó y salió a su encuentro. Era un hombre de edad indefinible: no parecía ni viejo ni joven; en él no se apreciaban más huellas del tiempo que unos cabellos plateados, que, lisos y partidos en dos mitades, le caían sobre la frente. En sus ojos había una inefable expresión de serenidad, como si desde la clara

---

[20] En esta estrofa se resume la vida de Enrique así como la experiencia religiosa de Novalis después de la muerte de Sophie.

cima de una montaña dirigiera su mirada a una primavera infinita. Llevaba unas sandalias atadas a los pies, y como todo vestido no parecía llevar más que una gran capa, que, enrollada en torno a su cuerpo, realzaba su figura noble y fuerte. La llegada de los visitantes no pareció sorprenderle lo más mínimo; les saludó como si ya les conociera, como si fueran huéspedes esperados en su casa[21].

—Qué amables habéis sido viniendo a verme. En todo el tiempo que llevo viviendo aquí sois los primeros amigos que veo. Parece que la gente empieza a fijarse un poco más en esta casa grande y maravillosa que tenemos.

El viejo minero contestó:

—No sospechábamos encontrar aquí a un huésped tan amable. Nos habían hablado de fantasmas y de animales feroces, y he aquí que nos encontramos con la más agradable de las sorpresas. Perdonad nuestra curiosidad si hemos venido a interrumpir vuestra contemplación y vuestras meditaciones.

—¿Puede haber mejor contemplación —dijo el desconocido— que la de rostros humanos alegres y afables? No creáis que porque me encontráis aquí en estas soledades sea yo un enemigo de los hombres. No he huido del mundo; sólo he buscado un lugar tranquilo para poder entregarme a mis meditaciones.

—¿Y nunca os habéis arrepentido de vuestra decisión? ¿No tenéis momentos en los que sentís miedo y en los que vuestro corazón anhela escuchar la voz de un ser humano?

—Ahora ya no. Cuando era joven hubo un tiempo en que ansiaba ardientemente hacerme ermitaño. Oscuros presentimientos ocupaban mi fantasía juvenil. Creía que en la soledad iba a encontrar el alimento que satisfaría plenamente mi corazón. La fuente de mi vida interior me parecía inagotable. Pero pronto me di cuenta de que el hombre debe aportar a esta vida una larga serie de experiencias,

---

[21] La contemplación interior coincide con la adivinación del futuro; recuérdese lo que se ha dicho en la Introducción en relación con la disolución del tiempo y la coincidencia de los tres momentos de éste.

de que un corazón joven no puede estar solo; es más, de que sólo después de un trato repetido con sus semejantes puede el hombre alcanzar una cierta independencia.

——Yo llego a creer incluso ——contestó el anciano—— que existe una cierta vocación natural para cada tipo de vida, y que quizás, conforme uno va envejeciendo, las experiencias que va acumulando le llevan por sí solas a retirarse de la compañía de los hombres. No parece sino que esta compañía está dedicada únicamente a la actividad, tanto a la que lleva al lucro como a la que lleva a la conservación de lo ganado. Una gran esperanza, una finalidad colectiva, impulsan con gran fuerza la vida en compañía; los niños y los viejos no parece que tengan nada que ver con todo esto. A los primeros su incapacidad y su inexperiencia les mantiene al margen de estas cosas; los segundos han realizado esta esperanza y ven alcanzada esta meta; por esto, como no hay nada que les ate a este movimiento de la sociedad, vuelven a sí mismos y se consagran únicamente a prepararse para hacerse dignos de una comunidad superior. Sin embargo, parece que en vuestro caso ha habido causas especiales que os han inducido a apartaros totalmente de los hombres y a renunciar a las comodidades que lleva aparejada la vida con los demás. Pienso que muchas veces debe de aflojarse la tensión de vuestro espíritu y que cuando esto os ocurre debéis de sentiros mal.

——Sí, es cierto, antes me ocurría esto; con todo, he sabido evitarlo imponiendo un orden riguroso en mi vida. Procuro mantenerme sano haciendo ejercicio, y de este modo no tengo nada que temer. Todos los días ando varias horas y disfruto tanto como puedo de la luz y del aire libre. El resto del día lo paso en estas cuevas; a ciertas horas estoy ocupado en tejer cestos y tallar figuras de madera, que cambio en lugares alejados de aquí por víveres; me he traído libros; de este modo discurren los días sin darme cuenta. En los lugares por donde paso tengo algunos conocidos que saben de mi vida en estas cuevas; por ellos me entero de lo que pasa en el mundo; ellos son los que me enterrarán y los que se quedarán con mis libros cuando yo muera.

Hizo que se acercaran al sitio donde estaba sentado, cerca de la pared de la cueva, y vieron varios libros en el suelo y además una cítara. De la pared colgaba una armadura completa y, al parecer, de bastante precio. La mesa estaba formada por cinco grandes piedras planas ensambladas como formando una caja; en la parte superior estaban grabadas, en tamaño natural, las figuras de un hombre y una mujer que sostenían una corona de lirios y rosas; a los lados se leía:

> Por este lugar
> Federico y María de Hohenzollern
> regresaron a su patria[22].

El eremita preguntó a los visitantes de dónde eran y de qué modo habían llegado a aquellos parajes. Estuvo muy amable y comunicativo con ellos, revelaba un gran conocimiento del mundo. El anciano minero le dijo:

—Veo que habéis sido guerrero, la armadura os descubre.

—Los peligros y vicisitudes de la guerra, el elevado espíritu poético que se encuentra siempre en un ejército en campaña me arrancaron cuando era joven de mi soledad y decidieron la suerte de mi vida. Es posible que el largo tiempo que he tenido que vivir en medio del tumulto y la agitación, así como las mil peripecias por las que he tenido que pasar hayan despertado aún más en mí el sentido de la soledad: los muchos recuerdos de aquel tiempo son ahora para mí una agradable compañía; y esto tanto más cuanto más distintos son los ojos con los que veo todo lo que entonces me ocurrió: esta nueva perspectiva me hace descubrir la relación que existía entre los acontecimientos de aquel tiempo, el profundo sentido de las consecuencias que de ellos se derivaron, así como el significado del modo como se presentaban a mis ojos[23]. El verdadero sentido para comprender la historia humana no se desarrolla hasta

---

[22] El conde Federico III, muerto el año 1200, pertenecía al séquito de Barbarossa y de Enrique IV.
[23] *Vid.* nota 21 de este capítulo.

tarde, y ello ocurre más bajo el sosegado influjo de los recuerdos que bajo la fuerza de la impresión que produce lo presente. Los acontecimientos más cercanos parecen tener sólo una relación superficial, pero no por ello revelan una simpatía menos maravillosa con los lejanos; y sólo cuando uno está en situación de abarcar con la vista una larga serie de sucesos, ni tomándolos todos al pie de la letra ni confundiendo su verdadero valor con los sueños de la fantasía, sólo entonces se advierte el secreto encadenamiento de lo pasado con lo futuro y se aprende a componer la historia con esperanzas y recuerdos. Pero sólo le es dado descubrir la clave de la historia a aquél que tiene ante sus ojos todo el pasado. Los humanos no podemos llegar más que a fórmulas toscas e incompletas, y ya podemos darnos por satisfechos si encontramos una norma que nos sirva para iluminar un poco esta corta vida que nos ha sido dada. Pero puedo deciros también que el observar con atención los avatares de la vida es algo que nos depara un placer profundo e inagotable, y que de entre todos los pensamientos los que nos proporcionan esta observación son los que más nos elevan por encima de los males de esta tierra. Cuando somos jóvenes leemos la historia sólo por curiosidad, como si fuera un cuento; en cambio, cuando llegamos a la edad madura esto que antes era sólo una amena narración se convierte en una compañera celestial, en una amiga consoladora y edificante que con sus sabias palabras nos va preparando dulcemente para una vida más alta y más amplia y que con sus imágenes sencillas y comprensibles nos va familiarizando con el mundo desconocido. La Iglesia es la casa de la Historia y el campo santo del simbólico jardín de sus flores. Sobre el pasado debieran escribir únicamente hombres temerosos de Dios, ancianos cuya historia personal ha terminado y que no tienen otra esperanza que la de ser trasplantados a aquel jardín. En sus palabras no habría nada tenebroso ni turbio: un rayo de luz bajado de la cúpula del cielo lo iluminaría todo haciéndonoslo ver en su mayor belleza y en su mayor verdad, y el Espíritu Santo se posaría sobre el extraño movimiento de aquellas aguas.

—Cuánta verdad y cuánta luz hay en vuestras palabras —dijo el anciano—. No hay duda de que deberíamos dedicar mayor esfuerzo en señalar y destacar todo aquello que, a nuestro entender, debe saberse de nuestro tiempo, y en transmitirlo, como piadosa herencia, a los hombres que han de venir. Hay miles de cosas que no nos atañen y a las que, no obstante, dedicamos nuestra solicitud y nuestros esfuerzos; en cambio, de lo más cercano a nosotros, de lo más importante, de las fortunas y desgracias de nuestra propia vida, de la de los nuestros y de la de nuestra estirpe —fortunas y desgracias que hemos visto sucederse con una callada regularidad gobernada por una providencia—, de todo ello apenas si nos ocupamos; con el más gran descuido dejamos que sus huellas se borren en nuestra memoria. Una posteridad más sabia que nosotros buscará cualquier noticia del pasado como si fuera una reliquia, y ni la vida de un solo hombre, por insignificante que ésta sea, le será indiferente, porque en ella verá reflejada, con mayor o menor intensidad, toda la vida de una época[24].

—Lo malo es —dijo el conde Hohenzollern— que incluso aquellos que se han dedicado a anotar los hechos y los acontecimientos de su tiempo no se han parado a reflexionar sobre lo que estaban haciendo y no han intentado dar a sus observaciones un orden y una coherencia, sino que han procedido a la buena de Dios en la selección y compilación de sus noticias. No hay más que fijarse en lo que nos ocurre a cada uno de nosotros: sólo somos capaces de describir de un modo claro y cabal aquello que conocemos perfectamente, aquello cuyas partes, cuyo origen y consecuencias, cuya finalidad y uso tenemos ante nuestra vista; sin este conocimiento no podemos dar descripción alguna de nada; de lo único de lo que somos capaces es de dar un amasijo de observaciones parciales e incompletas. Digámosle a una niña que nos describa una máquina, o a un campesino que nos describa un barco: seguro que no

---

[24] En estas líneas se define el sentido histórico, el «órgano moral» que en el ensayo *La Cristiandad o Europa* postula Novalis para el conocimiento de la historia.

habrá nadie que de sus palabras pueda sacar utilidad o ciencia alguna. Es lo mismo que ocurre con la mayoría de la gente que escribe historia: es posible, incluso, que posean habilidad en el arte de narrar y aún que sean prolijos hasta el aburrimiento; con todo, olvidan precisamente lo más interesante, aquello que hace que la historia sea historia, aquello que enlaza los acontecimientos más dispares en un todo ameno y lleno de enseñanzas. Cuando reflexiono sobre todas estas cosas, pienso que un buen historiador tiene que ser además un poeta[25], porque sólo los poetas poseen el arte de enlazar convenientemente unos hechos con otros. En sus narraciones y fábulas he experimentado un sosegado placer viendo su fino sentido del misterio de la vida. En sus cuentos hay más verdad que en las crónicas de los eruditos. Aunque sus personajes y los destinos de éstos sean inventados, el sentido que estas invenciones encierran es natural y verdadero. Y hasta cierto punto, para nuestro placer, así como para nuestra enseñanza, da igual que aquellos personajes, en cuyos destinos seguimos las huellas del nuestro, hayan existido o no. Porque a lo que nosotros aspiramos es a conseguir la intuición del alma grande y sencilla de los fenómenos de una época; si encontramos que nuestro deseo se cumple, ya no nos preocupamos por saber si aquellas figuras concretas que aparecían en las narraciones existieron realmente o no[26].

—Por esto mismo —dijo el anciano— es por lo que yo he tenido siempre una gran simpatía por los poetas. Gracias a ellos el mundo y la vida se me han hecho más claros y diáfanos. Me ha parecido que deben de vivir en amistad con los agudos espíritus de la luz, con aquellas almas que penetran todas las cosas, que las distinguen unas de otras y que extienden sobre todas ellas un velo especial de tenues colores. Con sus canciones, mi propio ser se ha sentido como suavemente desplegado, como si pudiera moverse con más libertad, como si se gozara de su propia sociabili-

---

[25] Sobre historia y poesía, *vid*. Introducción, págs. 46 y 47.
[26] En el primer capítulo de la segunda parte dice Enrique: «destino y alma no son más que dos modos de llamar a una misma noción».

dad y de sus anhelos, como si, con un secreto placer, sus elementos pudieran moverse unos contra otros y suscitar mil efectos encantadores.

—¿Habéis tenido la suerte —preguntó el eremita— de tener en vuestro país a algún poeta?

—Sí, de vez en cuando nos ha llegado alguno; sin embargo, todos han mostrado un gusto especial por la vida viajera, así que no se han quedado mucho tiempo entre nosotros. Con todo, en mis viajes a Iliria[27], Sajonia y Suecia he encontrado no pocos de ellos; su recuerdo alegrará siempre mi espíritu.

—Entonces habréis corrido mucho mundo y tendréis mucho que contar.

—Nuestro oficio nos obliga a andar de un lado para otro observando la tierra; no parece sino que un fuego subterráneo impulsa al minero a andar de un sitio a otro. Una montaña le manda a otra. Nunca le parece que ha visto lo bastante. La vida entera tiene que pasársela aprendiendo aquella extraña arquitectura que, de un modo tan peregrino, sustenta y recubre el suelo sobre el que se asientan nuestros pies. Nuestro arte es muy antiguo y está muy extendido. Al igual que nuestra estirpe, ha debido de venir de Oriente a Occidente, con el sol, y se ha debido de extender desde el centro hasta los confines del mundo. En todas partes ha tenido que luchar con dificultades distintas y, como la necesidad ha aguzado siempre el espíritu del hombre y le ha llevado siempre a nuevos descubrimientos, por esto el minero encuentra en todas partes incitaciones para aumentar su saber y multiplicar sus artes, y, de este modo, enriquecer a su país con experiencias provechosas.

—Vosotros, los mineros —dijo el eremita—, sois una especie de astrólogos al revés: mientras que éstos están siempre mirando al cielo y recorriendo con la vista sus inmensidades, vosotros dirigís vuestra mirada al suelo y escudriñáis su arquitectura. Aquéllos estudian las virtudes e influencias de las estrellas, vosotros investigáis las fuerzas

---

[27] En la costa oriental del Adriático; al igual que Sajonia y Suecia, famosas por su minería.

de las rocas y las montañas y los efectos de los variados estratos. Para aquéllos el cielo es el libro del futuro, para vosotros la tierra es el monumento de un remoto pasado del mundo.

—Esta relación entre astrólogos y mineros —dijo el anciano sonriendo— no deja de tener su significado: los luminosos profetas tienen quizá mucho que ver con la vieja historia de la extraña formación de la tierra. Es posible que con el tiempo estos hombres sean mejor conocidos y explicados por sus obras, y, a su vez, que estas obras lo sean por aquellos hombres. Tal vez las grandes cadenas de montañas nos muestran las huellas de sus antiguos caminos; quizá han querido sostenerse por sí mismas y seguir su propia senda hacia el cielo. No pocas de ellas han tenido atrevimiento suficiente para elevarse hacia lo alto, como queriendo ellas también llegar a ser estrellas; para ello han tenido que renunciar al bello ropaje de verdor que cubre las tierras bajas. De este empeño no han sacado otro provecho que el tener que ayudar a la formación de las lluvias y los vientos que azotarán a las otras montañas, sus progenitoras. Para las tierras bajas son ellas profetas que tan pronto las protegen como las anegan bajo la furia de los temporales[28].

—Desde que vivo en esta cueva —prosiguió el eremita— he aprendido a meditar más sobre los tiempos pasados. No sabría cómo explicaros el encanto que para mí tienen estas meditaciones: podéis creer que no me cuesta nada imaginar el amor que los mineros han de tener por su oficio. Cuando contemplo esta cantidad de huesos que se encuentran por todas partes en estas cuevas, todos ellos extraños y procedentes de remotas épocas; cuando pienso en los tiempos salvajes en que estos extraños monstruos, acosados tal vez por el miedo, penetraban en estas cuevas, en apretadas manadas, para venir luego a morir en ellas; cuando me remonto a los tiempos en que se formaban es-

---

[28] Según M. Camus, referencia a doctrinas teosóficas: los astros son las partes de la Naturaleza que han logrado escapar a la gravedad de lo material y ascender a la esfera del espíritu.

tas cuevas y en los que inmensos océanos cubrían la tierra, me veo a mí mismo como un sueño del futuro, como un hijo de la paz eterna. ¡Qué tranquila y pacífica, qué suave y clara es la Naturaleza que vemos hoy en comparación con la de aquellos tiempos violentos y enormes! En nuestros días, la más terrible de las tempestades, el más espantoso de los terremotos no es más que un leve eco de aquellos espeluznantes dolores de parto. En aquellos tiempos, las plantas, los animales y hasta los hombres, si es que los hubo en aquellas pocas islas perdidas en el océano, debieron de tener una complexión más fuerte y más ruda —de lo contrario tendríamos que calificar de fábulas a las antiguas leyendas que nos hablan de un pueblo de gigantes.

—Es reconfortante y alentador —dijo el viejo— comprobar esta lenta pacificación de la Naturaleza. Parece que en ella ha ido cuajando poco a poco un íntimo acuerdo entre sus elementos, una pacífica comunidad y una mutua protección y vivificación: de este modo podemos esperar siempre tiempos mejores. Es posible que de vez en cuando fermente todavía la antigua levadura, y que de ello se sigan algunas conmociones violentas de la tierra; pero ahora el hombre ve ya este empeño indetenible hacia una estructura más libre y más armónica, y bajo esta nueva luz cualquier conmoción no es más que un fenómeno pasajero que nos acerca más a la gran meta. Puede ser que la Naturaleza no sea ya tan fructífera como antes, que en nuestros días no veamos surgir ya más metales ni más piedras preciosas, más rocas ni más montañas, que las plantas y los animales ya no adquieran el tamaño sorprendente y la fuerza que tuvieron entonces; conforme se ha ido agotando la fuerza engendradora de la tierra han ido creciendo las fuerzas del orden y la forma, las virtudes que ennoblecen los elementos y los aúnan; el espíritu de la Naturaleza se ha vuelto más sensible y tierno, su fantasía más diversa y rica en símbolos, su mano más ligera y diestra: se aproxima al hombre; y si en tiempos fue una roca de cuyo seno salieron, en terribles partos, los primeros seres que poblaron la faz de la tierra, ahora es una planta que va creciendo reposadamente, un artífice silencioso, casi humano[29]. ¿Qué necesidad hay de ir aumentando todos estos tesoros si su gran cantidad alcanza ya para un periodo de tiempo que no podemos ni imaginar? Con ser tan pequeño el espacio que he recorrido, desde el primer momento, no más llegar, ya he descubierto tantas cosas que los hombres de hoy en día no llegarán a poder utilizar: tendrán que quedar para las generaciones que les sigan. ¿Qué riquezas no llegan a esconder las montañas del Norte? ¿Qué cantidad de señales favorables no he llegado a encontrar yo en mi patria: por todas partes, como en Hungría, al pie de los Cárpatos y en los valles rocosos del Tirol, de Austria y de Baviera? Con sólo que me hubiera podido llevar todo lo que he podido coger del suelo o arrancar de la roca sería ahora un hombre rico. Muchas veces he creído encontrarme en un jardín encantado. Todo lo que veía era de metales preciosos y tenía las más bellas formas. En los gráciles rizos y en las ramas de la plata colgaban frutos transparentes, brillantes y rojos como el rubí, y aquellos pesados arbolitos se levantaban sobre un suelo de cristal de una calidad tal, que ningún artesano sería capaz de imitar. Uno no daba crédito a sus sentidos en aquellos lugares maravillosos, no se cansaba de recorrer aquellas selvas fascinantes ni de alegrar la vista con tanta pedrería. Sin ir más lejos, en el viaje que ahora estoy haciendo he visto gran cantidad de cosas interesantes y no dudo que en otros países la tierra es tan fecunda y derrochadora como aquí.

No hay duda —dijo el desconocido—, basta con pensar en los tesoros del Oriente, y ¿no es verdad que la lejana India, África y España fueron ya famosas en la Antigüedad por las riquezas de su suelo? Es sabido que los guerreros no acostumbran a fijarse en las vetas y en las grietas de las montañas; con todo, en este aspecto puedo decir que algunas veces me he parado a observar estas franjas brillantes que son como extraños capullos que anuncian una flor y un fruto inesperados. ¿Quién podría imaginar, cuando yo

---

[29] *Vid.* lo que se dice en la Introducción sobre el idealismo mágico» y la moralización de la Naturaleza, págs. 18 y ss.

antes pasaba contento bajo la luz del día junto a estas oscuras cavernas, que, andando el tiempo, iba a terminar mis días en el seno de una montaña? Mi amor me llevó orgulloso por la tierra y esperaba alcanzar la vejez y dormir el último sueño en los brazos de la amada. Terminó la guerra y partí para mi casa con la alegre esperanza de que allí podría pasar en paz y sosiego el otoño de mi vida. Pero el genio de la guerra parecía ser el genio de mi felicidad. Mi María me había dado dos hijos en Oriente. Ellos eran la alegría de nuestra vida. La travesía y los malos aires de Occidente dañaron su floración. Al poco de llegar a Europa los enterraba. Mi esposa estaba desconsolada; dolorido y apenado la llevé a mi patria. Una callada melancolía debió de ir royendo el hilo de su vida. En un viaje que tuve que emprender al poco de mi llegada y en el que ella, como siempre, me acompañaba, se murió dulce e inesperadamente en mis brazos. Fue cerca de aquí precisamente donde terminó nuestro peregrinar por la tierra. En aquel momento mi decisión estaba madura. Encontré lo que nunca había esperado: una luz divina descendió sobre mí, y desde el día en que yo mismo enterré a mi esposa, en este lugar, una mano celestial se llevó todas las penas de mi corazón. El sepulcro lo mandé levantar más tarde. Muchas veces cuando una cosa parece que termina, lo que ocurre en realidad es que empieza: esto es lo que ha sucedido en mi vida. Que Dios os dé a todos vosotros una vejez dichosa y una paz de espíritu como me ha dado a mí.

Enrique y los mercaderes habían escuchado con atención las palabras del eremita. El primero sentía nuevos cambios, nuevos movimientos en su espíritu, tan lleno de presagios. Muchas palabras y muchos pensamientos caían en su interior como una semilla vivificadora que le sacaba del angosto recinto de sus pocos años y, en un momento, le levantaban a las alturas del mundo. Aquellas horas que acababa de vivir le parecían largos años: estaba convencido de que nunca había sentido ni pensado de otra manera.

El eremita les enseñó sus libros. Eran historias y poesías antiguas. Enrique hojeaba aquellas páginas de letras grandes y bellas pinturas; las cortas líneas de los versos, los títulos, algunos pasajes y los dibujos, limpios y minuciosos, que, como palabras que hubieran tomado cuerpo, se encontraban aquí y allá para ayudar a la imaginación del lector, excitaban la curiosidad del muchacho. El eremita notó el íntimo placer con que examinaba aquellos libros y le explicó las singulares imágenes que había en ellos. Reproducían las más variadas escenas de la vida: luchas, entierros, bodas, naufragios, cavernas y palacios; reyes, héroes, sacerdotes, jóvenes y viejos, gente ataviada con trajes extranjeros y extraños animales aparecían allí agrupados y combinados de distintas maneras. Enrique no se cansaba de mirar todo aquello; aquel solitario ejercía sobre él una irresistible fascinación, su único deseo hubiera sido quedarse con él para que le instruyera sobre aquellos libros.

A todo esto el anciano le preguntó si por allí había todavía más cavernas; el eremita le dijo que no muy lejos de donde estaban había algunas muy grandes, que él les acompañaría para que las vieran. El anciano aceptó el ofrecimiento. El eremita, viendo la afición con que Enrique examinaba aquellos libros, le sugirió que se quedara y siguiera mirándolos mientras ellos estaban en aquellas cuevas. Enrique estuvo muy contento de quedarse allí y le dio las gracias de todo corazón por su licencia. El muchacho iba hojeando aquellas obras con un placer indecible, hasta que al final vino a caer en sus manos un libro escrito en una lengua que a él le pareció tener alguna semejanza con el latín y el italiano. Sin entender una sola palabra de aquel texto, el libro le gustaba sobremanera: lo que el muchacho hubiera dado por conocer aquella lengua... No tenía título; sin embargo, hojeándolo encontró algunos dibujos. Se quedó asombrado al verlos: le parecía haber visto alguna otra vez aquellas imágenes. Miró con algo más de atención y descubrió con pasmo su propia figura; no era muy difícil distinguirla entre las otras. Le parecía aquello un sueño; miró varias veces más: sí, no había duda, era él. No daba crédito a sus sentidos; en otro de los dibujos se vio de nuevo a sí mismo; aquella vez se encontraba en aquella cueva y junto a él estaban el eremita y el anciano[30]. Examinando lentamente las ilustraciones de aquel libro fue encontrando figuras conocidas: sus padres, el duque y la duquesa de Turingia, su amigo el capellán de la corte, la muchacha oriental y algunos más; sin embargo, iban vestidos de un modo distinto a como él les había visto siempre; parecían como de otra época. Aunque no conocía sus nombres, muchas de las figuras de aquel libro le resultaban conocidas. Su propia imagen aparecía en situaciones distintas. Hacia el final de la obra tuvo la impresión de que su figura cobraba unas dimensiones más grandes y aparecía con mayor nobleza. En sus brazos descansaba la guitarra, y la duquesa le entregaba una corona. Se vio en la corte imperial, yendo en barco, abrazado a una dulce y grácil muchacha, luchando con hombres de aspecto salvaje y en amigable conversación con sarracenos y moros. Un hombre de aspecto grave y venerable[31] se encontraba muchas veces junto a él. El muchacho sentía un profundo respeto por esta figura alta y noble y le gustaba verse al lado de ella. Las últimas imágenes eran oscuras y apenas se podía ver lo que representaban; sin embargo, le causó una gran sorpresa descubrir allí algunas de las figuras de aquel sueño que había tenido; Enrique sentía un profundo arrobamiento. Parecía que a aquel libro le faltaban las últimas páginas. El joven estaba muy afligido: su único deseo hubiera sido poder leer el libro y poseerlo completo. Estaba examinando una y otra vez aquellos dibujos cuando, sorprendido y confuso, vio regresar al eremita y a sus acompañantes. Una extraña vergüenza se apoderó de él. No se atrevía a revelar su descubrimiento; cerró el libro y se limitó a preguntarle al eremita, como de paso, sin mostrar gran interés por aquello, cuál era el título de aquella obra y en qué lengua estaba escrita. Este le contestó que estaba escrito en provenzal[32].

---

30 *Vid.* lo que se dice en la Introducción sobre la concepción novaliana del tiempo, págs. 40 y 42.
31 Alusión a Klingsohr.
32 Herder y Fr. Schlegel vieron en la poesía provenzal el origen de la poesía romántica.

—Lo leí hace mucho tiempo —dijo el eremita—; en este momento no me acuerdo muy bien de su contenido. Sé que es un relato que habla de las maravillosas aventuras de un poeta; que es un libro que ensalza la poesía y que explica lo que es este arte en sus distintas formas. En este manuscrito falta el final; lo traje de Jerusalén, lo encontré entre las cosas que dejó un amigo mío y me lo llevé para conservarlo como recuerdo suyo.

El anciano, los mercaderes, el chico que quería ser minero y Enrique se despidieron del eremita. La emoción de Enrique llegaba casi a las lágrimas, hasta tal punto le había interesado aquella cueva y había tomado cariño a aquel eremita.

Todos le abrazaron; también él parecía haber cobrado afecto a aquellos visitantes. Enrique creyó notar que a él le miraba de un modo especialmente amable y penetrante. Las palabras de despedida que le dedicó eran extrañamente significativas; como si conociera los descubrimientos que él había hecho en aquel libro y aludiera a ellos. Los acompañó hasta la entrada de la cueva después de rogarles, a todos, pero de un modo especial al chico, que no hablaran de él para nada a los campesinos, porque de lo contrario, decía, se exponía a que le importunaran.

Así se lo prometieron y, mientras se despedían de él y se encomendaban a sus oraciones, dijo el eremita:

—Cuándo, no lo sabemos, pero un día volveremos a vernos. Entonces sonreiremos pensando en todo lo que hemos dicho hoy: una luz celestial nos envolverá a todos, y nos alegraremos de habernos encontrado en este valle de pruebas, de haber amigado y de haber visto que a todos nos animan unos mismos pensamientos y unas mismas esperanzas. Son los ángeles los que nos guían aquí abajo con mano segura. Si no apartáis los ojos del cielo no perderéis nunca el camino que lleva a vuestra patria.

Con un silencioso recogimiento se separaron del eremita; pronto encontraron a los compañeros que no se habían atrevido a entrar, y así, contando toda clase de cosas, no tardaron en llegar al pueblo, donde la madre de Enrique, inquieta ya por su tardanza, les recibió con gran alegría.

VI

El hombre que ha nacido para los negocios y para la vida activa aprende demasiado tarde a contemplar las cosas por sí mismo y a darles vida. Se ve forzado a intervenir activamente en todo y a atravesar situaciones muy diversas; en cierto modo tiene que curtir su espíritu contra las impresiones a que se ve expuesto en toda situación nueva y contra la dispersión que pueda querer imponerle la cantidad y diversidad de cosas con las que tiene que vérselas; incluso bajo el acoso de grandes acontecimientos necesita saber seguir el hilo de sus negocios y no perder la agilidad y la destreza para conseguir lo que se propone. No debe ceder al atractivo de una callada contemplación de las cosas. Su alma no puede ser una contempladora de su interioridad, debe estar siempre atenta a lo que pasa fuera de ella y debe ser una servidora diligente, rápida y decidida de la inteligencia. Este tipo de hombres son verdaderos héroes: en torno a ellos se agolpan los grandes acontecimientos, como buscando quién los desenmarañe y quién los lleve por buen camino. Bajo su influencia todos los azares se convierten en historia; la vida de estos hombres es una cadena ininterrumpida de sucesos brillantes y extraños, intrincados y singulares.

Muy distinto es lo que ocurre a este hombre pacífico e ignorado cuyo mundo es su espíritu, cuya actividad es la contemplación y cuya vida es un silencioso ir modelando las fuerzas de su interior. Ninguna inquietud le lleva a salir de sí mismo. Una tranquila posesión le basta, y el gran espectáculo que se da fuera de su alma no le tienta a participar en él, sino que todo lo que en el exterior ve de significativo y maravilloso le interesa únicamente como objeto de los ocios de su contemplación. Su anhelo por aprehender el espíritu que anima este espectáculo es lo que le mantiene a distancia de él, y este espíritu es el que le destinó para este misterioso papel que su alma debe cumplir en este mundo humano[1]. Aquel otro tipo de hombre, en cambio, es el que representa los miembros externos, los sentidos y las fuerzas que brotan de este mundo.

La vida agitada y los grandes acontecimientos le perturbarían. Su destino es una vida sencilla; el rico contenido y las múltiples manifestaciones del mundo los conoce sólo a través de libros y narraciones. A lo largo de su vida sólo muy raras veces ocurre que un acontecimiento externo se lo lleve por algún tiempo y lo meta en su vertiginoso torbellino, y esto únicamente para que así, por experiencia propia, pueda conocer mejor la situación y el carácter del hombre de acción. En cambio, los acontecimientos más insignificantes y habituales hieren su fina sensibilidad y le presentan, de un modo rejuvenecido, aquel inmenso mundo; no da ningún paso que no haga en él los más sorprendentes descubrimientos sobre la esencia y el significado de aquellas pequeñas cosas. Son los poetas, aquellos seres extraños que, como aves migratorias, pasan de vez en cuando por nuestras casas y que renuevan el culto antiguo y venerable de la Humanidad y de sus primeros dioses: las estrellas, la primavera, el amor, la felicidad, la fecundidad, la salud y la alegría; los que, viviendo en esta tierra, están en posesión ya de la paz celestial; aquellos hombres que, inmunes al ajetreo de las locas ansias de poseer, aspiran sólo el perfume de los frutos de la tierra sin consumirlos y, por tanto, sin ser encadenados definitivamente al mundo de aquí abajo. Son huéspedes libres que entran pisando levemente, con pie de oro, y cuya presencia, sin saber cómo, nos infunde alas a todos. Como a un rey bueno, a un poeta se le conoce por sus gestos, claros y alegres; sólo a él le co-

---

[1] *Vid.* lo que sobre el «idealismo mágico» se dice en la Introducción, págs. 18 y ss.

rresponde con justicia el nombre de sabio. Comparemos al poeta con el héroe y veremos cómo no es nada raro que los cantos de los poetas hayan despertado el heroísmo en el corazón de los jóvenes; en cambio, nunca se ha oído decir que los hechos heroicos hayan suscitado en ninguna alma nueva el espíritu de la poesía.

Enrique había nacido para poeta. En su formación parecían haber confluido toda una serie de circunstancias, y nada había perturbado todavía su vida interior. Parecía como si todo lo que oyera o viera fuera una nueva puerta que se le franqueara, una nueva ventana que se le abriera. Antes sus ojos se le revelaba el mundo en toda la grandeza y multiplicidad de sus relaciones [2], pero el alma de este mundo, la palabra, todavía no se le desvelaba. Sin embargo, un poeta se iba acercando ya, un poeta que llevaba a una dulce muchacha de la mano: el sonido de la lengua materna y el contacto con una boca tierna y delicada iban a mover pronto aquellos labios balbucientes y a desplegar el sencillo acorde en infinitas melodías [3].

El viaje había terminado. Caía la tarde cuando nuestros viajeros, contentos y sin haber sufrido contratiempo alguno, llegaban a la famosa ciudad de Ausburgo y, llenos de impaciencia, encaminaban sus cabalgaduras por sus estrechas calles hacia la noble mansión que el viejo Shwaning tenía allí.

A Enrique le había maravillado aquel país nada más llegar. El bullicio y animación de las calles así como las grandes casas de piedra de aquella ciudad le causaban una grata impresión: jamás había visto nada semejante. La perspectiva de su estancia en Ausburgo le causaba una íntima alegría. Su madre estaba también muy contenta de verse de nuevo en su querida ciudad natal, después del largo y fatigoso viaje que acababan de hacer: allí iba a abrazar de nuevo a su padre y a sus viejos amigos, les iba a presentar a su Enrique y, en medio de recuerdos queridos, iba a olvidar por un tiempo las preocupaciones propias de un ama de

---

[2] *Vid.* nota 8 del capítulo V.
[3] El amor es lo que le depara a Enrique la madurez para la poesía.

casa. Por su parte, los mercaderes esperaban hacer buenos negocios y desquitarse de las incomodidades del viaje con las distracciones que iba a ofrecerles aquella ciudad.

La casa del viejo Schwaning estaba iluminada, de ella llegaba una alegre música.

—¿Qué os apostáis a que vuestro abuelo está dando una fiesta? —dijeron los mercaderes—. Ni a propósito hubiéramos llegado más a tiempo. Vaya sorpresa la que se va a llevar con estos huéspedes inesperados, con ellos sí que no contaba el viejo. Poco se imagina que la verdadera fiesta va a empezar ahora.

Enrique estaba confuso; a su madre sólo le preocupaba cómo iba a presentarse vestida de aquella manera. Se apearon todos; los mercaderes se quedaron con los caballos; Enrique y su madre entraron en aquella magnífica casa. Abajo no se veía a nadie. Madre e hijo tuvieron que subir por la amplia escalinata. Salieron algunos criados; ellos les pidieron que dijeran al viejo Shwaning que habían llegado unos extranjeros que querían hablarle. Al principio los criados pusieron algunas dificultades: el aspecto externo de los viajeros no era precisamente el mejor. Con todo, les anunciaron al señor de la casa. Al poco salió el viejo Schwaning. De momento no los reconoció y les preguntó cómo se llamaban y qué querían. La madre de Enrique rompió a llorar y, arrojándose en brazos del anciano, gritó entre lágrimas:

—¿Ya no conocéis a vuestra hija? Os traigo a mi hijo.

El anciano padre no podía contener su emoción y estuvo largo rato estrechando a su hija contra su pecho. Enrique hincó una rodilla en el suelo y le besó tiernamente la mano. Él le mandó levantarse y abrazó a madre e hijo.

—Vamos, entrad enseguida —dijo Shwaning—. Toda esta gente son amigos y conocidos míos y se van a alegrar muchísimo de veros.

La madre de Enrique parecía vacilar un poco y no se decidía a entrar. Pero no tuvo tiempo de pensarlo. El padre les llevó a los dos a una gran sala, de alto techo y muy bien iluminada, y, en medio del alegre bullicio de gente, ataviados todos con espléndidos trajes, gritó:

—Aquí os traigo a mi hija y a mi nieto de Eisenach.
Todos los ojos se volvieron a la puerta; todo el mundo se acercó a ver a los recién llegados. Enrique y su madre estaban deslumbrados y confusos de verse tan mal vestidos y llenos de polvo en medio de aquel polícromo gentío. Mil exclamaciones de alegría corrían de boca en boca. Viejos conocidos se apiñaban en torno a la madre. Todo eran preguntas. Todos querían ser los primeros en ser reconocidos y saludados por ella. Mientras los de más edad estaban con la madre, los más jóvenes fijaban la atención en aquel muchacho extranjero que estaba allí junto a su madre con los ojos bajos y sin atreverse a mirar de nuevo la cara de aquella gente, extraña para él. Su abuelo le presentó a sus amigos y conocidos y le preguntó por su padre y por las incidencias del viaje.

La madre se acordó de los mercaderes, que amablemente se habían quedado con los caballos. Se lo dijo a su padre, el cual mandó enseguida que fueran a buscarlos y que les invitaran a subir. Los caballos fueron llevados a las cuadras y al poco entraron los mercaderes.

Schwaning les dio las gracias de todo corazón por haber acompañado tan amablemente a su hija. Entre los presentes encontraron a muchos conocidos, con los que cambiaron amables saludos. La madre preguntó dónde podría mudarse de ropa. Shwaning la llevó a su habitación y Enrique la siguió, también él quería vestirse con algo digno de aquella fiesta.

De entre todos los asistentes había un hombre que llamó la atención del muchacho de un modo especial: le parecía haberlo visto en muchos grabados de aquel libro, a su lado. Por la nobleza de su porte[4] se distinguía de todos los demás. En su rostro se dejaba ver un espíritu a la vez grave y sereno; su frente amplia y bellamente curvada, sus ojos grandes, negros, penetrantes y que revelaban una energía interior, un pliegue burlón en torno a su alegre boca, y su aspecto franco y varonil le hacían sobresalir de entre los

---

[4] En esta descripción de Klingsohr puede haber una idealización de la figura de Goethe.

demás y le daban un especial atractivo. Era de complexión fuerte, sus movimientos eran reposados y estaban llenos de expresividad y parecía que allí donde estaba hubiera él querido estar eternamente.

Enrique preguntó a su abuelo quién era aquel señor.

—Me gusta —dijo el anciano— que te hayas fijado ya en él. Es Klingsohr, el poeta, un gran amigo mío. Puedes estar orgulloso de ser amigo y conocido de este hombre, más que si lo fueras del emperador... Pero ¿y tu corazón, muchacho, cómo anda? Este poeta tiene una hermosa hija; es posible que te llame la atención más ella que su padre. Me extrañaría mucho que no la hubieras visto ya.

Enrique se ruborizó.

—Estaba distraído, abuelo. Había tanta gente; sólo me había fijado en vuestro amigo.

—Se nota que eres del Norte. Habrá que espabilarte aquí. Ya es hora de que aprendas a fijarte en los ojos hermosos.

Madre e hijo se habían cambiado ya de ropa. Los tres volvieron a la sala; mientras tanto se habían ultimado los preparativos para la cena. Schwaning llevó a Enrique a ver a Klingsohr y le contó que su nieto se había fijado en él nada más llegar y que tenía grandes deseos de conocerle.

Enrique estaba avergonzado. Klingsohr estuvo muy amable con él y le habló de su patria y de su viaje. Era tal la intimidad que había en la voz de aquel hombre, que al muchacho se le pasó enseguida el miedo y se atrevió a conversar con él con toda franqueza y desenvoltura. Al rato volvió Schwaning acompañando a la hermosa Matilde[5].

—Aquí tenéis a mi tímido nieto. Acogedlo amablemente y no le toméis en cuenta que se haya fijado antes en vuestro padre que en vos. No hay cuidado: la luz de vuestros ojos despertará la juventud que duerme en él. En su patria la primavera llega tarde.

Enrique y Matilde se ruborizaron. Se miraron y se quedaron prendados el uno del otro. Ella, con voz que apenas

---

[5] En la figura de Matilde se ha visto a veces una idealización de Sophie von Kühn.

se oía, le preguntó si le gustaba bailar. No había terminado casi de decir que sí, cuando una alegre música de danza empezó a sonar. El le ofreció la mano en silencio; ella le dio la suya y ambos se mezclaron entre las parejas que bailaban.

Schwaning y Klingsohr les miraban. A la madre y a los mercaderes les gustaba ver la agilidad de Enrique y de su bella compañera. La madre estaba ocupada en atender a sus amigas de juventud: todas se hacían lenguas sobre aquel muchacho tan bello y le deseaban lo mejor para aquel hijo que tantas promesas encerraba. Klingsohr le dijo a Schwaning:

—Vuestro nieto tiene un rostro especialmente atractivo. Revela un espíritu claro y amplio y su voz sale del fondo del corazón.

—Espero —contestó Schawaning— que lo vais a tener como alumno y que va a ser aprovechado. Me parece que ha nacido para poeta. Que vuestro espíritu se pose sobre él. Se parece a su padre; sólo que el muchacho parece menos fogoso y no tan voluntarioso. Su padre, cuando era joven, tenía muy buenas disposiciones. Le faltaba una cierta libertad de espíritu. Pudiera haber llegado a ser más que un artesano hábil y diligente.

Enrique hubiera deseado que la danza no terminara nunca. Su mirada, con honda complacencia, se posaba sobre las rosadas mejillas de su pareja. Los inocentes ojos de ella no esquivaban la mirada del muchacho. Parecía como si el espíritu de su padre hubiera tomado en aquella muchacha su vestidura más bella y graciosa. De sus grandes ojos, tranquilos y serenos, emanaba eterna juventud. Sobre un fondo de luz azul celeste se veía el suave resplandor de dos estrellas pardas, y en torno a ellas se arqueaba graciosamente la frente y la nariz. Su rostro era un lirio que se inclinaba hacia el sol naciente, y de su cuello blanco y esbelto venían serpenteando azules venas que, en graciosas curvas, rodeaban sus tiernas mejillas. Su voz era como un eco lejano, y su cabecita, de pelo rizado y castaño, parecía flotar, sólo, sobre su grácil figura.

Entraron criados con fuentes y la danza terminó. Las

personas de más edad se sentaron a un lado de la mesa y los jóvenes al otro.

Enrique se sentó al lado de Matilde; a la izquierda del muchacho, una mujer joven, de la familia, y frente a él Klingsohr. Matilde hablaba muy poco; Verónica —que éste era el nombre de la otra vecina—, en cambio, no cesaba de hablar. Enseguida se hizo amiga de Enrique y en un momento le presentó a todos los asistentes. Él no oía muchas de las cosas que le decía, le hubiera gustado volverse hacia el otro lado más a menudo. Klingsohr cortó la charla de Verónica. Le preguntó al muchacho qué era aquella cinta que llevaba prendida en su casaca y qué significaban aquellas extrañas figuras que había en ella. Él le contó emocionado la historia de aquella mujer oriental que había conocido durante el viaje. Matilde lloraba y Enrique apenas podía contener las lágrimas. Y esta historia le llevó a trabar conversación con él, mientras todo el mundo hablaba de mil cosas y Verónica se reía y bromeaba con sus conocidos. Matilde le contaba a Enrique cosas de Hungría, donde su padre solía pasar temporadas, y de la vida de Ausburgo. Todo el mundo estaba alegre y contento. La música alejaba toda reserva y toda timidez y, avivando las inclinaciones naturales de todos, las convertía en un animado juego. Magníficos cestos de flores, colocados sobre la mesa, esparcían un delicioso aroma, y el vino, que corría por entre las fuentes y las flores, agitaba sus alas y dejaba caer entre los invitados y el mundo un velo de mil colores. Enrique comprendía por primera vez lo que era una fiesta. Le parecía que mil alegres espíritus revoloteaban en torno a la mesa, en callada armonía con la alegría de los comensales, viviendo su misma vida y dejándose embriagar por los mismos goces. La alegría de vivir se levantaba ante él como un árbol sonoro rebosante de dorados frutos. El mal estaba ausente de allí; el muchacho no comprendía cómo alguna vez los deseos del hombre hubieran podido apartarse de este árbol[6] para buscar los peligrosos frutos

---

[6] Alusión al árbol de la sabiduría del paraíso terrenal.

del conocimiento, para dirigirse al árbol de la Guerra[7]. Ahora es cuando comprendía el sentido que tienen el vino y los manjares. Nunca como entonces los había encontrado tan deliciosos: le parecía como si un bálsamo celestial los adobara y como si en las copas brillara el esplendor de la vida de la tierra.

Unas muchachas trajeron al viejo Schwaning una corona de flores recién cogidas. Él se la puso sobre su cabeza, besó a las doncellas y dijo:

—Ahora traedle una también a nuestro amigo Klingsohr; os vamos a dar las gracias enseñándoos algunas canciones nuevas. La mía[8] vais a oírla enseguida. Hizo una señal a los músicos y cantó con voz sonora:

¡Que desgraciadas somos! ¿No es verdad?
¿Y no es verdad que es triste nuestra suerte?
A obedecer estamos obligadas,
para fingir tan sólo nos educan.
En el pecho ocultamos nuestras quejas,
a expresarlas los labios no se atreven.

El fruto prohibido nos atrae;
a todo cuanto dicen nuestros padres
se opone todo nuestro corazón;
un ardiente deseo nos tortura;
quisiéramos tener junto a nosotras
dulces muchachos y abrazarlos.

¿Por qué va a ser pecado pensar esto?
¡El pensamiento es libre, como el viento!
¿Qué le queda si no a una pobre niña
más que sus sueños y sus fantasías?
Aunque quisieran de ellos apartarnos,
jamás lo lograrían, pues son nuestros.

---

[7] *Vid. Himnos a la Noche, vid.* también la segunda parte del cuento simbólico con el que termina la primera parte de *Enrique de Ofterdingen*.

[8] Existe un parecido entre este poema y la canción de Philine del *Wilhelm Meister* de Goethe.

Aunque todas las noches rezamos
nos asusta la soledad.
A nuestros lechos llega cada noche
el amor, el anhelo y la nostalgia.
¿Cómo podemos resistirnos
a entregar a los otros todo esto?

Nuestra madre, severa, nos ordena
velar nuestra belleza y nuestro encanto;
de nada sirve nuestro buen deseo
si ellos se manifiestan por sí solos.
El palpitar de un corazón ardiente
desata las más fuertes ataduras.

Reprimir los afectos de nuestra alma,
al igual que una roca, frías, duras;
rehuir las miradas sonrientes;
trabajar, trabajar, sin compañía,
y no corresponder a ningún ruego:
¿ésta es la juventud de las muchachas?

Muy grandes son sus penas y dolores;
enfermo está su pecho y malherido,
y como premio de sus mudas quejas
las besará una boca ya marchita.
¿Jamás va a cambiar ya nuestra suerte?,
¿no acabará el imperio de los viejos?

Viejos y jóvenes se echaron a reír. Las muchachas, ruborizadas, se reían a hurtadillas. Entre mil bromas y coqueterías fueron a buscar otra corona y se la pusieron a Klingsohr; sin embargo, le insistieron en que no cantara una canción tan frívola como la que había cantado Schwaning.

—No —dijo Klingsohr—, me guardaré muy bien de hablar con tanto descaro de vuestros secretos. A ver, decidme vosotras mismas qué clase de canción queréis.

—Sobre todo que no sea de amor —gritaron las muchachas—; una canción de taberna, si os parece.

Klingsohr cantó:

Nació en verdes montañas[9]
el dios que el cielo a esta tierra trae;
el sol lo ha escogido,
sus llamas lo atraviesan.

Con placer concebido, en primavera,
su tierno seno brota silencioso;
y en otoño, en la gloria de los frutos,
surge el niño de oro[10].

En una cueva, bajo tierra,
le ponen en angosta cuna,
sueña con fiestas y victorias,
forja castillos en el aire.

Nadie se acerque a su morada
cuando le acosa la impaciencia,
cuando con fuerza juvenil
rompe cadenas y ataduras.

Le velan invisibles centinelas[11]
mientras duerme; su lanza alcanzará
a quien ose cruzar
sus sagrados umbrales.

Así que abre sus alas,
abre también sus ojos luminosos;
deja a sus sacerdotes el gobierno
y aparece cuando ellos se lo piden.

---

[9] A. W. Schlegel y L. Tieck publicaron este poema en el *Musen-Almanach für das Jahr 1802* («Almanaque de las Musas para el año 1802»).

[10] El amor, hijo del vino. Se puede relacionar este poema con las palabras del padre del protagonista en el primer capítulo de la novela: «Enrique no puede desmentir la hora que le trajo a este mundo; en sus palabras hierve el ardiente vino de Italia que había traído yo de Roma y que iluminó nuestra noche de bodas.»

[11] Alusión al gas letal, dióxido de carbono, que produce el mosto al fermentar.

Del reino oscuro de su cuna
sale vestido de cristal[12];
lleva en su mano la gran rosa[13]
de la paz silenciosa y la concordia.

En torno a él sus fieles se reúnen,
de todas partes llegan;
sus labios balbucientes
su gratitud le expresan y su amor.

Su alma en mil rayos esparce
por doquier en el mundo;
el amor que bebemos de sus copas
en nosotros se queda para siempre.

Es el espíritu de la Edad de Oro,
él ha inspirado siempre a los poetas,
embriagados por su fuerza
cantaron siempre sus bondades.

Y como premio a su fidelidad
les deja dar un beso a las muchachas;
que nadie se lo impida: Dios lo quiera,
su voluntad proclaman los poetas.

—¡Vaya, muy bonito! —gritaron las muchachas.
Schwaning se reía a gusto. Ellas se resistieron todavía un poco, pero no sirvió de nada. Tuvieron que ofrecer sus dulces labios al beso del poeta. A Enrique le pareció muy bien este privilegio de los poetas, y así hubiera querido decirlo en voz alta; pero ante una vecina tan seria le daba vergüenza. Verónica era una de las que habían ido

---

[12] Alusión a la copa.
[13] En los banquetes romanos la rosa era el símbolo del silencio y la discreción a los que se obligaban los comensales para el caso de que, bajo los efectos del vino, dijeran algo que no hubieran dicho estando sobrios; esta flor era, por tanto, también símbolo de unión y concordia.

a buscar las coronas. Volvió muy contenta y le dijo a Enrique:

—¿Qué bien, verdad, esto de ser poeta?

El muchacho no se atrevió a aprovecharse de esta pregunta. En su corazón luchaban una alegría desbordante y la seriedad del primer amor. Y como la encantadora Verónica se puso a bromear con los otros, el muchacho tuvo tiempo de moderar un poco su alegría. Matilde le contó que tocaba la guitarra.

—¡Oh —dijo Enrique—, cómo me gustaría que me enseñarais! Hace tanto tiempo que tengo ganas de tocar este instrumento...

—Me enseñó mi padre —dijo ella, ruborizándose—; él la toca mejor que nadie.

—Sin embargo —contestó Enrique—, yo creo que con vos aprendería antes. ¡Qué placer poder oír vuestro canto!

—No os hagáis muchas ilusiones.

—¡Oh! —dijo Enrique—. ¿Por qué no si sólo vuestras palabras son ya un canto y si vuestra figura presagia una música celeste?

Matilde se calló. Su padre trabó conversación con Enrique; el muchacho hablaba con cálido entusiasmo. Los circunstantes se quedaron maravillados de la elocuencia de aquel mozo, de sus ideas y de la gran cantidad de imágenes con que las expresaba. Matilde le miraba con silenciosa atención. Parecía gustarle lo que decía Enrique: eran unas palabras comentadas y aclaradas por la vivaz expresividad de su rostro. Los ojos del muchacho brillaban con una luz desusada. De vez en cuando se volvía a Matilde y quedaba sorprendido de la expresión de su rostro. Sin darse cuenta, en el ardor de la conversación, cogió la mano de la doncella; ésta no podía evitar el asentir a muchas de las cosas que él decía apretándole ligeramente la mano. Klingsohr sabía mantener este entusiasmo y poco a poco le hizo subir toda el alma a los labios.

Al fin todo el mundo se levantó. Los grupos se mezclaron unos con otros. Enrique se quedó al lado de Matilde; de pie, apartados del resto de los invitados, pasaban desapercibidos. El muchacho tomó la mano de su compañera y la besó tiernamente. Ella se la dejó y le miró con indecible ternura. Él, sin poder contenerse, se inclinó hacia ella y la besó en los labios. Ella, sorprendida, contestó sin darse cuenta a su ardiente beso. «¡Matilde!» «¡Enrique»!..., esto fue todo lo que pudieron decirse el uno al otro. Ella le estrechó la mano y fue a juntarse con los otros. A Enrique le parecía estar en el cielo. Su madre se acercó a él. El muchacho le expresó toda su ternura.

—¿Verdad que hemos hecho bien viniendo a Ausburgo? —dijo ella— ¿Te gusta, verdad?

—Madre —dijo Enrique—, nunca me lo hubiera podido imaginar. ¡Qué maravilloso es todo!

El resto de la velada transcurrió en una alegría sin fin. Los viejos jugaban, charlaban y contemplaban la danza. En la sala, la música, como un mar de delicias, mecía en sus olas a la juventud embriagada.

Enrique sentía a un tiempo los encantadores anuncios del primer placer y del primer amor. También Matilde se dejaba llevar por el halago de aquellas olas y cubría sólo tras un leve velo su tierna confianza y la inclinación hacia él que se despertaba en su alma. El viejo Schwaning se daba cuenta de la comprensión mutua que iba a surgir pronto entre aquellos dos jóvenes y les hostigaba amablemente con bromas y chanzas.

Klingsohr le había tomado cariño a Enrique y se alegraba de ver los tiernos sentimientos que en él había despertado Matilde. Los otros jóvenes y las otras muchachas se habían dado cuenta enseguida, también, de aquel naciente amor. Le gastaban bromas a Matilde, aquella muchacha tan seria, aludiendo al joven de Turingia, y no disimulaban la satisfacción que les causaba el no tener que temer ya la mirada severa de la muchacha en sus asuntos sentimentales.

Era ya muy entrada la noche cuando los invitados se separaron. «La primera y la única fiesta de mi vida», se decía Enrique cuando se quedó sólo, y su madre, cansada, se fue a dormir. «¿No es verdad que me está ocurriendo algo parecido a lo que me ocurrió aquella vez que soñé con la Flor

Azul? ¿Qué extraña relación debe de haber entre Matilde y aquella flor? Aquel rostro que salía del cáliz de la flor y que se volvía hacia mí era el rostro celestial de Matilde... y además me acuerdo haberlo visto en aquel libro. Pero aquella vez, ¿por qué no movió mi corazón como ahora? ¡Oh!, es la encarnación del espíritu del canto, una digna hija de su padre. Me va a disolver en música. Va a ser lo más íntimo de mi alma, la que velará el fuego celeste que hay en mí. ¡Qué eterna fidelidad estoy sintiendo! He venido al mundo sólo para venerarla, para servirla eternamente, para hacerla el objeto de mis pensamientos y de mis sentimientos... Pero para contemplarla y para adorarla, ¿no hace falta ser una criatura especial, distinta y aparte de todas las demás?, y ¿soy yo el afortunado cuya esencia puede llegar a ser el eco y el espejo de la suya? No ha sido ningún azar lo que me la ha hecho ver al término de mi viaje, lo que ha hecho que el momento supremo de mi vida haya estado envuelto por una fiesta tan hermosa como ésta. No podía ser de otra manera: su sola presencia ¿no lo convierte ya todo en una fiesta?»

Enrique se acercó a la ventana. El coro de estrellas brillaba en la oscuridad del cielo y al oriente una luz blanca anunciaba la llegada del nuevo día.

En pleno entusiasmo, el muchacho gritó: «¡Oh, astros eternos, caminantes silenciosos, a vosotros os llamo para que seáis testigos de mi sagrado juramento: quiero vivir para Matilde y que mi corazón y el suyo estén unidos por la eterna fidelidad![14]. También para mí se levanta ahora el alba de un nuevo día que no tendrá fin. Pasó la noche. Me ofrezco como eterno holocausto a este sol naciente y, ante él, enciendo en mí una llama que no se extinguirá jamás.»

Enrique estaba enardecido y no se durmió hasta muy tarde, cuando ya amanecía. Los pensamientos que llenaban su espíritu vinieron a confluir en extraños sueños[15].

---

[14] En este juramento de Enrique se encuentra esbozado el tema central de los *Himnos a la Noche*.
[15] Sobre el sentido del sueño en la obra de Novalis *vid*. Introducción, págs. 34 y 42.

De la verde llanura ascendían los tenues destellos de un río azul y profundo. Una barca surcaba su lisa superficie. En ella estaba sentada Matilde y remaba. Estaba adornada con guirnaldas, cantaba una canción sencilla y dirigía al muchacho una mirada llena de dulce melancolía. Enrique sentía una opresión en el pecho y no sabía por qué. El cielo estaba sereno y las aguas tranquilas. El rostro celestial de Matilde se reflejaba en las olas. De repente, la barca se puso a dar vueltas sobre sí misma. Él la llamó con un grito de angustia. Ella, sonriente, dejó el remo en la barca; ésta seguía dando vueltas sin parar. Un desasosiego sin límites se apoderó del muchacho. Se lanzó a la corriente, pero no podía avanzar; el agua se lo llevaba. Ella le hacía señas, parecía querer decirle algo; la barca empezaba a hacer agua; sin embargo, ella sonreía con una inefable ternura y miraba serenamente aquel remolino, que, de repente, se la tragó. Una suave brisa acarició las aguas de aquel río, que, como antes, siguió corriendo tranquilo y resplandeciente. La terrible angustia que se había apoderado del muchacho le hizo perder el conocimiento. Su corazón dejó de latir. No volvió en sí hasta que se sintió sobre la tierra firme. Debió de haber recorrido un gran trecho a merced de aquellas aguas. Se encontraba en un país extraño. No sabía lo que le había ocurrido. Su espíritu se había esfumado. Sin pensar nada se adentró en aquel país. Sentía una terrible lasitud. De la falda de una colina bajaba un regato; sus aguas tintineaban como sonoras campanas. Cogió algunas gotas con la mano y humedeció sus labios, que estaban secos. Aquella terrible aventura había pasado: había sido como un mal sueño. El muchacho andaba y andaba; las flores y los árboles le hablaban. Se sentía a gusto, como si estuviera en su patria. De repente oyó de nuevo aquella sencilla canción que había oído antes. Corrió en dirección a aquella música. De pronto, alguien le detuvo, cogiéndole por la ropa. «¡Enrique!», gritó una voz conocida. El muchacho se dio la vuelta y Matilde le estrechó entre sus brazos. «¿Por qué corres? ¿Por qué me huyes, Enrique?», dijo ella, tomando aliento. «Por poco no te alcanzo.» Enrique lloraba. El muchacho la estrechaba contra su pecho.

«¿Dónde está el río?», gritó, entre sollozos. «Aquí, encima de nosotros, ¿no ves sus ondas azules?» Enrique levantó la vista y vio cómo el río azul discurría silencioso sobre su cabeza. «¿Dónde estamos, Matilde?» «En casa de nuestros padres». «¿Vamos a estar juntos?» «Sí, eternamente», contestó ella, apretando sus labios contra los de él y abrazándole tan fuertemente que no podía separarse del muchacho. Ella pronunció en su boca una palabra extraña y misteriosa que resonó por todo su ser. Enrique iba a repetirla cuando oyó la voz de su abuelo que le llamaba y se despertó. Hubiera dado su vida entera por acordarse de aquella palabra[16].

---

[16] En la novela, la muerte de Matilde aparece únicamente en este sueño de Enrique: para Novalis el sueño y la realidad son una misma cosa; en el poema con el que empieza la segunda parte, Astralis, el espíritu de la Poesía dice: «el mundo se hace sueño, el sueño mundo».

VII

KLINGSOHR, de pie a los pies de su cama, le daba amablemente los buenos días. Él, despierto ya del todo, se lanzó a sus brazos.
—Esto no va para vos —dijo Schwaning.

Enrique sonrió y escondió su rubor en las mejillas de su madre.

—¿Os gustaría —dijo Klingsohr— desayunar conmigo fuera de la ciudad, en una hermosa colina? Esta espléndida mañana os va a entonar. Vestíos, Matilde nos espera ya.

Enrique, desbordante de alegría, dio las gracias a Klingsohr por aquella invitación tan agradable. En un momento estuvo listo; salió y besó la mano del poeta con gran efusión.

Fueron a encontrar a Matilde; la muchacha saludó amablemente a Enrique; llevaba un sencillo vestido de mañana, pero su aspecto era encantadoramente dulce. Había colocado el desayuno en el cesto, que llevaba en uno de sus brazos; con un gesto ingenuo y sencillo ofreció la otra mano al muchacho. Klingsohr les seguía, y, de este modo, atravesando la ciudad, que estaba ya en plena animación, se dirigieron a una pequeña colina que se levantaba junto al río y desde la que, entre inmensos árboles, pudieron contemplar un amplio panorama.

—Muchas veces —gritó Enrique— me he recreado viendo la eclosión de la Naturaleza en sus mil colores y contemplando la pacífica vecindad y convivencia de sus variadas riquezas, pero nunca como hoy me he sentido henchido de una alegría y una serenidad tan fecunda y tan pura. Aquellas lejanías me parecen tan cercanas... y este paisaje, tan rico, es para mí como una visión interior[1]. ¡Qué cambiante es la Naturaleza!, tan inmutable como parece su superficie... ¡Qué distinta nos puede parecer cuando tenemos junto a nosotros a un ángel o a un espíritu poderoso, que cuando vemos cómo se queja un indigente o cuando un campesino nos cuenta lo malo que ha sido el tiempo y lo mucho que necesitan los sembrados días nublados y lluviosos. A vos, querido maestro, os debo esta beatitud, sí, porque no hay palabra que pueda expresar de un modo más exacto el estado de mi corazón. Alegría, placer, embeleso son sólo elementos de la beatitud, que es un estado que los enlaza para llevarlos a una vida más alta.

Enrique estrechó la mano de Matilde contra su corazón, y su mirada de fuego se sumergió en los ojos dulces y acogedores de la muchacha.

—La Naturaleza —contestó Klingsohr— es para nuestro espíritu lo que los cuerpos son para la luz. Ellos la retienen, la rompen en extraños colores; en su propia superficie o en su interior, encienden una claridad que, cuando tiene la misma fuerza que su oscuridad, los hace claros y transparentes; cuando vence esta oscuridad, irradia de ellos e ilumina a otros cuerpos. Sin embargo, el agua, el fuego y el aire pueden sacer a los cuerpos más oscuros de su tiniebla y hacerlos luminosos y brillantes.

—Os comprendo, maestro. Para nuestro espíritu los hombres son cristales, son la Naturaleza transparente. Matilde querida, quisiera daros un nombre: zafiro precioso y puro. Sois clara y transparente como el cielo, brilláis como la más suave de las luces. Pero, decidme, maestro, si tengo razón: me parece que es precisamente cuando uno más íntimamente familiarizado está con la Naturaleza cuando menos puede, y quiere, hablar de ella.

—Según como esto se tome —contestó Klingsohr—: no es lo mismo considerar la Naturaleza desde el punto de vista de nuestro placer y de nuestro sentimiento que verla

---

[1] Sobre el sentido que la contemplación interior tiene en Novalis *vid*. Introducción, págs. 18 y 19.

desde el punto de vista de nuestro intelecto, de la capacidad de dirigir las fuerzas del mundo. Hay que guardarse muy bien de que lo uno nos haga olvidar lo otro. Hay mucha gente que conoce sólo uno de estos dos aspectos y desdeña el otro. Pero podemos unir ambas cosas y entonces nos encontraremos bien en esta unión. La lástima es que tan poca gente se preocupe por adquirir, en su vida interior, libertad y agilidad de movimiento; que tan pocos piensen en asegurar, por medio de la adecuada distancia, el uso natural y conveniente de sus potencias espirituales. Habitualmente una cosa estorba la otra, hasta tal punto, que, poco a poco y sin que nada pueda impedirlo, van surgiendo una indolencia y una apatía tales, que hacen que cuando estos hombres quieren juntar todas sus fuerzas para pasar a la acción empiece entonces en ellos una confusión y una discordia interior tan grandes, que hacen que todo se tambalee y se confunda. No me cansaré de recomendaros que pongáis todo vuestro esfuerzo en sostener y proteger vuestro intelecto y vuestra tendencia natural a saber cómo tienen lugar todas las cosas y de qué modo se encuentran vinculadas unas con otras por leyes de causa y efecto. Nada es tan imprescindible al poeta como la comprensión de la naturaleza de todas las actividades humanas, el conocimiento de los medios de que éstas se sirven para alcanzar sus fines y la presencia de espíritu para escoger los más convenientes según el momento y las circunstancias. El entusiasmo sin la inteligencia es una cosa inútil y peligrosa, y bien pocas maravillas podrá hacer el poeta si él mismo se asombra de las maravillas.

—¿Pero no es cierto también que al poeta le es imprescindible tener una fe profunda en el dominio del hombre sobre su destino?

—Ciertamente, le es imprescindible: y esto es así, porque, cuando él reflexiona de un modo maduro sobre el destino, le es imposible representárselo de otra manera. Sin embargo, esta serena certeza, cuán lejos está de aquella medrosa incertidumbre, de aquel miedo ciego que es la superstición. De ahí que el calor fresco y vivificante de un espíritu poético sea exactamente lo contrario de aquel ardor incontenible de un corazón enfermizo. Este es pobre, amodorrante y pasajero; aquél separa nítidamente unas formas de otras, favorece la creación de las más variadas relaciones y es por sí mismo eterno. El poeta, cuando es joven, no es nunca suficientemente frío y reflexivo. Para llegar a poseer un lenguaje verdadero y melódico hace falta tener un espíritu amplio, atento y tranquilo. Cuando en el corazón del hombre ruge la tormenta que arrambla con todo y disuelve la atención en un caos de ideas, entonces no es posible el verdadero lenguaje; lo único que de ello puede resultar es una palabrería confusa y enmarañada. Repito: el espíritu, lo que es el espíritu, es, como la luz, tan tranquilo y sensible, tan elástico y penetrante, tan poderoso e imperceptiblemente activo como este precioso elemento que se reparte sobre todas las cosas en la justa y exacta medida y que las hace aparecer a todas con una encantadora variedad. El poeta es acero puro: tan sensible como un frágil hilo de cristal y, a la vez, tan duro como un sílex rígido e inflexible.

—He experimentado ya algunas veces —dijo Enrique— que en los momentos de más intensa actividad interior me he sentido vivir menos que en los momentos en que podía moverme libremente y ejercer con placer toda clase de ocupaciones. En estos últimos me encontraba penetrado por un principio espiritual especialmente fino y agudo: me era posible utilizar a mi gusto cada uno de mis sentidos, podía darle la vuelta a cada uno de mis pensamientos, como si realmente fueran cuerpos, y observarlos desde todos los ángulos. Estaba en el taller de mi padre, silencioso y tomando parte en lo que allí se hacía, y me sentía feliz siempre que era capaz de ayudarle en algo y de realizar algo concreto con habilidad y destreza. La destreza tiene un encanto especial y reconfortante, y la conciencia de esta capacidad de actuar con éxito proporciona un goce más estable y más limpio que aquel sentimiento de desbordamiento que se experimenta ante lo sublime incomprensible e inmenso.

—No creáis, con todo —dijo Klingsohr—, que censuro esto último; lo que ocurre es que debe venir solo, no debemos buscarlo. Lo raro y escaso de su aparición tiene un efecto benéfico; si se prodiga llega a fatigar y a restarle a uno fuerzas. En este caso no es uno capaz de arrancarse con suficiente prontitud del dulce adormecimiento que este sentimiento deja y de volver a una ocupación regular y trabajosa. Ocurre aquí como en los agradables sueños de la duermevela matinal: sólo haciéndonos violencia podemos deshacernos del sopor de su torbellino, si es que no queremos ser víctimas de un cansancio cada vez más opresivo y arrastrarnos así el día entero en un estado de agotamiento que linda con la enfermedad.

—La poesía —continuó Klingsohr— quiere ante todo, que se la practique como un arte riguroso. Como mero goce deja de ser poesía. Un poeta no debe ser alguien que anda ocioso todo el día de un lado para otro a la caza de imágenes y sentimientos. Hacer esto sería equivocar totalmente el camino. Un espíritu puro y abierto, una facilidad para la reflexión y la observación, y una habilidad para poner en movimiento todas nuestras facultades y para mantenerlas así, para que se den vida unas a otras, éstos son los requisitos de nuestro arte. Si queréis que os dé un consejo, os diré que no dejéis pasar ni un día sin haber enriquecido vuestros conocimientos, sin haber adquirido algunos saberes de utilidad. Esta ciudad es rica en artistas de todas clases. Aquí hay algunos estadistas de experiencia y algunos comerciantes cultos. Sin grandes dificultades puede uno trabar conocimiento con todos los estamentos, con todos los oficios, con todas las condiciones y exigencias de la comunidad humana. Me gustará mucho instruiros en el aspecto artesanal de nuestro arte y leer con vos las obras más notables. Al mismo tiempo podréis tomar parte en las clases de Matilde y ella os enseñará gustosa a tocar la guitarra. Cada una de estas ocupaciones será una preparación para las demás, y, después de haber empleado la jornada de este modo, la charla y el entretenimiento de las reuniones de la tarde, así como la contemplación de los bellos paisajes de estos alrededores, os procurarán todos los días la sorpresa de los goces más puros.

—¡Qué vida tan hermosa me estáis revelando, maestro!

Ahora, bajo vuestra dirección, sí voy a ver de un modo claro la noble meta que se encuentra ante mí; si no fuera por vuestros consejos no podría aspirar a alcanzarla.

Klingsohr le abrazó tiernamente. Matilde les llevó el desayuno y Enrique le preguntó con dulce voz si le querría aceptar como compañero de clase y como alumno.

—Quisiera ser alumno vuestro para siempre —dijo el muchacho, aprovechando un momento en que Klingsohr miraba hacia otro lado.

Ella, de un modo imperceptible casi, se inclinó hacia él; éste la abrazó y besó su boca suave; la muchacha se ruborizó. Con un gesto dulce y sin violencia se deshizo de los brazos del muchacho, pero al mismo tiempo con una ingenuidad y un encanto indecibles le alargó una rosa que llevaba en su escote. Luego se puso a ordenar su cesto. Enrique, silencioso y embelesado, la seguía con la mirada; besó la rosa, la prendió en su pecho y se fue al lado de Klingsohr, que en aquel momento estaba mirando la ciudad.

—¿Por dónde llegasteis a Ausburgo? —preguntó Klingsohr.

—Por aquella colina abajo —contestó Enrique—. Allí, a lo lejos, se pierde nuestro camino.

—Debisteis de ver regiones muy bellas.

—Sí, casi todo el tiempo estuvimos atravesando paisajes hermosísimos.

—Vuestra ciudad tendrá también una situación bella y agradable como ésta, ¿no es verdad?

—La región es bastante variada; sin embargo, es todavía un poco salvaje; además, le falta un río grande; las grandes corrientes de agua son como los ojos del paisaje.

—Ayer por la noche —dijo Klingsohr—, el relato de vuestro viaje me gustó muchísimo, estaba encantando oyéndoos. Me di cuenta de que el espíritu de la poesía es amigo vuestro y no se separa de vuestro lado. Sin darse cuenta vuestros compañeros de viaje hablaban por él: cerca de un poeta todo se vuelve poesía. La tierra de la poesía, el romántico Oriente[2], os ha saludado con su dulce melan-

---

[2] En relación con la visión que los románticos tenían de Oriente como

colía; la guerra os ha hablado de su salvaje grandiosidad, y la Naturaleza y la Historia os han salido al paso bajo la figura de un minero y un eremita[3].

—Estáis olvidando lo mejor, maestro: la aparición celeste del Amor. De vos, sólo de vos, depende que esta aparición permanezca en mí para siempre.

—¿Qué opinas tú? —gritó Klingsohr, dirigiéndose a Matilde, que en aquel momento, precisamente, iba hacia él—. ¿Te gustaría ser la compañera inseparable de Enrique y poderle decir: «dónde estés tú allí estaré yo también»?[4].

Matilde se asustó y corrió a los brazos de su padre. La alegría de Enrique no tenía límites; el muchacho temblaba.

—Pero, padre, ¿querrá él acompañarme eternamente?

—Pregúntaselo tú misma —dijo Klingsohr, emocionado.

—Pero si mi eternidad es obra tuya —gritó Enrique, mientras las lágrimas corrían por sus ardorosas mejillas.

Matilde y Enrique se encontraron uno en brazos del otro. Klingsohr les abrazó a los dos.

—¡Hijos míos —gritó—, sed fieles el uno al otro hasta la muerte! El amor y la fidelidad harán de vuestra vida una eterna Poesía.

---

cuna de la poesía, *vid.* nota 32 del capítulo V, también nota 4 del capítulo IV.

[3] Resumen de las etapas de la educación poética de Enrique.
[4] Cita bíblica, Ruth. I, 16.

VIII

Por la tarde, después de comer, Klingsohr llevó a su nuevo hijo a su habitación —la madre y el abuelo participaban enternecidos en la felicidad de Enrique y con veneración veían en Matilde al ángel tutelar del muchacho—; allí le enseñó primero sus libros y luego hablaron de poesía.

—Yo no sé —dijo Klingsohr— por qué consideramos normalmente poesía al hecho de que se tome a la Naturaleza por poeta. Porque no lo es siempre. Con la Naturaleza ocurre como con los hombres: su esencia está dividida y en ella se encuentra una interna contradicción; en su seno la sorda codicia, la insensibilidad y la inercia estúpidas libran una lucha sin tregua con la poesía. Sería un tema hermoso para un poema la gran batalla que tienen entablada estos dos mundos. Como la mayoría de los hombres, algunos países y algunas épocas parecen estar bajo el imperio de esta enemiga de la poesía; en otros, en cambio, ésta se encuentra como en su propia patria y se hace visible en todas partes. Para un historiador las épocas en que se libra esta batalla son extraordinariamente interesantes y su descripción es una tarea fascinante y prometedora. Generalmente son las épocas en que nacen los poetas. Para esta Enemiga no hay nada más desagradable que el hecho de que ella misma, frente a la Poesía, se convierta en una persona poética, y no es raro que en el calor de la lucha cambie sus armas con ella y sea herida gravemente por sus propios dardos, llenos de perfidia; por el contrario, en cambio, las heridas que la Poesía recibe de sus propias armas se curan fácilmente y la hacen todavía más fuerte y atractiva.

—A mí la guerra, en cuanto tal —dijo Enrique—, me parece una obra poética. Los hombres creen que deben batirse por un miserable puñado de tierra y no se dan cuenta de que lo que les mueve es el espíritu romántico[1]; lo que persiguen, aún sin ellos saberlo, es la aniquilación de sus propios instintos bajos y mezquinos. Todos empuñan las armas por la causa de la poesía, y los dos ejércitos, sin verla, siguen una misma bandera.

En la guerra —contestó Klingsohr— se ponen en movimiento las aguas germinales. Nuevos continentes deben surgir, nuevas razas deben nacer de esta disolución general. La verdadera guerra es la guerra de religión: es una guerra que se encamina directamente a la destrucción total, y en ella el delirio del hombre aparece en su forma plenaria. Muchas guerras, de un modo especial las que se originan por odios nacionales, pertenecen a esta clase y son verdaderos poemas. En ellas los verdaderos héroes se encuentran en su elemento: estos hombres que son la más noble réplica del poeta, que no son otra cosa que las fuerzas del mundo penetradas inconscientemente de poesía. Un poeta que fuera al mismo tiempo un héroe sería ya un enviado de Dios; sin embargo, nuestra poesía no es capaz de darnos una figura como ésta.

—¿Qué queréis decir con esto, padre? ¿Es posible que algo sea excesivo para la poesía?

—¡Qué duda cabe! Sólo que en realidad no habría que decir «para la poesía», sino «para los medios e instrumentos de los que disponemos en este mundo». Del mismo modo como cada poeta tiene un terreno propio del que no puede salirse, so pena de perder toda compostura y quedarse sin aliento para seguir cantando, asimismo el conjunto de todas las fuerzas humanas tiene un límite de re-

---

[1] Sobre el sentido que el adjetivo «romántico» tiene en Novalis, *vid*. nota 1 del capítulo II. En relación con lo que acaba de decir Enrique en este pasaje, *vid*. el apartado de la Introducción que trata de la influencia de Hardenberg sobre Maragall, especialmente págs. 48 y ss.

presentabilidad más allá del cual la representación no puede seguir teniendo la coherencia y el perfil que le son necesarios y se disuelve en un caos vacío y engañoso. Cuando uno es aprendiz es cuando más debe guardarse de caer en estos excesos, porque a los jóvenes, debido a la especial vivacidad de su fantasía, les gusta demasiado acercarse a aquellas fronteras, y muchas veces tiene la presunción de querer aprehender y expresar con palabras lo suprasensible y lo desmesurado. Sólo la madurez que da la experiencia le enseña a uno a evitar los temas que exceden las posibilidades de la poesía y a dejar para la sabiduría de las cosas del mundo la labor de seguir las huellas de lo más elemental y lo más elevado. El poeta que ha alcanzado una cierta edad sabe encontrar la medida justa para disponer en un orden fácilmente comprensible todo su rico y variado arsenal, y tiene buen cuidado en no abandonar toda esta riqueza, porque ella es la que le va a ofrecer la materia suficiente para su obra, así como los elementos de comparación que va a necesitar para ella. Me atrevería a decir, casi, que en todo poema el caos debe resplandecer a través del velo regular del orden. La riqueza de la invención no se hace inteligible y placentera más que por una disposición sencilla y delicada de las ideas; por el contrario, la mera simetría tiene la sequedad y la aridez de una figura geométrica. La mejor poesía está muy cerca de nosotros, y ocurre muchas veces que un objeto ordinario y corriente sea su materia preferida. Para el poeta la poesía es algo que se encuentra ligado a unos instrumentos limitados, y precisamente el uso de estos instrumentos es lo que la convierte en arte. El lenguaje, en sí mismo, tiene ya una esfera limitada. Más restringido todavía es el ámbito de un idioma nacional determinado. Por medio de la práctica y la reflexión aprende el poeta a conocer su lengua. Sabe perfectamente lo que puede hacer con ella y no se le ocurrirá jamás exigirle algo que va más allá de sus fuerzas. Sólo muy raras veces concentrará toda la energía de la lengua en un punto, porque esto resulta fatigoso y acaba por aniquilar el precioso efecto que produce la expresión enérgica, cuando se la emplea con acierto. El adiestrarse para grandes saltos es cosa de saltimbanquis, no de poetas. Pero sobre todo una cosa: los poetas nunca aprenderán bastante de los músicos y de los pintores. En estas artes salta a la vista de un modo especial cuán necesario es manejar de un modo económico los medios técnicos de que dispone el artista; aquí es donde se ve también la importancia que tiene la elección acertada de las proporciones. Y a su vez, no hay duda de que aquellos artistas podrían tomar de nosotros, y deberían agradecérnoslo, la independencia de la poesía, el espíritu que se encuentra dentro de toda creación poética y de toda invención, y, en general, de toda obra de arte. Aquellos artistas deberían ser más poéticos y nosotros deberíamos ser más musicales y más pictóricos —y todos, ellos y nosotros, permaneciendo fieles al modo y manera de nuestras respectivas artes—. No es el tema la finalidad del arte, sino la ejecución. Tú mismo verás qué cantos son los que mejor te salen: seguro que serán aquellos cuyos temas te sean más familiares y estén más presentes en tu espíritu. Por eso podemos decir que la poesía se apoya totalmente en la experiencia. Por mi parte recuerdo que en mis años mozos[2] no había cosa, por alejada y desconocida que me fuera, que yo no cantara con el mayor placer. ¿Qué pasaba?: pues que lo único que de aquello salía era una palabrería vacía y miserable en la que no había el más mínimo destello de verdadera poesía[3]. De ahí que incluso el escribir un cuento sea una tarea especialmente difícil, y que sean muy pocas las veces que un poeta joven logra llevarla a cabo con éxito.

Me gustaría oír uno tuyo. Los pocos que he podido oír me han gustado sobremanera, por insignificantes que fueran.

—Esta noche voy a satisfacer tu deseo. Me acuerdo de uno que compuse cuando todavía era bastante joven: en él

---

[2] Es posible que Novalis esté refiriéndose aquí a sus poemas de juventud.

[3] La conversación con Klingsohr le ha revelado a Enrique el aspecto artesanal de la poesía; compárese este diálogo con el que el joven tendrá después —en la segunda parte, cuando está ya maduro para este arte— con el médico Silvestre.

se encuentran huellas bien claras de esta circunstancia[4]; sin embargo, quizá esto va a hacer que te resulte más interesante, que aprendas más con él y que te haga pensar en muchas de las cosas que te he dicho.

—Realmente —dijo Enrique— la lengua es un pequeño universo de signos y sonidos. Al igual como el hombre dispone de ella a voluntad, así quisiera yo también disponer del vasto mundo y poder expresarme libremente en él. Y precisamente el goce de revelar en el universo lo que está fuera de él, de poder realizar aquello en lo que consiste propiamente el impulso primario y genuino de nuestro ser, en este goce, justamente, está el origen de la poesía.

—Es un hecho especialmente desgraciado el que la poesía tenga un nombre concreto y que los poetas formen un gremio especial. La poesía no es nada especial. Es el modo de actuar propio del espíritu humano. ¿No es verdad que en cada momento está el hombre anhelando y haciendo poesía?

Matilde entró en la habitación justamente en el momento en que Klingsohr decía:

El amor, pongamos por caso. En ninguna parte como aquí se revela tan a las claras la necesidad de la poesía para la permanencia de la especie humana. El amor es mudo, sólo la poesía puede hablar por él. O, si quieres, el amor en sí no es otra cosa que la forma suprema de poesía natural. Pero no quiero decirte cosas que tú sabes mejor que yo.

—Pero el padre del amor eres tú —le dijo Enrique, abrazando a Matilde, y los dos jóvenes besaron la mano de Klingsohr.

Este les abrazó a los dos y salió.

—Matilde —dijo Enrique, después de un largo beso—, me parece un sueño que seas mía; pero lo que todavía me parece más extraordinario es que no lo hayas sido siempre.

---

[4] Es posible que el cuento simbólico con el que termina la primera parte de la novela lo escribiera Novalis con anterioridad a ésta y que Hardenberg no estuviera plenamente satisfecho con este relato.

—Me parece —dijo Matilde— que te conozco desde tiempo inmemorial[5].

—¿Es posible que me ames?

—Yo no sé lo que es amor, pero lo que sí puedo decirte es que para mí es como si antes no hubiera vivido, como si mi vida empezara ahora, y que es tan grande lo que siento hacia ti, que ahora mismo quisiera morir por ti.

—Matilde, ahora es cuando siento lo que es ser inmortal.

—Enrique, eres infinitamente bueno, por ti habla un espíritu grande y admirable. Yo no soy más que una pobre e insignificante muchacha.

—Cómo me estás avergonzando; todo lo que soy lo soy por ti; sin ti yo no sería nada. ¿Qué es un espíritu sin cielo?, y tú eres el cielo que me sostiene y me da vida.

—Qué criatura tan dichosa sería yo si tú fueras fiel como mi padre. Mi madre murió al poco de nacer yo, y él todavía la llora casi todos los días.

—No lo merezco, pero quisiera ser más feliz que él.

—Quisiera vivir mucho tiempo a tu lado, Enrique. Estoy segura de que tú me vas a hacer mejor.

—Ah, Matilde, ni la misma muerte nos separará.

—No, Enrique, donde yo esté, allí estarás tú.

—Sí, donde tú estés, Matilde, estaré yo eternamente[6].

—No comprendo lo que pueda ser la eternidad, pero diría que la eternidad debe de ser lo que siento cuando pienso en ti.

—Sí, Matilde, somos eternos porque nos amamos.

—No te puedes figurar, Enrique, con qué fervor esta mañana, al llegar a casa, me he arrodillado ante la imagen de nuestra Madre que está en los Cielos, y con qué indecible devoción le he rezado. Creí que iba a disolverme en lá-

---

[5] En el camino hacia la poesía cada nueva revelación es como el despertar de algo que yacía dormido en el alma del hombre. Recuérdese también la disolución del tiempo —la coincidencia entre presente, pasado y futuro— que, según Novalis, tiene lugar por obra de la poesía.

[6] Insistencia en la frase bíblica a la que se hace referencia en la nota 4 del capítulo VII. Aquí se puede ver también una premonición de la muerte de Matilde y de la glorificación de Enrique.

grimas. Me parecía que me estaba sonriendo. Ahora sí que sé lo que es gratitud.

—Oh, amada, el cielo te ha entregado a mí para que yo te venere. Te adoro. Tú eres la santa que lleva mis deseos a Dios, la santa por la cual Dios se me revela y me da a conocer la plenitud de su amor. ¿Qué es la religión sino una comprensión sin límites, una unión eterna de corazones que se aman? ¿No es verdad que donde dos están unidos, allí está Él?[7]. Tú eres el aire del cual viviré yo eternamente. Mi pecho no cesará nunca de aspirar este aire. Tú eres la magnificencia divina, la vida eterna cubierta con el más dulce y hermoso velo.

—Ay, Enrique, tú ya sabes cuál es el destino de las rosas: los labios marchitos, las pálidas mejillas, ¿vas a apretarlas también con ternura contra tus labios?; las huellas de la edad, ¿no van a ser también las huellas de un amor que pasó?

—¡Oh, si pudieras ver mi alma a través de mis ojos!, pero tú me amas y por esto me crees también. No comprendo lo que pueda ser esto que la gente llama la caducidad del encanto. ¡No!, el encanto no se marchita. Lo que ha despertado en mí un anhelo eterno, esto no pertenece al tiempo. Sólo con que vieras cómo yo te veo a ti, qué imagen maravillosa atraviesa toda tu figura y de qué modo esta imagen me ilumina por dondequiera que voy, sólo con esto dejarías de temer la vejez. Tu forma sensible es sólo una sombra de esta imagen. Las fuerzas de la tierra porfían[8] y se tensan para fijar esta forma, pero la Naturaleza no ha llegado todavía a su madurez; la imagen es un arquetipo eterno, una parte de este mundo divino que no conocemos.

—Te comprendo, Enrique, porque al mirarte veo algo parecido[9].

---

[7] Cita bíblica, Math. XVIII, 20; *vid.* también el primero de los *Geistliche Lieder* («Cantos espirituales»).

[8] La oposición entre sombra y arquetipo de la que se habla en este pasaje es de origen platónico.

[9] De nuevo transparece Platón en el sistema de Novalis, aquí su teoría del amor.

—Sí, Matilde, el mundo superior está más cerca de lo que ordinariamente pensamos. En esta vida estamos viviendo ya en él y vemos cómo constituye la trama más íntima de la naturaleza terrena.

—Tú me vas a revelar todavía muchas cosas maravillosas, amado.

—¡Oh, Matilde!, es de ti de donde me viene el don de la profecía. Todo lo que tengo es tuyo; tu amor me introducirá en los santuarios de la vida, en el más secreto tabernáculo de tu alma; tú vas a exaltar mi espíritu a las supremas visiones. ¿Quién sabe si algún día nuestro amor no va a transformarse en alas de fuego que nos lleven a nuestra patria celestial antes de que nos alcancen la vejez y la muerte? ¿No es ya un milagro que tú seas mía, que yo te tenga en mis ojos, que tú me ames y quieras ser mía eternamente?

—A mí también me parece ahora todo posible, y siento muy claramente cómo en mí está ardiendo una llama silenciosa: quién sabe si nos estará transfigurando y desligando lentamente de los lazos que nos unen a esta tierra. Dime, Enrique, dime, ¿tienes ya tú en mí la confianza sin límites que tengo yo en ti? Nunca hasta ahora he sentido una cosa como ésta, ni siquiera con mi padre, al que amo infinitamente.

—Matilde, para mí es un verdadero tormento que no pueda decírtelo todo de una vez, que no pueda entregarte ahora mismo todo mi corazón. Es la primera vez en mi vida, también, que abro de par en par mi interior. Ningún pensamiento, ningún sentimiento puedo ya mantener en secreto ante ti; tienes que saberlo todo. Todo mi ser tiene que mezclarse con el tuyo. Sólo una entrega total y sin límites puede satisfacer mi amor. Porque en esta entrega consiste precisamente el amor. Es una misteriosa fusión de lo más secreto y personal de tu ser y del mío.

—Enrique, nunca dos seres humanos se han podido amar así, como nos estamos amando ahora nosotros.

—No, porque nunca antes ha habido una Matilde.

—Ni un Enrique.

—¡Ah!, júrame otra vez que serás mía eternamente; te lo juro ante la presencia invisible de mi buena madre.

—Te juro que seré tuyo eternamente, Matilde; tan verdadero como el amor es la presencia de Dios en nosotros.

Un largo abrazo y besos sin número sellaron el eterno vínculo de esta venturosa pareja.

IX

Por la noche había algunos invitados en casa de Schwaning. El abuelo bebió a la salud de los jóvenes novios y prometió preparar para muy pronto unas hermosas bodas.

—¿Qué se gana esperando? —dijo el viejo— «Bodas tempranas, amor duradero.» Yo siempre lo he visto así: los matrimonios que se han concertado pronto han sido los más felices. Luego, más tarde, el matrimonio no tiene ya aquel fervor que tiene en los años mozos. El haber disfrutado en común de la juventud es algo que une indisolublemente. El recuerdo es la base más firme del amor.

Acabada la cena llegaron algunas personas. Enrique le pidió a su nuevo padre que cumpliera su promesa. Klingsohr dijo a todos los presentes:

—Hoy le he prometido a Enrique que contaría un cuento. Si la idea os gusta, estoy dispuesto.

—Has tenido una feliz ocurrencia, Enrique —dijo Schwaning—; hacía tiempo que no os oía contar nada.

Todos se sentaron en torno al fuego de la chimenea. Enrique se sentó al lado de Matilde, pasando el brazo por encima de sus hombros. Klingsohr empezó:

—La larga noche acababa de empezar[1]. El viejo Héroe[2] golpeaba su escudo, el sonido del hierro retumbó por to-

---

[1] No hay que confundir esta noche —la noche polar— con la Noche de los *Himnos*.
[2] El hierro; los alquimistas veían en este metal la fuente de todos los otros.

das las calles de la ciudad desierta. Repitió tres veces esta señal. Entonces las altas y multicolores ventanas del palacio empezaron a iluminarse desde dentro; al trasluz se veían figuras humanas que se movían. Cuanto más potente se hacía la luz rojiza de las ventanas, que ahora empezaba ya a iluminar las calles, con más vivacidad y animación se movían aquellas figuras. Poco a poco las grandes columnas y los potentes muros del palacio se fueron iluminando también; finalmente aparecieron bañados de un fulgor purísimo de un azul lechoso que jugaba con los matices más delicados. Ahora se veía ya toda la región. El reflejo de las figuras, el tumulto de las lanzas, de las espadas, de los escudos y de los yelmos, que de todos los lados se inclinaban hacia las coronas que aparecían aquí y allá, y finalmente, al igual que éstas, desaparecían para hacer sitio a una sencilla corona de laurel y formar un amplio círculo en torno a ella[3]: todo este espectáculo se reflejaba en el espejo helado del mar que rodeaba la montaña sobre la cual se encontraba la ciudad; también las altas montañas, que a lo lejos formaban como un cinturón en torno a este mar, estaban cubiertas hasta la mitad de su falda por un suave reflejo. No se podía distinguir nada con claridad. Sin embargo, de lejos llegaba un extraño ruido, como si procediera de un enorme taller[4]. La ciudad, por el contrario, tenía un aspecto luminoso y claro. Sus murallas, lisas y transparentes, reverberaban bellamente; se veía la excelente proporción, el noble estilo y la bella conjunción de los edificios. En todas las ventanas había vasijas de barro llenas de las más variadas flores de hielo y nieve, que brillaban de un modo fascinante.

Lo más bello era el jardín: se encontraba en la gran plaza que había delante del palacio; sus árboles eran de metal y sus plantas de cristal, y estaba todo él sembrado de piedras preciosas en forma de flores y frutos. La variedad y la gracia de las formas, la movilidad y vivacidad de las luces

---

[3] Símbolo del triunfo final de la Poesía.
[4] El taller de las Parcas, que, como se verá en este relato, se encuentra situado debajo del taller de Arctur.

ofrecían a la vista el más bello de los espectáculos; un gran surtidor que salía del centro del jardín y que estaba helado acababa de completar aquel espléndido cuadro. El viejo Héroe pasaba lentamente por delante de las grandes puertas del palacio. Allí dentro una voz gritó su nombre. El Héroe empujó la puerta, que se abrió con suave sonido, y penetró en la sala. Se cubría el rostro con el escudo. «¿No has descubierto todavía nada?», dijo con voz lastimera la hermosa hija de Artur[5]. Estaba recostada entre cojines de seda en un trono trabajado ingeniosamente en un gran bloque de cristal de azufre; unas doncellas se afanaban en frotar sus delicados miembros[6] que parecían hechos de una fusión de leche y púrpura. De las manos de las doncellas salían en todas direcciones los hermosísimos rayos de luz que emanaban de ella y que daban al palacio aquella claridad inusitada. Una fragante brisa sopló en la sala. El Héroe no decía nada. «Déjame tocar tu escudo» —dijo ella dulcemente. Él se acercó al trono andando por encima de la preciosa alfombra. Ella cogió su mano, la apretó tiernamente contra su pecho celeste y tocó su escudo. Su armadura resonó y el Héroe sintió que una fuerza penetraba por todo su cuerpo y le infundía nueva vida[7]. Los ojos del Héroe empezaron a brillar como centellas, y se oyó cómo su corazón golpeaba contra su coraza. La hermosa Freya adquirió un aspecto más sereno y alegre, y la luz que emanaba de su figura se hizo más ardiente. «¡El Rey llega!»[8] —gritó un espléndido pájaro[9] que estaba posado detrás del trono. Las criadas extendieron sobre la princesa un cobertor azul celeste que le llegaba hasta el pecho. El Héroe bajó

---

[5] Freya es aquí la fuerza galvánica, considerada por algunos físicos del siglo XVIII como la fuerza universal.
[6] Las doncellas, al tocar el cuerpo de Freya, reciben la fuerza galvánica que ella encierra.
[7] La fuerza galvánica de Freya, al contacto de ésta con el escudo del Héroe, le infunde a éste nueva vida.
[8] Eros, el dios griego del amor. Su unión con Freya, la diosa germánica del amor, instaurará el reino del Amor en la tierra. Freya ha comunicado a Hierro su fuerza magnética.
[9] El ave Fénix, símbolo de la eternidad, anuncia el futuro reino de los dos dioses.

el escudo y levantó la vista hacia la cúpula, a la que ascendían serpenteando dos escaleras que arrancaban de los dos lados de la sala. Una suave música precedía al Rey, que, acompañado de un gran séquito, no tardó en aparecer en la cúpula y descender a la sala.

El hermoso pájaro desplegó sus espléndidas alas, las agitó suavemente y, como si tuviera mil voces, cantó esta canción al Rey:

> Se acerca ya, ya llega el hermoso Extranjero[10].
> Sopla una tibia brisa, la eternidad empieza.
> El fuego del Amor inflama el mundo entero,
> tras su largo soñar despierta ya la reina.
> Pronto la fría Noche dejará estos parajes
> cuando recobre Fábula sus antiguos derechos.
> En el seno de Freya se abrazará la tierra
> y todos los anhelos van a encontrar su anhelo[11].

El Rey abrazó a su hija con ternura. Los espíritus de las estrellas se colocaron en torno al trono; el Héroe ocupó su lugar en aquel círculo. Una multitud incontable de estrellas llenaron la sala formando graciosos grupos. Las criadas trajeron una mesa y una cajita en la que había gran cantidad de hojas con signos sagrados y de profundo sentido, formados solamente por constelaciones. El Rey, con gran veneración, besó aquellas hojas, las barajó cuidadosamente y entregó algunas de ellas a su hija. Las otras las guardó para él. La princesa fue sacando las hojas una detrás de otra y las fue colocando encima de la mesa; entonces el Rey observó las suyas con atención y empezó a ponerlas al lado de las de la princesa; antes de colocar cada una de ellas, estaba meditando largo tiempo a ver cuál escogía. A veces parecía obligado a escoger ésta o aquélla. Pero a me-

---

[10] En relación con el tema del extranjero, *vid.* Introducción, págs. 29 y 30.
[11] En toda la Naturaleza yace una oscura nostalgia de algo superior. Por obra de la Poesía, esta nostalgia cobra conciencia de sí misma y de su objeto. Astralis, el espíritu del canto, en el primer capítulo de la segunda parte de *Enrique de Ofterdingen*, dirá: «todo ser, meditando, busca la Gran Palabra».

nudo se leía en su rostro la alegría que le causaba el encontrar una hoja que formara una hermosa armonía de signos y figuras. Así que empezó el juego, los circunstantes dieron muestras del más vivo interés por lo que hacía el Rey; se veían los gestos y las expresiones de cara más singulares, como si cada uno de los que estaban allí tuviera en sus manos un instrumento invisible con el que trabajara afanosamente. Al mismo tiempo se oía en el aire una música suave, pero penetrante: parecía originarse en la extraña danza que tejían y destejían las estrellas, así como en los otros movimientos, caprichosos y raros también, que se producían en la sala. Las estrellas, lentas unas veces, rápidas otras, daban vueltas por la estancia describiendo líneas siempre nuevas, y, al compás de la música, imitaban con gran arte las figuras de las hojas. La música, al igual que las imágenes que había sobre la mesa, cambiaba sin cesar, y si bien no era raro oír transiciones bruscas y sorprendentes, sin embargo, un motivo único y sencillo parecía enlazar todo el conjunto[12]. Las estrellas, con su ligereza increíble, seguían en su vuelo las figuras que se iban formando sobre la mesa. Ahora se entrelazaban unas con otras, en una gran maraña; ahora volvían a ordenarse bellamente en grupos aislados; unas veces aquel largo cortejo, como un rayo de luz, se pulverizaba en mil pequeñas centellas; otras, pequeños círculos y diminutos diseños iban creciendo, creciendo, hasta volver a hacer surgir una figura grandiosa y sorprendente. Durante todo este tiempo las figuras multicolores que se veían en las ventanas permanecieron inmóviles de pie. El pájaro agitaba sin cesar, en movimientos siempre nuevos, la envoltura de sus preciosas alas. Hasta entonces el viejo Héroe se había estado dedicando afanosamente a su invisible trabajo; de repente, el Rey gritó alborozado:

—Ahora todo volverá a su cauce. Hierro, lanza tu espada al mundo, que todos sepan dónde se encuentra la Paz.

El Héroe, con gesto violento, sacó la espada que llevaba en la cintura, la levantó en alto, con la punta mirando ha-

---

[12] Alusión al mito pitagórico de la armonía de las esferas.

cia el cielo, la cogió con fuerza y la arrojó por la ventana abierta; el arma sobrevoló la ciudad y el mar helado, como un cometa, y pareció romperse en mil pedazos contra el círculo de montañas que rodeaba este mar, porque cayó deshecha en una lluvia de centellas[13].

En aquel tiempo, Eros, el hermoso niño, dormitaba dulcemente en su cuna mientras Ginnistan[14], su nodriza, lo mecía y daba el pecho a Fábula, la hermana de leche de Eros. Ginnistan había colocado su pañuelo de cuello, de vivos colores, sobre la cuna del niño, para que la claridad de la lámpara que el Escriba[15] tenía delante no pudiera molestar al niño. Aquél escribía sin cesar; sólo de vez en cuando dirigía una mirada malhumorada a los niños y hacía extrañas muecas a la nodriza, que le sonreía bondadosamente y callaba.

El Padre de los niños[16] entraba y salía continuamente de la habitación; en cada una de sus visitas observaba a Eros y Fábula y saludaba amablemente a Ginnistan. Siempre tenía algo que decirle al Escriba. Este le escuchaba con atención, tomaba nota de sus palabras y enseñaba las hojas a una mujer de noble aspecto, parecida a una diosa[17], que estaba apoyada en un altar; sobre él había una copa de colores oscuros que contenía un agua clara; la mujer dirigía su mirada a esta agua y sonreía con expresión de serena alegría. Cada vez que el Escriba le daba una hoja, la sumergía en el agua y la volvía a sacar; después de esto la miraba, y, si alguno de los signos que había en ella no se había borrado y había adquirido la claridad del agua, devolvía la hoja al Escriba; éste las iba atando a un grueso libro. Muchas veces se le veía malhumorado porque su esfuerzo había sido inútil, todo lo que había escrito se había borrado. De

---

13 Según lo que se ha dicho en la Introducción, aquí empezaría la segunda parte del cuento simbólico.
14 El nombre de Ginnistan lo tomó Novalis de la colección de relatos de Wieland *Dschnnistan*.
15 El Escriba representa la Razón ilustrada (carta de Novalis a Fr. Schlegel de 18 de junio de 1800).
16 Los niños son aquí la personificación de los sentidos.
17 Sofía, la esposa de Arctur, la diosa de la sabiduría.

vez en cuando la mujer se volvía a Ginnistan y a los niños, metía sus dedos en la copa y esparcía sobre aquéllos algunas gotas; así que éstas tocaban a la nodriza, a los niños o a la cuna, se convertían en una nube azul[18] que empezaba a dar vueltas en torno a ellos formando mil extrañas figuras que iban cambiando continuamente. Si casualmente una de estas figuras tocaba al Escriba, inmediatamente caían de ella una gran cantidad de números y figuras geométricas[19]; él se afanaba en enlazarlas con un hilo y se las colgaba como un adorno en torno a su enjuto cuello. La Madre del niño[20], que era la gracia y el encanto en persona, entraba a menudo en la habitación. Se la veía siempre atareada; cada vez que salía se llevaba algún objeto de la casa; si el Escriba, que, suspicaz y con mirada inquisitiva, iba siguiendo los movimientos de aquella mujer, se daba cuenta de ello, empezaba a sermonearla; sin embargo, nadie le prestaba atención: todo el mundo parecía acostumbrado a aquellas inútiles recriminaciones. A veces, por unos momentos, la Madre daba el pecho a la pequeña Fábula; pero pronto la volvían a llamar; entonces Ginnistan volvía a coger a la niña, que parecía estar más a gusto en el pecho de su nodriza que en el de la Madre. De repente, el Padre entró con una varilla de hierro muy fina que había encontrado en el patio. El Escriba la miró, la cogió y empezó a darle vueltas con gran curiosidad, y pronto advirtió que si la colgaba de un hilo por su punto medio, ella sola giraba hacia el Norte. Ginnistan la cogió en sus manos, la dobló, la apretó, le echó aliento y la varilla tomó inmediatamente la forma de una serpiente[21], que de pronto se mordió la cola. El escriba se cansó enseguida de observar todo aquello. Se puso a tomar notas de todo con gran precisión, ex-

---

[18] Esta nube simboliza la creación artística; transformación de la realidad en obra de arte.

[19] El Escriba, la Razón, transforma la obra de arte en números y figuras geométricas.

[20] El corazón, símbolo de las fuerzas originarias del ser humano.

[21] La serpiente que se muerde la cola es, en la sabiduría alquímica y gnóstica, el símbolo del curso circular de la eternidad, y de la unión de los sexos.

tendiéndose mucho sobre la utilidad que aquel hallazgo podía reportar. Pero cuál no fue su irritación al ver que todo lo que había escrito sucumbía a la prueba y que la hoja de papel salía blanca de la copa. La nodriza siguió jugando con la varilla. De vez en cuando tocaba la cuna con ella; entonces el niño empezó a despertarse[22], retiró la manta que le cubría y, protegiéndose con una mano de la luz, alargó la otra para coger la serpiente. Así que se la dieron saltó con tal vigor de la cuna, que Ginnistan se asustó y el Escriba, aterrorizado, estuvo a punto de caer de la silla. Cubierto solamente por sus largos cabellos de oro, Eros estaba de pie en la habitación y contemplaba con indecible alegría la joya, que en sus manos se estiraba hacia el Norte; aquello parecía conmoverlo vivamente en lo más profundo de su alma. Se veía al niño crecer por momentos.

—Sofía —dijo con voz conmovedora a la mujer—, déjame beber de la copa.

Ella se la acercó sin vacilar un solo momento; él no podía dejar de beber; la copa, no obstante, permanecía siempre llena. Finalmente se la devolvió a aquella noble dama y la abrazó con ternura. Luego estrechó contra su pecho a Ginnistan y le pidió que le diera el pañuelo de colores que llevaba atado noblemente a la cintura. A la pequeña Fábula la tomó en sus brazos. La niña parecía muy contenta con él y empezó a parlotear. Ginnistan estaba muy pendiente de él; con un aspecto extraordinariamente atractivo y frívolo, estrechaba contra ella a Eros con la ternura de una novia. Llevó al muchacho a la puerta de la habitación después de decirle unas palabras al oído, pero Sofía, con gesto severo, señaló a la serpiente. En aquel momento entró la Madre; Eros corrió hacia ella y la recibió con ardientes lágrimas. El Escriba, furioso, se había marchado. Entonces entró el Padre, y, al ver a madre e hijo unidos en un silencioso abrazo, se acercó a Ginnistan, pasando por detrás de ellos dos, y la acarició. Sofía subió las escaleras. La pequeña Fábula tomó la pluma del Escriba y se puso a escribir.

---

[22] La varilla imantada comunica a Eros su fuerza.

Madre e hijo se sumieron en un diálogo en voz baja; el Padre, acompañado de Ginnistan, se marchó sin hacer ruido a la habitación de al lado para descansar en sus brazos de los trabajos de la jornada. Al cabo de un buen rato volvió Sofía. Entró el Escriba. El Padre salió de la habitación contigua y se fue a sus ocupaciones. Ginnistan volvió con las mejillas encendidas. El Escriba, con una sarta de injurias, echó a la pequeña Fábula de su sitio; necesitó algún tiempo para poner sus cosas en orden. Cogió las hojas que había escrito Fábula y se las dio a Sofía para que las sumergiera en la copa y se las devolviera limpias, pero su indignación llegó al máximo al ver que Sofía le devolvía las hojas tal y como las había escrito Fábula, llenas completamente; el agua había dado a la letra de la niña el brillo que daba a la escritura que no borraba. Fábula se arrimó a su madre; ésta la tomó en sus brazos y la estrechó contra su pecho, luego se puso a limpiar la habitación, abrió las ventanas para que entrara aire fresco y empezó a hacer los preparativos para un gran banquete. A través de las ventanas se veía un panorama espléndido; un cielo claro y limpio cubría la tierra. En el patio, el Padre estaba entregado a una gran actividad. Cuando se cansaba, levantaba la vista hacia la ventana en la que estaba Ginnistan; ésta le echaba toda clase de golosinas. La Madre y el hijo salieron para ayudar donde quiera que se les necesitara y para preparar la realización del proyecto. El Escriba iba manejando la pluma y hacía una mueca siempre que necesitaba preguntarle algo a Ginnistan, que tenía una memoria excelente y retenía todo lo que había ocurrido. Muy pronto volvió Eros; traía una hermosa coraza, en torno a la cual llevaba atado, a modo de faja, el pañuelo de colores. Pidió consejo a Sofía: le preguntó cuándo y cómo debía emprender el viaje. El Escriba, indiscreto y entrometido, se apresuró a ofrecer un detallado plan de viaje, pero sus proposiciones no fueron escuchadas. «Puedes marcharte enseguida; Ginnistan te acompañará —dijo Sofía—; sabe el camino y la conocen bien en todas partes. Para no tentarte tomará la forma de tu madre. Si encuentras al Rey, piensa en mí, entonces yo vendré en tu ayuda.»

Ginnistan cambió su figura con la de la Madre[23], cosa que pareció gustarle mucho al Padre. El Escriba se alegró de que los dos se marcharan; sobre todo porque, al despedirse, Ginnistan le regaló un librillo en el que estaba anotada con todo detalle la crónica de la familia. Lo único que le pesaba era que Fábula se quedara; para estar tranquilo y contento no hubiera deseado otra cosa que verla entre los que se marchaban. Eros y Ginnistan se arrodillaron ante Sofía; ésta les bendijo y les dio una vasija llena de agua de la copa para que la llevaran durante el viaje. La Madre estaba muy afligida. La pequeña Fábula hubiera querido acompañarlos; el Padre estaba demasiado ocupado fuera de la casa para interesarse vivamente en todo lo que estaba ocurriendo.

Era de noche cuando partieron; la luna estaba en lo alto del cielo.

—Eros, querido —dijo Ginnistan—, debemos darnos prisa: tenemos que ir a ver a mi padre[24]; hace tanto que no me ha visto y ha estado buscándome con una nostalgia tan grande por toda la tierra... ¿No ves su cara pálida y consumida por el dolor? Tú darás testimonio de que soy yo, para que así me conozca bajo esta figura extraña.

> Por una senda oscura iba el Amor,
> sólo la Luna le miraba;
> el reino de las sombras florecía,
> extrañamente engalanado.
>
> Una nube de azul, marco dorado,
> envolvía al Amor;
> la Fantasía le llevaba
> por llanos y torrentes presurosa.

---

[23] Ginnistan seduce a Eros tomando la figura de la madre de éste.
[24] La Luna, que en alemán tiene el género masculino, representa aquí la Imaginación, su hija es la Fantasía.
Según Kluckhohn, *vid*. Introducción, pág. 32, aquí empieza la tercera parte del cuento.

Un valor prodigioso
su ardiente pecho agitaba,
pero viendo acercarse ya el placer
se calmaba la furia de este ardor.

Sin sospechar la cercanía del Amor,
se lamentaba la Nostalgia;
en su rostro un dolor sin esperanza
la huella de unos surcos dibujaba.

Seguía fiel la pequeña serpiente,
señalaba hacia el Norte;
los dos siguieron confiados
a esta hermosa guía.

Atravesó desiertos el amor
y pasó por el reino de las nubes;
de la Luna en la corte penetró,
a su hija llevando de la mano.

Solo con su dolor
estaba el rey en su trono de plata;
de pronto oyó una voz, era su hija
y se arroyó en sus brazos.

Eros estaba conmovido al ver estos tiernos abrazos. Al fin el anciano logró sobreponerse a la gran emoción y dio la bienvenida a su huésped. Luego cogió un gran cuerno y sopló con todas sus fuerzas. Una gran llamada retumó por toda aquella antiquísima fortaleza. Las puntiagudas torres, con sus brillantes florones, y los tejados, bajos y negros, temblaron. El castillo estaba silencioso porque se había trasladado a la montaña que había al otro lado del mar. De todas partes acudieron en tropel los criados del anciano; tenían un aspecto singular y llevaban extraños trajes; a Ginnistan le divirtió sobremanera el aspecto de aquellos hombres; al valeroso Eros no le asustaron. Ella saludó a sus antiguos conocidos; cada uno de ellos se le presentó con nueva fuerza y en todo el esplendor de su naturaleza.

El espíritu impetuoso de la Pleamar siguió a la calma y suavidad de la Bajamar. Los viejos Huracanes se tumbaron junto al pecho palpitante de los Terremotos, ardientes y apasionados. Los tiernos Aguaceros se volvieron hacia el Arco Iris, que, alejado del Sol, que le atraía más, estaba pálido y descolorido. Detrás de las incontables Nubes, que, con sus mil encantos, atraían a estos fogosos jóvenes, el Trueno, con voz ronca, refunfuñaba contra las locuras de los Rayos. La Mañana y el Atardecer, las dos graciosas y dulces hermanas, se alegraron mucho de la llegada de los viajeros. Los abrazaron y derramaron tiernas lágrimas. Era indescriptible el aspecto de aquella extraña corte. El anciano monarca no se cansaba de mirar a su hija. Ella se sentía inmensamente feliz en el castillo de su padre y contemplaba una y otra vez las maravillas y curiosidades que le eran ya conocidas. Su alegría fue ya indecible cuando su padre le dio la llave del Tesoro, permitiéndole organizar allí un espectáculo que entretuviera a Eros hasta que se les diera la señal para partir. El Tesoro era un gran jardín cuya variedad y riqueza sobrepasaban toda descripción. Entre los inmensos árboles, hechos de nubes y lluvia, había infinidad de castillos de aire de sorprendente arquitectura, y si uno parecía hermoso el otro lo parecía todavía mucho más. Grandes rebaños de corderillos, de lana plateada, dorada y rosada, vagaban por allí, y los animales más peregrinos animaban aquel soto. Extrañas estatuas se levantaban por doquier, y los brillantes cortejos y los carruajes de aspecto desusado que aparecían por todas partes no daban un momento de reposo a la atención. Los arriates estaba llenos de flores de todos los colores. En los edificios había gran cantidad de armas de todas clases, las salas estaban llenas de las más hermosas alfombras, tapices, cortinas, copas y toda clase de instrumentos y útiles; estas riquezas se encontraban alineadas en filas tan largas, que la vista no podía abarcarlas. Desde una altura divisaron un país romántico: esparcidos por él se veían ciudades, castillos, templos y sepulturas; este paraje aunaba el encanto y la gracia de los llanos habitados con la terrible fascinación del desierto y de las regiones montañosas y escarpadas. Los más hermosos colores se mezclaban en las más felices combinaciones. Las cimas de las montañas, con sus mantos de hielo y nieve, brillaban como el fuego del placer. La llanura sonreía con su más tierno verdor.

Las lejanías se adornaban con todas las variaciones del azul y sobre el fondo oscuro del mar ondeaban los mil gallardetes multicolores de numerosas escuadras. Allí, en el fondo de este gran escenario, se veía un naufragio; en la parte de delante, una alegre comida campestre; allí, la erupción, a la vez bella y terrible, de un volcán y los estragos devastadores de un terremoto; y en primer plano, a la sombra de unos árboles, una pareja de enamorados en medio de las más dulces caricias. Mirando hacia abajo se veía una horrible batalla y un poco más abajo un teatro lleno de grotescas máscaras. Al otro lado, en primer plano, el cadáver de una muchacha joven colocado en un ataúd y un amante desconsolado asiéndose fuertemente a él; al lado, llorando, los padres de la muchacha. Al fondo una madre, bella y graciosa, dando el pecho a su hijo; a sus pies, sentados, y sobre un árbol, mirándola por entre las ramas, había unos ángeles. Las escenas cambiaban continuamente; al fin se fundieron todas en un espectáculo inmenso y misterioso. El cielo y la tierra estallaron en una agitación sin límites. Todos los terrores se desencadenaron. Una voz potente llamó a las armas. Un horrible ejército de esqueletos, llevando banderas negras, bajó, como un torrente, de las oscuras montañas y atacó a la Vida, que con sus grupos de jóvenes se entregaba a agradables fiestas en las claras llanuras, ignorante y desprevenida ante cualquier ataque. Sobrevino una espantosa confusión: la tierra temblaba, la tempestad rugía y horribles meteoros iluminaron la noche. Con una crueldad inaudita, el ejército de fantasmas rasgaba los tiernos miembros de los vivientes. Levantaron una pira y, entre alaridos de horror, los hijos de la Vida fueron devorados por las llamas. De pronto, del oscuro montón de cenizas brotó un río azul lechoso que corría en todas direcciones. Los espectros quisieron huir, pero la corriente iba creciendo por momentos y acabó tragando aquella abominable nidada. Pronto desaparecieron todos los terrores. Cielo y Tierra se fundieron en dulce armonía. Una bellísima Flor flotaba resplandeciente sobre las suaves olas. Un brillante arco iris se extendió sobre las aguas; sobre él, a ambos lados y hasta la línea del horizonte, se veían figuras divinas sentadas en espléndidos tronos. En el más alto estaba sentada Sofía: tenía la copa en la mano, junto a ella había un hombre majestuoso que llevaba en sus sienes una corona de hojas de roble y en su mano derecha, a modo de cetro, la palma de la paz. Un pétalo de lirio vino a inclinarse sobre el cáliz de la flor flotante; sobre él estaba sentada la pequeña Fábula y cantaba, acompañándose con un arpa, las más dulces canciones. En el cáliz, inclinado sobre una hermosa muchacha medio dormida que le rodeaba fuertemente con los brazos, estaba el mismo Eros. Unos pétalos más pequeños les rodeaban a los dos, de modo que de la cintura hacia arriba parecían transformados en una flor[25].

Eros dio las gracias a Ginnistan con mil expresiones de entusiasmo; la abrazó tiernamente y ella correspondió a este abrazo con dulces caricias. Cansado por las penalidades del camino y por las muchas y variadas cosas que en él había visto, Eros aspiraba sólo a encontrar un poco de comodidad y reposo. Ginnistan, que se sentía fuertemente atraída por la belleza del muchacho, se guardaba muy bien de mencionar la bebida que Sofía le había dado para el camino. Le llevó a un lugar apartado, en el que podría tomar un baño, le quitó la armadura y ella se puso una túnica de noche que le daba un aspecto extraño y seductor.

Eros se sumergió en las peligrosas ondas y salió de ellas embriagado. Ginnistan le secó y frotó sus miembros fuertes y tensos por el vigor de su juventud. El muchacho, con una ardiente nostalgia, se acordó de su amada y, en un dulce desvarío, abrazó a la encantadora Ginnistan. Olvidado de todo, se abandonó al fuego impetuoso de su ternura y finalmente, después de haber agotado las delicias del placer, se durmió en el dulce pecho de su compañera.

Mientras tanto, en la casa las cosas habían tomado un

---

[25] Sobre el sentido de esta visión *vid*. Introducción, pág. 33.

sesgo luctuoso. El Escriba había implicado a los criados en una peligrosa conspiración. En su enemiga por todos, llevaba tiempo buscando la ocasión para hacerse con el mando de la casa y sacudirse el yugo; y la encontró. Primero sus secuaces se apoderaron de la Madre y la encadenaron. Al Padre lo pusieron a pan y agua. La pequeña Fábula oyó el griterío en la habitación vecina. Se escondió detrás del altar y, al darse cuenta de que en la parte trasera de éste había una puerta secreta, la abrió con gran habilidad y vio que había una escalera que descendía hacia el interior. Cerró la puerta detrás de ella y fue bajando los peldaños en la oscuridad. El Escriba, furioso, se precipitó en la habitación para vengarse en la pequeña Fábula y coger prisionera a Sofía. Pero las dos habían desaparecido. Tampoco la copa estaba allí. El Escriba, furioso, rompió en mil pedazos el altar, pero no encontró la escalera secreta[26].

La pequeña Fábula estuvo bajando mucho tiempo. Al fin fue a salir al aire libre; se encontró en una plaza redonda bellamente rodeada por una espléndida columnata y cerrada por una gran puerta. Aquí todas las figuras eran oscuras. El aire era como una inmensa sombra; en el cielo había un astro negro y resplandeciente. Se podía distinguir perfectamente una cosa de otra, porque cada figura tenía un matiz distinto de negro y arrojaba tras de sí un brillo luminoso: la luz y la sombra parecían haber cambiado sus papeles en aquel lugar. Fábula estaba contenta de encontrarse en un mundo nuevo y lo miraba todo con curiosidad infantil. Al fin llegó a la puerta; delante de ella, sobre un sólido pedestal, había una hermosa esfinge[27].

—¿Qué buscas? —dijo la Esfinge.
—Busco lo que es mío —replicó Fábula.
—¿De dónde vienes?
—De tiempos antiguos.
—Todavía eres una niña.
—Y lo seré eternamente.

---

[26] Aquí termina la tercera parte del cuento.
[27] La guardiana del reino de los muertos. En la mitología griega devoraba a quienes no contestaban a sus preguntas..

—¿Quién va a cuidar de ti?
—Yo sola me basto. ¿Dónde están las Hermanas?[28].
—preguntó Fábula.
—En todas partes y en ningún sitio —fue la respuesta de la Esfinge.
—¿Me conoces?
—Todavía no.
—¿Dónde está el Amor?
—En la Imaginación[29].
—¿Y Sofía?

La Esfinge murmuró unas palabras que Fábula no pudo oír bien, e hizo ruido con las alas.

—¡Sofía y Amor! —gritó triunfante Fábula, y atravesó el arco. Entró en la terrible caverna y se dirigió alegremente hacia las viejas Hermanas, que, a la mísera oscuridad de una lámpara de llama negra, estaban entregadas a su extraño quehacer. Hicieron como si no se hubieran dado cuenta de la presencia de aquel pequeño huésped que, con actitud gentil y acariciadora, se mostraba afanosa a su alrededor. Al fin, una de ellas, mirando de reojo y con voz cascada, graznó:

—¿Qué haces aquí, perezosa? ¿Quién te ha dado permiso para entrar? Lo que haces, ahí dando saltitos como una niña pequeña, es mover la llama, tranquila como estaba sin ti, y gastar aceite en vano ¿No puedes sentarte y hacer algo?

—Hermosa prima —dijo Fábula—, no es la holganza lo que a mí me gusta. Con la guardiana de vuestra puerta me he reído mucho. Creo que le hubiera gustado abrazarme, pero ha debido de comer demasiado, no podía ni levantarse. Dejadme sentar a la puerta y dadme algo para hilar, porque aquí no veo bien, y cuando hilo necesito poder cantar y charlar, y esto podría estorbar vuestros graves pensamientos.

—No te dejamos salir de aquí; en la habitación de al lado tienes un rayo de luz del mundo superior que penetra

---

[28] Las tres Parcas.
[29] Eros está preso en la Luna; *vid.* nota 24 de este capítulo.

por las grietas de la roca; allí puedes hilar, si es que eres tan hábil; aquí tienes enormes montones de viejos cabos: retuércelos unos con otros y haz un hilo con ellos; pero fíjate bien: si trabajas sin cuidado o si se te rompe un hilo, entonces los hilos se enroscarán en torno a tu cuerpo y te ahogarán.

La vieja se rió pérfidamente y siguió hilando.

Fábula cogió un brazado de hilos, cogió también una rueca y un huso, y, dando brincos y cantando, se fue a la habitación de al lado. Miró por la abertura abierta en la roca y vio en el cielo la constelación de Fénix. Contenta de este feliz augurio, se puso a hilar con alegría y buen humor; dejó un poco abierta la puerta de la habitación y empezó a cantar a media voz:

> Despertad en vuestras celdas,
> hijos de tiempos pasados[30];
> abandonad vuestros lechos,
> ya se acerca la mañana.

> Vuestros hilos, en mi rueca,
> en un hilo se convierten;
> terminó la edad del odio:
> todos seréis una Vida.

> Todos vivirán en todos
> y todos en cada uno;
> y en un mismo corazón
> latirá una sola Vida.

> Ahora sois tan sólo alma,
> sois sortilegio y sois sueño:
> id corriendo a la caverna
> y hostigad a las tres Parcas.

El huso giraba con increíble agilidad entre los piececitos de la niña, mientras sus dos manos iban torciendo el

---

[30] Los difuntos, cuya presencia asustará a las Parcas.

fino hilo. Al conjuro de la canción iban apareciendo innumerables lucecitas que, deslizándose por la pequeña abertura que dejaba la puerta, penetraban en la caverna y se esparcían por ella en forma de horribles espectros. Durante todo este tiempo las viejas, gruñonas y malhumoradas, habían seguido hilando; esperaban oír de un momento a otro los gritos de angustia de la pequeña Fábula, pero cuál no fue su horror al ver que, de repente, una espantosa nariz estaba mirando por encima de sus hombros; al darse la vuelta, vieron a su alrededor la cueva llena de monstruosas figuras que se entregaban a toda clase de desmanes. Dando terribles alaridos se precipitaron unas contra otras, y el espanto las hubiera petrificado si no hubiera sido por el Escriba, que en aquel momento penetraba en la cueva llevando en la mano una raíz de mandrágora[31]. Las lucecitas se ocultaron en las grietas de la roca, y la caverna se llenó toda ella de una viva claridad, porque, en toda aquella confusión, la lámpara negra se había caído y se había apagado. Las viejas se alegraron mucho al oír los pasos del Escriba; sin embargo, estaban furiosas contra la pequeña Fábula. Le gritaron que viniera, la recibieron con terribles bufidos y le prohibieron que siguiera hilando. El Escriba, pensando que ya tenía en su poder a la pequeña Fábula, sonrió sarcásticamente y dijo:

—Me gusta que estés aquí y que te manden trabajar. Espero que no te falte disciplina. Es tu duende protector el que te ha traído aquí. Te deseo que vivas muchos años y que te diviertas mucho.

—Gracias por tus buenos deseos —dijo Fábula—; veo en tu aspecto que el tiempo actual te es propicio; te falta sólo el reloj de arena y la guadaña; te pareces al hermano[32] de mis hermosas primas. Si necesitas plumas de ganso, no tienes más que arrancar de sus mejillas un puñado de tierno bozo.

---

[31] Desde la Antigüedad a la raíz de la mandrágora se le han atribuido virtudes mágicas.
[32] La muerte, que en alemán tiene el género masculino.

El Escriba parecía querer abalanzarse sobre la pequeña Fábula. Ésta sonrió y dijo:

—Si aprecias tu hermosa cabellera y tus perspicaces ojos, vete con cuidado, piensa en mis uñas; gran cosa más que perder no tienes.

Disimulando su rabia, el Escriba se volvió a las viejas, que se frotaban los ojos y buscaban a tientas sus copos. No podían encontrar nada, porque la lámpara se había apagado, entonces empezaron a vomitar improperios contra Fábula.

—Mandadla a cazar tarántulas —dijo maliciosamente el Escriba—, así podréis preparar aceite nuevo para vuestra lámpara. Para vuestro consuelo quería deciros que Eros anda volando por ahí sin tregua y que va a dar trabajo a vuestras tijeras. Su madre, la que tantas veces os obligó a hilar más largos los hilos, será mañana pasto de las llamas.

Se hizo cosquillas para reírse, cuando vio que Fábula, al oír esta noticia, derramaba algunas lágrimas; dio un trozo de raíz a una de las viejas y se marchó de allí. Las hermanas, con voz agria y malhumorada, mandaron a Fábula a buscar tarántulas, a pesar de que todavía tenían aceite. Fábula se marchó corriendo. Hizo como si abriera la gran puerta, la volvió a cerrar con gran estrépito y, sin hacer ruido, se fue deslizando hacia el fondo de la caverna donde había una escalera de mano que bajaba del techo. Trepó rápidamente por ella y llegó enseguida a una trampilla que se abría a las habitaciones de Arctur.

Cuando Fábula entró, el Rey estaba sentado en su trono rodeado de sus consejeros[33]. La Corona Boreal adornaba su cabeza. Llevaba el Lirio en la mano izquierda y las Balanzas[34] en la derecha. A sus pies estaban el Águila y el León[35].

—Majestad —dijo Fábula inclinándose respetuosamente ante él—, salud y prosperidad para tu trono, de sólidos

---

[33] Las constelaciones que se nombran a continuación.
[34] Nombre de una constelación, símbolo de la justicia.
[35] Constelaciones, símbolos del poder real.

cimientos. ¡Que lleguen alegres mensajeros a tu herido corazón! ¡Que vuelva pronto la Sabiduría! ¡Que la Paz despierte para siempre! ¡Que el inquieto Amor pueda tener sosiego! ¡Que el corazón sea transfigurado! ¡Que el Pasado reviva y que el Futuro tome forma!

El Rey tocó con el Lirio la frente despejada de la niña:

—Que lo que pides te sea concedido.

—Tres veces vendré a pedir; cuando venga por cuarta vez, el Amor estará a la puerta. Ahora dame la Lira.

—¡Eridano!³⁶ —trae la Lira —gritó el Rey.

Las aguas de Eridano descendieron con gran ruido del techo y Fábula sacó la Lira³⁷ de su resplandecientes olas.

Tocó algunos acordes proféticos; el Rey le hizo acercar la copa, la niña bebió algunos sorbitos y luego, después de haber dado repetidas veces las gracias al Rey, se marchó corriendo. Se alejó deslizándose en graciosas curvas por el mar de hielo y arrancando una alegre melodía de las cuerdas de la lira.

Bajo sus pies el hielo emitía los más bellos sonidos. La roca de la Aflicción los tomó por la voz de sus hijos, que volvían a ella y no encontraban el camino, y les contestó con un eco repetido mil veces.

Fábula no tardó en alcanzar la orilla. Allí encontró a su madre³⁸: el rostro de ésta estaba pálido y macilento; su cuerpo había enflaquecido, tenía un aire grave: sus nobles trazos dejaban adivinar las huellas de una tristeza sin esperanza y una conmovedora fidelidad.

—¿Qué ha sido de ti, querida madre? —dijo Fábula—. Te veo completamente cambiada; si no fuera porque el corazón me dice que eres tú, no te hubiera reconocido. Esperaba poder reponerme de nuevo en tu pecho; he estado tanto tiempo suspirando por ti...

Ginnistan acarició tiernamente a la niña; el rostro de

---

36 Constelación.
37 Constelación, símbolo de la poesía.
38 El corazón.

aquélla tomó entonces una expresión amable y serena.

—Desde el primer momento —dijo— pensé que el Escriba no te había cogido. El verte me conforta. Las cosas me van mal, bastante mal, pero me consuelo enseguida. Quizá tenga un momento de paz. Eros está cerca, y si te ve y le cuentas historias, tal vez se quede algún tiempo. Mientras tanto puedes recostarte en mi pecho, voy a darte lo que tengo.

Ginnistan tomó a la niña en su regazo, le dio el pecho y, mirando sonriente cómo la pequeña mamaba con fruición[39], prosiguió.

—Soy yo la causa de que Eros se haya vuelto tan violento y voluble. Pero no me arrepiento, porque las horas que he pasado en sus brazos me han hecho inmortal. Creí derretirme entre sus caricias de fuego. Como un ladrón celestial, parecía querer aniquilarme y celebrar orgulloso su victoria sobre su temblorosa víctima. Luego, al cabo de un gran rato, nos despertamos de esta prohibida embriaguez y nos encontramos extrañamente cambiados. Unas alas largas y plateadas cubrían sus hombros y la graciosa plenitud y flexibilidad de sus formas. Aquella fuerza, que, de un modo tan súbito, le había hecho crecer hasta convertirlo en mozo, parecía haberse retirado a sus brillantes alas; él volvía a ser un niño. El tranquilo ardor de su rostro se había transformado en juguetona llama de fuego fatuo, la sagrada gravedad de su porte en disimulada picardía, su reflexiva calma en juvenil agitación, su noble continente en jocosa movilidad[40]. Una profunda pasión me arrastraba de un modo irresistible a este travieso muchacho; me sentía herida por su sonrisa burlona y por su indiferencia hacia mis apasionadas súplicas. Por mi parte, me daba cuenta de que mi figura había cambiado también: mi serena y despreocupada alegría había desaparecido para dejar paso a una triste aflicción y a una suave timidez. Hubiera querido esconderme con Eros de las miradas de todo el mundo.

---

[39] La Poesía necesita alimentarse de la Fantasía.
[40] El amor, sin haber bebido del agua de la Sabiduría, se convierte en un amorcillo dieciochesco.

No tenía valor para mirar sus ojos ofensivos y me sentía terriblemente avergonzada y humillada. No pensaba más que en él, y hubiera dado toda mi vida por librarle de sus ofensivos modales. A pesar de que él hería en lo más profundo mis sentimientos yo no podía dejar de adorarle.

Desde el día en que abrió sus alas y se marchó —a pesar de que yo lloré amargamente y le supliqué de mil maneras que se quedara conmigo— le he seguido por todas partes. Él parece haberse propuesto burlarse de mí: así que le alcanzo, levanta el vuelo maliciosamente y se escapa otra vez. Su arco causa estragos por doquiera que pasa. Yo, que necesito consuelo para mí misma, no hago más que consolar a sus infortunadas víctimas. Sus gritos, llamándome para que les socorra, me señalan el camino de Eros, y cuando de nuevo tengo que abandonarlas, sus melancólicos lamentos me llegan al alma. El Escriba nos persigue con horrible saña y se venga en aquellos desdichados que han sido alcanzados por Eros. El fruto de aquella misteriosa noche fueron una multitud de extraños niños que se parecen a su abuelo y que se llaman como él[41]. Alados como su padre, le acompañan siempre y atormentan a los que han tenido la desdicha de ser alcanzados por su flecha. Pero, mira, ahí viene el alegre cortejo. Tengo que irme; adiós, dulce niña. La proximidad de Eros despierta mi pasión. ¡Que tengas suerte en tu empresa!

Ginnistan corrió detrás de Eros; éste siguió su camino, sin dirigirle siquiera una mirada de ternura. A Fábula, en cambio, sí la miró amablemente, y los pequeños acompañantes se pusieron a bailar alegremente en torno a la niña. Fábula se puso muy contenta al volver a ver a su hermano de leche y, acompañándose con la lira, cantó una alegre canción. Eros pareció reflexionar, y dejó caer el arco. Los pequeños se durmieron sobre el césped. Ginnistan pudo cogerlo entre sus brazos, y él aceptó sus tiernas caricias. Al fin, Eros empezó también a dar cabezadas; se acurrucó en el regazo de Ginnistan y, cubriéndola con sus alas, se dur-

---

[41] El abuelo de los hijos de Eros es el Sentido; aquéllos son los deseos sensuales.

mió. Ginnistan se sintió invadida por una infinita felicidad y, aunque estaba cansada, no apartaba sus ojos del dulce durmiente. Al canto de Fábula habían ido apareciendo por todas partes unas tarántulas; formaron sobre la hierba una red brillante, y, colgadas en sus hilos, se movían vivazmente al compás de la música. Entonces Fábula consoló a su madre y le prometió ayudarla enseguida. De la roca llegaba el suave eco de la música de Fábula y mecía el sueño de los durmientes. Ginnistan metió los dedos en la vasija que había escondido con tanto cuidado, esparció algunas gotas en el aire, y los más agradables sueños cayeron sobre ellos. Fábula cogió la vasija y prosiguió su viaje. La niña no daba reposo a las cuerdas de su lira, y, sobre los hilos que habían tejido con tanta rapidez, las tarántulas seguían bailando al compás de aquella encantadora música.

Muy pronto divisó a lo lejos las altas llamas de la pira, que sobresalía del verde bosque[42]. Con tristeza levantó los ojos al cielo, pero se alegró de ver el manto azul de Sofía que ondeaba sobre la tierra y cubría para siempre la inmensa sepultura. En el cielo el Sol había enrojecido de ira; la gran llama aspiraba la luz que este astro había arrebatado, y, por mucho que él quisiera retenerla para sí, palidecía más y más y se advertía en él cada vez más sombras. La llama iba adquiriendo mayor blancura y fuerza a medida que el sol iba perdiendo el color. El fuego de la pira absorbía la luz cada vez con más fuerza, y muy pronto llegó a aniquilar la gloria que rodea al astro del día, que en aquel momento no era más que un disco de luz tenue y apagada al que cada nuevo estremecimiento de envidia y de ira aumentaba la fuga de las ondas de luz. Al fin, del Sol no quedó más que una escoria negra y completamente calcinada, que cayó al mar. El brillo de la llama era ahora ya inefable. La pira se había consumido. La llama se fue elevando lentamente y se dirigió hacia el Norte.

Fábula entró en el patio, que ofrecía la imagen de la de-

---

[42] El ocaso del reino del sol como condición para el advenimiento de la Edad de Oro; *vid. Himnos a la Noche.*

solación; mientras había ocurrido todo esto la casa había quedado en ruinas. En las grietas abiertas en las molduras de las ventanas crecían zarzas, y sabandijas e insectos de todas clases hormigueaban por las escaleras derruidas.

La niña oyó un horrible griterío en la habitación: el Escriba y sus compañeros se habían cebado en el espectáculo de la muerte, entre llamas, de la Madre[43], pero fueron presa del más grande temor al ver que el Sol se apagaba.

En vano se habían esforzado por sofocar la llama, pero en esta ocasión no habían salido indemnes de su intento. El dolor y el miedo les arrancaban espantosas maldiciones y lamentos. Todavía se aterrorizaron más cuando vieron que Fábula entraba en la habitación; dando alaridos de rabia, se abalanzaron sobre la niña para descargar sobre ella toda su ira. Fábula se deslizó detrás de la cuna, y, en el tumulto, sus perseguidores cayeron en las redes de las tarántulas, que se vengaron, causándoles innumerables picaduras. Entonces todas las tarántulas empezaron una danza frenética al compás de una divertida melodía que tocaba Fábula[44].

Riéndose a carcajadas de sus muecas y de sus grotescos gestos, la niña se dirigió a las ruinas del altar, las apartó para encontrar la secreta escalera y bajó por ella con su séquito de tarántulas.

La Esfinge preguntó:

—¿Qué es lo que llega de un modo más súbito que el rayo?

—La venganza —dijo Fábula.

—¿Qué es lo más efímero?

—Lo que uno posee sin que le pertenezca.

—¿Quién conoce el mundo?

---

[43] La Razón ha reducido a cenizas al corazón, la Madre.

[44] Las tarántulas, los animales de los que las Parcas sacan el aceite para su lámpara de luz negra, representan las bajas pasiones. Fábula, con su canto, las ha convertido en aliadas suyas en su lucha contra las tres hermanas. Adviértase que estos animales han aparecido en el momento en que los hijos de Eros —*vid*. nota 29 de este capítulo— se han dormido: la domesticación de las bajas pasiones coincide con el adormecimiento de los apetitos sensuales.

—El que se conoce a sí mismo.
—¿Cuál es el eterno misterio?
—El Amor.
—¿En quién descansa?
—En Sofía[45].

La Esfinge se dobló lastimeramente y Fábula penetró en la caverna.

—Os traigo tarántulas —dijo la niña a las viejas, que habían vuelto a encender su lámpara y trabajaban afanosamente. Ellas se asustaron, y una cogió las tijeras y corrió hacia la niña para clavárselas, pero, sin darse cuenta, pisó una tarántula, y ésta la picó en un pie. La vieja lanzó un grito lastimero. Las demás quisieron acudir en su ayuda, pero, al igual que ella, fueron víctimas de las picaduras de las furiosas tarántulas. Entonces, al no poder coger a Fábula, empezaron a dar saltos enloquecidos de un lado para otro.

—¡Téjenos enseguida vestidos ligeros de danza! —gritaron furiosas a la pequeña—. Con estas faldas rígidas que llevamos no nos podemos mover y casi nos morimos de calor, pero con la baba de las arañas vas a ablandar el hilo, para que no se rompa; mete también en la tela flores que hayan crecido en el fuego; si no, vas a morir.

—Con mucho gusto —dijo Fábula; y se marchó a la habitación de al lado.

—Os voy a procurar tres buenas moscas —dijo Fábula a las arañas cruceras, que habían tendido sus vaporosos tejidos en derredor, en el techo y en las paredes—, pero tenéis que tejerme ahora mismo tres vestidos que sean bonitos y ligeros. Las flores que hay que entretejer en ellos os las voy a traer enseguida.

Las arañas cruceras estaban preparadas, y empezaron a hilar a toda prisa. Fábula se deslizó hasta la escalera de mano y se fue a ver a Arctur.

---

[45] El final de este diálogo resume el pensamiento de Novalis; unión entre la sabiduría y el amor.

—Majestad —dijo—, las malas bailan, las buenas descansan. ¿Ha llegado la llama?

—Ha llegado —dijo el rey—. Terminó la noche, y el hielo se está derritiendo. Mi esposa se anuncia desde lejos. Mi enemigo ha sido reducido a cenizas[46]. Todo empieza a vivir. Todavía no puedo dejarme ver, porque solo no soy rey. Pide lo que quieras.

—Necesito —dijo Fábula— flores que hayan crecido en el fuego. Yo sé que tienes un jardinero hábil que sabe cultivarlas.

—¡Zinc![47] —gritó el rey—. ¡Danos flores!

El jardinero salió de las filas, fue a buscar una maceta llena de fuego y sembró en ella un polen resplandeciente[48]. No hubo que esperar mucho tiempo; las flores empezaron a brotar. Fábula las recogió en su delantal y emprendió el camino de regreso.

Las arañas habían sido diligentes; sólo faltaba prender las flores en los vestidos, cosa que empezaron a hacer inmediatamente con buen gusto y destreza. Fábula se guardó bien de cortar los cabos que colgaban todavía de las tejedoras.

La niña llevó los vestidos a las cansadas bailarinas, que, chorreando de sudor, se habían desplomado, y por unos momentos descansaban de aquel esfuerzo desacostumbrado. Con gran habilidad Fábula desnudó a aquellas enjutas bellezas, que no ahorraron injurias a su pequeña criada, y les puso los nuevos vestidos, que habían sido hechos con todo primor y que les quedaban muy bien. Mientras estaba ocupada en esto, la pequeña alababa el encanto y el amable carácter de sus señoras; las viejas, por su parte, parecían realmente contentas por los halagos y por la elegancia del vestido.

---

[46] El sol ha sido derrotado; la esposa que se anuncia es la sabiduría. Este pasaje del cuento simbólico está muy cerca del ideario y del simbolismo de los *Himnos a la Noche*.

[47] El zinc, junto con la turmalina y el oro, es uno de los tres elementos fundamentales del galvanismo.

[48] Alusión a una operación del galvanismo llamada «proyección»; en ella se lanzaba el polvo de oro en el alambique.

Mientras tanto las viejas habían descansado, y ahora, habiendo cobrado nuevo brío para la danza, empezaron otra vez su alegre girar, mientras alevosamente le iban prometiendo a la pequeña larga vida y grandes recompensas. Fábula volvió a la habitación contigua y les dijo a las arañas cruceras:

—Ahora podéis devorar tranquilamente las moscas que he puesto en las telas que habéis tejido.

Las arañas, impacientes ya de tanto movimiento —porque los cabos de la tela estaban todavía sujetos a ellas, y las viejas, con sus locos saltos y su frenética danza, las arrastraban de un lado para otro—, salieron violentamente de la habitación y se precipitaron sobre las bailarinas; éstas quisieron defenderse con las tijeras, pero Fábula, con todo sigilo, se las había llevado. De este modo las viejas sucumbieron a los ataques de sus compañeras de oficio, que, hambrientas y sin haber probado desde hacía tiempo tan exquisito bocado, se apresuraron a engullirlas, hasta sorberles los tuétanos. Fábula miró afuera por la rendija abierta en la roca y vio a Perseo[49] con su gran escudo de hierro. Las tijeras se escaparon de sus manos y volaron hacia el escudo; Fábula le pidió que cortara con ellas las alas de Eros y que luego, con su escudo, inmortalizara a las hermanas y consumara la Gran Obra[50].

Después de esto abandonó el reino subterráneo y, contenta y alegre, subió al palacio de Arctur.

—Ya no queda más lino para hilar. Lo Inerte vuelve a estar privado de alma. Lo Vivo va a reinar: dará forma a lo Inerte y lo utilizará. Lo interior será revelado y lo exterior será ocultado. Pronto se levantará el velo y dará comienzo el espectáculo. Una cosa más te voy a pedir: luego hilaré días de eternidad.

—¡Afortunada niña! —dijo el rey, conmovido—. ¡Tú eres nuestra libertadora!

---

[49] Hijo de Zeus y de Danae; cortó la cabeza de la medusa y la colocó en el escudo de Atenea; nombre de una constelación.
[50] En la sabiduría alquímica la Gran Obra es la obtención de la piedra filosofal, que convertiría los metales en oro y regeneraría a los humanos.

—Yo no soy más que la ahijada de Sofía —dijo la pequeña—. Dame licencia para que Turmalina, el Jardinero y Oro[51] me acompañen. Tengo que recoger las cenizas de mi madre adoptiva; es necesario que el viejo que lleva el mundo en sus espaldas reviva, de este modo la tierra volverá a flotar en el aire y dejará de estar sumida en el caos.

El Rey los llamó a los tres y les ordenó que acompañaran a la niña. La ciudad estaba clara y luminosa y en las calles había una gran animación. Las olas del mar iban a romperse, rugiendo, en la horadada roca; Fábula y sus acompañantes, montados en la carroza del rey, pasaron al otro lado del mar. Turmalina iba recogiendo cuidadosamente las cenizas, que se levantaban volando. Luego dieron la vuelta a la tierra hasta llegar adonde estaba el viejo Gigante[52], por cuyos hombros descendieron. Éste parecía atacado de parálisis y no podía mover ninguno de sus miembros. Oro le metió una moneda en la boca y el jardinero le puso un cuenco debajo de los riñones. Fábula le tocó los ojos y derramó el contenido de la vasija sobre su frente. Mientras el agua se iba deslizando por encima de sus ojos, le entraba en la boca y, por último, bañando su cuerpo, iba a caer en el cuenco, un rayo de vida hacía temblar todos sus músculos. El gigante abrió los ojos y se puso de pie con energía. Fábula, dando un salto, fue a unirse a sus acompañantes, que se encontraban en la tierra, que se iba elevando, y con gran amabilidad le dio los buenos días al gigante.

—¡Oh, querida niña! —dijo el viejo—. ¿Tú aquí otra vez? He estado soñando todo el tiempo contigo. Siempre pensé que vendrías antes de que la tierra y mis ojos me vencieran con su peso. Sin duda he estado durmiendo mucho tiempo.

—La tierra vuelve a ser ligera como lo fue siempre para los buenos —dijo Fábula—. Vuelven los antiguos tiem-

---

51 El Jardinero es Zinc; junto con el oro y la turmalina son los tres elementos del galvanismo, *vid.* nota 47 de este capítulo.
52 Atlas.

pos. Dentro de poco volverás a estar entre viejos conocidos. Voy a hilar para ti días alegres, y no te faltará quien te ayude para que de vez en cuando puedas participar de nuestras alegrías y, en los brazos de una amiga, aspirar juventud y fuerza.

—¿Dónde están las amigas que antaño nos acogieron, las Hespérides?[53].

—Al lado de Sofía. Muy pronto el jardín florecerá de nuevo y sus dorados frutos perfumarán el aire. Las Hespérides van de un lado para otro recogiendo las plantas que languidecen.

Fábula se alejó y corrió hacia su casa. Estaba toda en ruinas. Un manto de hiedra cubría las paredes. Grandes arbustos ensombrecían lo que antes habría sido el patio, y un musgo blando tapizaba las antiguas escaleras. La niña entró en la habitación.

Sofía estaba de pie junto al altar, que había sido reconstruido. Eros estaba recostado a sus pies, con toda su armadura puesta, más grave y noble que nunca. Una magnífica lámpara colgaba del techo. El suelo estaba pavimentado por piedras de todos los colores, que, en torno al altar, dibujaban un gran círculo, formado únicamente por nobles y significativas figuras.

Ginnistan, llorando, estaba inclinada sobre un lecho en el que el Padre parecía dormir un profundo sueño. Su ardiente encanto quedaba infinitamente realzado por una expresión de amor y devoción.

Fábula presentó a la sagrada Sofía la urna en la que había recogido la ceniza y aquélla abrazó tiernamente a la niña.

—Querida niña —dijo—, tu celo y tu fidelidad te han merecido un lugar entre las estrellas eternas. Tú has escogido lo que hay de inmortal en ti. El Fénix te pertenece. Tú serás el alma de nuestra vida. Ahora despierta al novio.

---

[53] Hijas de Atlas, poseían un jardín en el que las manzanas eran de oro; en este cuento simbólico este jardín es ahora el mismo que el que al principio del relato hemos visto delante del palacio de Arctur.

Se oye la llamada del heraldo: Eros debe buscar a Freya y despertarla.

Fábula sintió un gozo inefable al oír estas palabras. Llamó a sus acompañantes, Oro y Zinc, y se acercó al lecho.

Ginnistan miraba llena de impaciencia lo que se disponían a hacer. Oro fundió la moneda y llenó con un resplandeciente líquido la cavidad en la que el Padre estaba recostado. Zinc rodeó con una cadena el pecho de Ginnistan. El cuerpo flotaba sobre las temblorosas ondas.

—Madre —dijo Fábula—, inclínate y pon tu mano sobre el corazón del amado.

Ginnistan se inclinó y vio su propia imagen multiplicada en las ondas. La cadena tocó el líquido, y su mano el corazón del Padre; éste se despertó y atrajo hacia su pecho a la extasiada novia. Entonces el metal se solidificó y se convirtió en un brillante espejo.

El padre se levantó; sus ojos centelleaban; aunque su figura era muy bella y noble, sin embargo, parecía que todo su cuerpo estuviera hecho por un fluido sutil e infinitamente móvil que traicionaba cada impresión con los movimientos más variados y graciosos.

—Aquí están —dijo— los restos de tus enemigos.

En la cesta había una loseta, dividida en cuadros blancos y negros, y junto a ella una gran cantidad de figuras de alabastro y de mármol negro.

—Es un juego de ajedrez —dijo Sofía—. Un encantamiento tiene cautivas en esta loseta y en estas figuras toda clase de guerras. Es un recuerdo de las turbias épocas del pasado.

Perseo se volvió a Fábula y le dio el huso.

—En tus manos este huso nos dará alegría y de ti misma vas a hilar para nosotros un hilo de oro que no se romperá jamás.

Con melodioso susurro Fénix voló a los pies de Fábula, abrió las alas ante ella, la niña se sentó en ellas, y el ave, llevándola a cuestas, levantó el vuelo y, suspendida en el aire, se situó sobre el trono del rey y no volvió ya a posarse en el suelo.

Fábula entonó una canción celestial y empezó a hilar; el hilo parecía brotar de su pecho. El pueblo quedó nuevamente extasiado; los ojos de todos estaban fijos en la dulce niña.

De fuera llegaban de nuevo gritos de júbilo: la vieja Luna entraba, acompañada de su extraña corte, y detrás de ella el pueblo llevaba, como en triunfo, a Ginnistan y a su prometido.

Los dos enamorados estaban rodeados de guirnaldas de flores; la familia real los recibió con la más afectuosa ternura, y la nueva pareja real les proclamó sus representantes en la tierra.

—Concédeme —dijo la Luna— el reino de las Parcas, cuyas extrañas moradas, que ahora están en el patio del palacio, han salido del seno de la tierra. En ellas quiero presentaros unos espectáculos que os van a divertir; la pequeña Fábula me va a ayudar.

La feliz pareja se acercó a Sofía; ésta les bendijo y les exhortó a que no dejaran de aconsejarse en el espejo que devuelve a todos su verdadera figura, que aniquila todo artificio y que conserva eternamente la imagen primitiva.

Después de esto Sofía cogió la urna y arrojó la ceniza en la copa que estaba sobre el altar. Un suave burbujeo anunció la disolución, y una ligera brisa agitó las vestiduras y las cabelleras de los circunstantes. Sofía ofreció la copa a Eros, y éste a los demás. Todos saborearon la divina bebida y con indecible alegría sintieron en su interior el saludo amistoso de la Madre. Esta se encontraba en cada uno de ellos, y su misteriosa presencia parecía transfigurarles a todos[54].

Se había realizado con creces aquello que todos esperaban. Se daban cuenta de lo que les había faltado y la estancia se había convertido en la morada de los bienaventurados.

Sofía dijo:

—El gran misterio se ha revelado a todos y permanecerá eternamente insondable. Con dolores se ha engendrado

---

[54] Posible alusión a la Eucaristía.

el mundo nuevo y en lágrimas se está disolviendo la ceniza y convirtiéndose en la bebida de la vida eterna. En cada uno mora la celeste Madre, para engendrar para la eternidad a cada uno de sus hijos. ¿No sentís este dulce nacimiento en los latidos de vuestro pecho?

Sofía vertió dentro del altar el resto de la copa. La tierra tembló en sus profundidades. Sofía dijo:

—Eros, ve corriendo con tu hermana a encontrar a tu amada. Muy pronto me volveréis a ver[55].

Fábula y Eros salieron a toda prisa, acompañados de su escolta. Una pujante primavera se había extendido por toda la tierra. Todo se erguía y empezaba a moverse. La tierra, flotando en el aire y cubierta por el velo, se acercaba. La luna y las nubes, en alegre tumulto, se dirigían hacia el Norte. El castillo del rey irradiaba con espléndida luz sobre el mar; sobre sus almenas se encontraba el monarca en toda su gloria, acompañado de su séquito. Por todas partes divisaban torbellinos de polvo, en los que parecían dibujarse figuras conocidas. Encontraron numerosos grupos de jóvenes y doncellas que acudían en tropel al castillo y les acogieron con gritos de júbilo. En muchas colinas se veían parejas de enamorados que acababan de despertarse; después de tanto tiempo de separación se unían en tiernos abrazos: aquel mundo nuevo les parecía un sueño y no acababan de convencerse de aquella hermosa verdad.

Las flores y los árboles crecían y reverdecían con nueva fuerza. Todo parecía tener alma. Todo hablaba y cantaba[56].

Fábula saludaba por todas partes a viejos conocidos. Los animales, con amables saludos, se acercaban a los hombres, que acababan de despertarse. Las plantas les obsequiaban con frutos, les perfumaban y les cubrían de los más delicados adornos. Ningún peso oprimía ya el pecho de los hombres, y todas las cargas se habían desplomado, formando un suelo firme bajo los pies de los humanos.

Eros y Fábula llegaron al mar. Una embarcación de pu-

---

[55] Aquí termina, según Kluckhohn, la tercera parte del relato.
[56] Imagen de un mundo nuevo; la Edad de Oro ha regresado a la tierra.

lido acero estaba amarrada a la orilla. Entraron en ella y soltaron la amarra. La proa se orientó hacia el Norte y la embarcación surcó a toda prisa las olas acariciadoras. Un rumoroso cañaveral detuvo su empuje, y la nave varó suavemente en la orilla.

Fábula y Eros subieron rápidamente por la ancha escalera. El Amor se quedó maravillado de la ciudad real y de todas sus riquezas. En el patio se levantaba el surtidor, que había cobrado vida; el soto se movía, produciendo los más dulces sonidos, y una maravillosa fuerza parecía surgir y expandirse en sus troncos y hojas ardientes y en el destello de sus flores y frutos.

El viejo Héroe les recibió en las puertas del palacio.

—Venerable anciano —dijo Fábula—, Eros necesita tu espada. Oro le ha dado una cadena[57], uno de cuyos extremos llega hasta el fondo del mar, y el otro rodea su pecho. Cógela conmigo y llévanos a la sala en la que descansa la princesa.

Eros cogió la espada de las manos del anciano, colocó la empuñadura sobre su pecho, inclinando la punta hacia delante. Los batientes de la puerta del palacio se abrieron de golpe como dos alas y Eros se acercó extasiado a Freya, que estaba durmiendo. De repente se oyó una gran detonación: una brillante chispa saltó de la princesa a la espada; la espada y la cadena se iluminaron; el Héroe cogió a la pequeña Fábula, que estuvo a punto de caer al suelo. El penacho del casco de Eros ondeaba en el aire.

—Tira la espada —gritó Fábula— y despierta a tu amada.

Eros dejó caer la espada, voló hacia la princesa y besó ardientemente sus dulces labios. Ella abrió sus grandes ojos oscuros y reconoció a su amado. Un largo beso selló su eterna unión.

De la cúpula bajó el Rey, llevando a Sofía de la mano. Las estrellas y los espíritus de la Naturaleza les seguían en brillante cortejo. Una luz de indecible claridad y pureza llenaba la estancia, el palacio, la ciudad y el cielo. Una in-

---

[57] La cadena galvánica que devuelve la vida al mundo.

mensa multitud penetró en la amplia sala del trono, y con religioso silencio vio a los dos amantes arrodillados ante el rey y la reina y cómo éstos les daban solemnemente la bendición. El Rey se quitó la diadema y la colocó sobre los dorados cabellos de Eros. El viejo Héroe le quitó la armadura y el rey le cubrió con su propio manto. Luego le puso el Lirio en la mano izquierda y Sofía pasó un precioso brazalete entorno a las manos enlazadas de los amantes, a la vez que colocaba su corona en la morena cabellera de Freya.

—¡Salve, soberanos! Desde siempre habéis sido nuestros señores; siempre habéis estado entre nosotros y no os hemos conocido. ¡Salud y bienaventuranza nuestra! ¡Ellos reinarán eternamente sobre nosotros! ¡Dadme vuestra bendición también!

Entonces Sofía dijo a la nueva reina:

—Lanza al aire el brazalete de vuestra unión; de este modo el pueblo y el mundo permanecerán unidos a vosotros.

El brazalete se disolvió en el aire y pronto viéronse luminosos anillos en torno a todas las cabezas; y una franja brillante se extendió sobre la ciudad, el mar y la tierra, que celebraba una eterna fiesta de primavera.

Perseo entró, llevando un huso y una pequeña cesta. Se la ofreció al nuevo Rey.

El Rey le concedió lo que pedía; la niña asintió amablemente con la cabeza y el pueblo esperaba con alegría el extraño y divertido pasatiempo. Las Hespérides felicitaron a los reyes por su coronación y les pidieron que protegieran sus jardines. El Rey les dio la bienvenida y de este modo se sucedieron, uno tras otro, un gran número de alegres mensajes.

Mientras tanto, imperceptiblemente, el trono había ido transformándose en un magnífico lecho nupcial sobre cuyo cielo, suspendido en el aire, estaba Fénix, llevando consigo a la pequeña Fábula. Tres cariátides de pórfido negro[58] sostenían el lecho por detrás, y por delante éste des-

---

[58] Las cariátides, columnas en forma de mujeres, pueden simbolizar aquí las tres Parcas, petrificadas.

cansaba sobre una enfinge de basalto.

El Rey abrazó a su amada. Ésta se ruborizó; la gente siguió el ejemplo del Rey y se acariciaron unos a otros. No se oía otra cosa que nombres cariñosos y murmullo de besos. Al fin dijo Sofía:

—La Madre está entre nosotros; su presencia nos va a hacer felices para siempre. Seguidnos todos a nuestra morada; en aquel templo viviremos eternamente y guardaremos el Misterio del mundo.

Fábula hilaba con gran ardor y cantaba con voz alta:

El reino de lo eterno está fundado;
Amor y Paz dan fin a la pelea;
el largo sueño del dolor acaba:
Sofía va a ser siempre desde ahora
sacerdotisa de los corazones.

[244]

Segunda parte

LA CONSUMACIÓN

EL CLAUSTRO O EL PÓRTICO[1]

ASTRALIS[2]

Nací en una mañana de verano
y sentí el pulso de mi propia vida
por vez primera, y mientras el amor
se iba perdiendo en éxtasis profundos
me iba despertando, y el deseo
de una fusión más íntima y total
se hacía por momentos más urgente.
Mi vida la ha engendrado el placer.
Yo soy el centro y la sagrada fuente,
de ella el anhelo fluye impetuoso
y en ella, en mil torrentes dispersado,
se colma todo anhelo y se remansa.
¿No habéis sido vosotros los testigos
de aquel primer encuentro
conmigo mismo, aquella alegre noche,
estando aún sonámbulo?
Yo estaba hundido en cálices de miel;
exhalaba un perfume, y la Flor
se mecía en silencio en el dorado
aire de la mañana. Una fuente
interior era yo, y era también

---

[1] Este es el título del primer capítulo de la segunda parte de la novela. El pórtico del que se habla, según las notas de Novalis, es el pórtico del reino de los muertos.
[2] En relación con este poema, *vid*. Introducción, págs. 34 y 35.

una lucha suave, y por mí
todo fluía, y sobre mí;
en silencio, muy quedo, me elevaba.
En la herida cayó el primer polen
—en el beso pensad, tras el banquete—.
Entonces regresé a mis propias aguas:
ya podía moverme, fue un relámpago,
mover mi cáliz, mis tenues pistilos.
A medida que yo empezaba a ser,
raudos mis pensamientos condensábanse
en sentidos terrenos.
Yo estaba ciego aún, mas luminosos
atravesaban astros, vacilantes,
de mi ser las hermosas lejanías.
Nada estaba cercano todavía:
de lejos todavía me encontraba,
eco de antiguos y lejanos tiempos[3].
Nacida del amor y la tristeza,
entre barruntos y presentimientos,
el vuelo alzó la conciencia;
y mientras la delicia me inflamaba,
un gran dolor penetraba mi ser.
En torno al claro monte florecía
el mundo, las palabras del profeta
levantaban el vuelo, como pájaros;
ya no eran dos Enrique y Matilde,
en una sola imagen se juntaban[4].
Nacido otra vez,
me levanté entonces hacia el cielo;
mi destino en la tierra
se había consumado.
El tiempo había perdido sus derechos,
mas reclamaba aún
lo que había prestado.
Se ve brillar aún en las musgosas ruinas

---

[3] En relación con la concepción novaliana del tiempo, *vid*. Introducción, pág.
[4] Se refiere al nacimiento de Astralis y a la muerte de Matilde.

un porvenir extraño y prodigioso,
y lo que antes era cotidiano
es ahora un milagro peregrino.
Un solo ser en todo,
todo en un solo ser.
La imagen de Dios en hierbas y rocas,
el espíritu de Dios
en hombres y animales,
esta verdad grabemos en el alma.
El orden de las cosas
ya no es tiempo y espacio:
porvenir y pasado aquí se juntan.
Empieza ya el imperio del amor,
Fábula empieza a devanar sus hilos[5],
el juego original
de cada cosa empieza,
todo ser, meditando,
busca la Gran Palabra,
y el alma universal, grande e inmensa,
se agita en todas partes
y florece sin fin.
Todo tiene que penetrar en todo,
que florecer y madurar en todo;
cada cosa penetra en cada cosa
mezclándose y fundiéndose con ella,
con avidez lanzándose a su hondura,
solazando su ser originario,
cobrando allí mil nuevos pensamientos.
El mundo se hace sueño, el sueño mundo,
y aquello que veíamos cumplido
tan sólo desde lejos
lo vemos acercarse.
La libre Fantasía[6] va a empezar:
a su placer entrelazar los hilos,
con un velo cubrir aquí unas cosas,

---

[5] Recuérdese el simbolismo que Fábula tiene en el cuento con el que termina la primera parte de la novela.
[6] *Vid*. nota anterior.

desplegar allí otras y al final
entre mágica niebla disolverlas.
Goce y melancolía, vida y muerte
han encontrado aquí profundo acuerdo,
y el que al supremo amor se haya entregado
jamás podrá sanar ya sus heridas.
La venda que cubría nuestros ojos
del alma ha de rasgarse con dolor,
y el corazón más fiel
ha de quedarse huérfano
antes de que abandone el triste mundo.
El cuerpo humano en llanto se deshace,
en ancha tumba el mundo se convierte,
y en ella, consumido
de anhelos y temores,
se posa el corazón, como ceniza.

Por el estrecho sendero que trepaba por la montaña caminaba un peregrino sumido en profundos pensamientos. Había pasado el mediodía; un fuerte viento silbaba por el espacio azul; sus voces, sordas y de las más variadas tonalidades, se alejaban tal como habían llegado. En su vuelo, ¿había pasado el viento quizá por las regiones de la infancia, o tal vez por otros países en los que la Naturaleza habla? Eran voces cuyo eco resonaba en lo más profundo del alma; sin embargo, el peregrino parecía no conocerlas. Ahora había llegado a la cumbre. Allí es donde esperaba él encontrar la meta de su viaje. ¿Esperaba?... No; ya no esperaba nada. El terrible miedo[7], primero, y luego el frío y la sequedad de la más impasible desesperación le empujaban a buscar las horribles soledades de la montaña. Aquella ascensión, fatigosa en extremo como era, apaciguaba, no obstante, la acción destructora de sus fuerzas interiores. Estaba extenuado, pero tranquilo. Todavía no había visto nada de lo que poco a poco se había ido congregando a su alrededor, cuando se sentó en una piedra y volvió la vista

---

[7] *Vid.* el décimo de los *Geistliche Lieder* («Cantos espirituales»).

atrás. Tenía la impresión de que en aquel momento estaba soñando, o que había estado soñando hasta entonces. Un espectáculo inabarcable, de portentosa belleza, parecía abrirse ante sus ojos. Pronto se soltaron las ataduras de su alma, y sus ojos empezaron a derramar lágrimas; hubiera querido que todo su ser, disuelto en llanto, se fundiera en aquellas lejanías, sin dejar rastro alguno de sí. Entre aquellos amargos sollozos parecía ir regresando a sí mismo; aquel aire suave y sereno penetraba todo su ser, el mundo volvía a estar presente a sus sentido, y viejos pensamientos empezaban a decirle palabras de consuelo.

Allí estaba Ausburgo, con sus torres; a lo lejos, en el horizonte, brillaba el espejo del terrible y misterioso río. El inmenso bosque se inclinaba hacia el caminante con gravedad consoladora; la escarpada montaña descansaba tan solemnemente sobre la llanura, que ambos parecían decir: «Corre, corre, río[8]; no podrás huir de nosotros; ¡te seguiré con barcos alados!; ¡te romperé!; ¡te detendré!; ¡te engulliré en mi seno! Confía en nosotros, peregrino: también él es nuestro enemigo —él, a quien nosotros engendramos—; déjalo que corra con su presa: no podrá escapar de nosotros.»

El pobre peregrino se acordó de los tiempos pasados y de sus inefables encantos. Pero ¡cómo habían perdido el brillo y el color aquellos preciosos recuerdos al pasar por su mente! Su ancho sombrero cubría un rostro juvenil que estaba pálido como una flor de la noche; la perfumada sabia de sus años mozos se había tranformado en lágrimas; su potente aliento, en profundos suspiros; todos sus colores habían palidecido, convirtiéndose en gris ceniza.

A un lado, en la ladera de la montaña, le pareció ver a un monje arrodillado bajo un viejo roble. «¿No sería el anciano capellán de la corte?», pensó para sí el peregrino, sin maravillarse mucho del hecho. A medida que se acercaba,

---

[8] Alusión al río que aparece en el sueño que tiene Enrique en el capítulo VI. Aquel río se llevó entre sus aguas a Matilde. Ahora Enrique, junto al monte, tiene la misma revelación que tuvo Novalis junto a la tumba de Sophie: la muerte será vencida por la Vida.

el monje le iba pareciendo más grande y deforme. Al fin, se dio cuenta de su error: era una gran piedra aislada, sobre la cual se inclinaba el árbol. Con silenciosa emoción abrazó la piedra, y entre grandes sollozos la estrechó contra su pecho. ¡Ah!, ojalá se cumplieran ahora tus palabras y la santa madre me diera una señal. ¡Soy tan desdichado y estoy tan abandonado! ¿No habría en estas soledades algún santo eremita que pudiera rezar por mí? ¡Padre querido, reza tú por mí en estos momentos!

Estando en estos pensamientos, el árbol empezó a temblar; la roca retumbaba con un sonido sordo y, como subiendo del fondo mismo de la tierra, se oyeron unas vocecillas claras que cantaban:

> Su alma estaba alegre:
> tristezas ignoraba,
> tristezas y dolores;
> al niño daba el pecho.
> Sus mejillas besaba,
> besaba de mil modos;
> la belleza del niño
> la envolvía en un halo.

Las vocecillas parecían cantar con inmenso placer, y repitieron estas estrofas varias veces. Luego todo volvió a quedar en calma, y al poco el peregrino oyó con sorpresa que alguien, desde el árbol, decía:

—Si con tu laúd tocas una canción en mi honor, se te aparecerá una pobre muchacha[9]; llévatela y no dejes que se aparte de ti. Acuérdate de mí cuando llegues a la presencia del Emperador: he escogido este lugar para vivir aquí con mi hijito; di que me construyan una casa fuerte y cálida. Mi niño ha vencido a la muerte: no te aflijas; yo estoy a tu lado; todavía vas a estar un tiempo en la tierra, pero la muchacha va a ser tu consuelo hasta que mueras y entres a gozar de nuestra alegría[10].

---

[9] Zyane. *Vid.* nota 20 de este capítulo.
[10] Transposición simbólica del segundo amor de Novalis.

«Es la voz de Matilde», gritó el peregrino; cayó de hinojos y se puso en oración. Entonces, atravesando las ramas del árbol, un largo rayo de luz llegó hasta sus ojos; por aquel rayo el peregrino penetró con la vista en una lejana, pequeña, extraña maravilla —algo que no hubiera podido describir de ningún modo, algo que, aunque hubiera sido pintor, no hubiera sido capaz de representar—. Eran una serie de figuras de extrema finura y delicadeza; un gozo íntimo, una alegría profunda, más: una beatitud celestial lo llenaba todo; hasta tal punto era así, que incluso los objetos inanimados, los vasos y jarrones, las columnatas, las alfombras, los adornos, en una palabra, todo lo que allí se veía no estaba hecho por el hombre, sino que parecía haber crecido de un modo libre y espontáneo, como una planta llena de savia, y haberse congregado allí por puro placer. En medio de todo aquello se veían las más hermosas figuras humanas yendo y viviendo y saludándose unos a otros con extrema afabilidad y cortesía. Delante de todo aquel espectáculo estaba la amada del peregrino; parecía como si quisiera hablarle, pero no se oía nada, y el peregrino no podía hacer otra cosa que contemplar con profunda nostalgia aquella expresión amable y sonriente y aquel modo de hacerle un gesto con la mano, al mismo tiempo que ponía la otra sobre su pecho.

La visión era infinitamente consoladora y reconfortante, y largo rato después de haber desaparecido de su vista, el peregrino estaba todavía sumido en un éxtasis celestial. Aquel sagrado rayo de luz había aspirado todos los dolores y aflicciones de su corazón, de tal modo que su alma volvía a estar tan limpia y ligera, y su espíritu, tan libre y alegre como antes. No quedó más que un anhelo íntimo y silencioso y una nota melancólica en lo más profundo de su ser; pero los feroces tormentos de la soledad, el áspero dolor de una pérdida inexpresable, aquel vacío gris y espantoso, aquel desmayo que le producía todo lo terrenal habían desaparecido, y el peregrino se encontraba de nuevo en un mundo de vida y de sentido[11].

---

[11] De nuevo hay que relacionar este pasaje con la experiencia que tuvo el poeta junto a la tumba de su amada.

La voz y la palabra habían vuelto a cobrar vida en él, y a partir de aquel momento todo le pareció más conocido y más profético que antes: veía la muerte como una revelación superior de la vida y contemplaba el rápido suceder de su existencia con una alegre y serena emoción de niño. Futuro y Pasado se habían unido en él y enlazado profundamente[12]. Se hallaba fuera, a gran distancia del presente, y ahora, cuando él había perdido el mundo, cuando se encontraba en él solo como un extraño que debía andar todavía un tiempo por sus amplias y polícromas salas, ahora es cuando empezaba a apreciarlo.

Caía ya la tarde, y la tierra se extendía ante él como una vieja y querida morada que él volviera a encontrar, abandonada ya, después de haber estado mucho tiempo lejos de ella. Mil recuerdos acudían a su mente. Cada piedra, cada árbol, cada colina querían ser reconocidos. Cada cosa era un testigo que evocaba una antigua historia.

El peregrino cogió su laúd y cantó[13]:

Corred, lágrimas, corred, llamas
del amor;
santificad los lugares
en que el cielo contemplé,
volad en torno a este árbol
mil plegarias musitando.

Él la recibió contento
cuando vino;
la protegió de la lluvia[14].
Ella en su jardín lo espera:

---

[12] Hay que relacionar este pasaje con la anotación del diario de Hardenberg a la que hemos hecho alusión en la Introducción, pág. 20.

[13] De todos los poemas que han aparecido en la novela éste es el único que canta el mismo Enrique: hasta este momento no ha estado maduro para la poesía.

[14] Hay que relacionar este verso con el pasaje del relato del capítulo tercero en el que el joven —prefiguración de Enrique— protege de la tempestad a la hija del rey —prefiguración de Matilde y de la Virgen María.

como a flor lo regará
y sanará sus heridas.

Hasta las rocas cayeron,
ebrias de alegría,
ante la Madre del Cielo.
Si hasta las piedras la adornan,
¿el hombre no va a llorar
y a dar su sangre por Ella?

Afligidos, acercaos
y postraos:
aquí todos sanarán,
ya nadie se quejará,
alegres todos dirán:
nuestras penas ya pasaron.

Se alzarán potentes muros
en las cumbres.
cuando vengan malos tiempos
se oirá gritar en los valles;
¡ningún corazón se aflija!,
¡subid todos estas gradas!

Madre de Dios, bienamada[15],
el afligido
saldrá de aquí iluminado.
Eterna bondad y dulzura,
sí, lo sé eres Matilde,
fin de todos mis anhelos.

Sin que yo te lo pregunte,
me dirás
cuándo debo ir a tu lado.
De mil modos cantaré
las grandezas de la tierra
esperando tus abrazos.

---

[15] *Vid.* el *quinto Himno,* pág. 77.

Viejos milagros, tiempos nuevos
maravillas,
seguid en mi corazón.
Que yo no olvide el lugar
en que esta sagrada luz
me despertó del mal sueño.

Durante todo el tiempo que estuvo cantando no se había dado cuenta de nada; pero cuando levantó la vista vio que muy cerca de él, junto a la piedra, había una muchacha saludándole amablemente, como si le conociera de tiempo, y que le invitaba a ir con ella a su casa, donde, le dijo, había preparada ya una cena para él. El peregrino la abrazó tiernamente. Su modo de ser y de actuar le eran familiares. Ella le pidió que la esperara unos momentos; se alejó unos pasos hasta colocarse debajo mismo del árbol, levantó la vista al cielo con una sonrisa indefinible y, sacudiendo su delantal, esparció muchas rosas sobre el césped. Luego se arrodilló en silencio junto a ellas, se volvió a levantar al cabo de unos momentos y llevó al peregrino a su casa.

—¿Quién te ha hablado de mí? —preguntó el peregrino.
—Nuestra madre.
—¿Quién es tu madre?
—La Madre de Dios.
—¿Desde cuándo estás aquí?
—Desde que salí de la tumba.
—¿Has muerto ya?
—¿Cómo podría vivir si no?[16]
—¿Vives aquí completamente sola?
—Conmigo vive también un anciano; pero conozco a muchos más que han vivido.
—¿Te gustaría quedarte conmigo?
—¿Por qué no, si te amo?
—¿De qué me conoces?

---

[16] Sólo por la muerte se accede a la verdadera vida.

—¡Oh! Desde hace mucho tiempo; mi madre, cuando vivía, me hablaba siempre de ti.

—¿Entonces tienes otra madre?

—Sí, pero en realidad es la misma.

—¿Cómo se llamaba?

—María.

—¿Quién era tu padre?

—El conde de Hohenzollern[17].

—Yo también le conozco.

—Claro que le conoces, es también tu padre.

—¡Pero si mi padre está en Eisenach!

—Tú tienes varios padres y varias madres.

—¿Adónde vamos?

—A casa, siempre a casa.

El peregrino y la doncella habían llegado ahora a un lugar espacioso del bosque, en el que detrás de profundos fosos se veían algunas torres derruidas. Tiernos matojos envolvían los viejos muros a modo de juvenil corona en torno a la cabeza plateada de un anciano. Observando aquellas piedras grises, aquellas grietas que tenían la forma del rayo, aquellas siniestras siluetas, veía uno la inmensidad de los tiempos, contemplaba, concentradas en breves pero esplendorosos minutos, las historias más dilatadas. Es de este modo como el cielo, bajo un ropaje azul oscuro, nos muestra los espacios infinitos; como con su brillo lechoso, inocente como las mejillas de un niño, nos muestra los ejércitos remotos de sus mundos enormes y pesados.

Pasaron por debajo de unos viejos arcos, y la sorpresa del peregrino no fue pequeña al encontrarse rodeado únicamente de extrañas plantas y al descubrir, bajo aquellas ruinas, el encanto del más ameno de los jardines. Detrás, había una casita de piedra, de estilo moderno, con grandes y luminosas ventanas. En aquel lugar, detrás de aquellos arbustos de anchas hojas, había un anciano que iba sujetando las ramas más débiles a unas varillas. La acompañante llevó al peregrino a la presencia de aquel hombre y dijo:

---

[17] *Vid.* nota 22 del capítulo V.

—Aquí tienes a Enrique, por quien tantas veces me preguntas.

Así que el anciano se volvió, Enrique creyó tener ante su vista al minero.

—Estás viendo a Silvestre[18], el médico —dijo la doncella.

Silvestre se alegró de verle, y dijo:

—Hace ya algunos años conocí en mi casa a tu padre; por aquel tiempo tendría él la edad que tú tienes ahora. Entonces me propuse hacerle conocer los tesoros del pasado, la preciosa herencia de un mundo que, desgraciadamente, se fue. Observé en él señales de grandes dotes para las artes plásticas: en sus ojos brillaba el ardiente deseo de adquirir unos ojos verdaderos; de tener en ellos un instrumento de creación. Su rostro revelaba firmeza interior, constancia y laboriosidad. Sin embargo, el mundo presente había echado en él raíces demasiado profundas; no quería prestar atención a la llamada de su ser más íntimo; la triste dureza del cielo de su patria había marchitado en él los tiernos brotes de la más noble planta. Llegó a ser un artesano hábil, y creía que el entusiasmo no era más que locura[19].

—En efecto —contestó Enrique—; muchas veces, con gran dolor por mi parte, he observado en él un humor taciturno y sombrío. Trabaja sin cesar, pero por hábito, no porque encuentre en el trabajo una íntima alegría; en él parece haber un vacío que no son capaces de llenar ni la paz y el sosiego de su vida, ni las comodidades que le proporcionan sus ganancias, ni la alegría de verse respetado y querido por sus conciudadanos, ni tampoco la satisfacción de ver que se le pide consejo en todos los asuntos de la ciudad. La gente que le conoce le tienen por un hombre muy

---

[18] Silvestre es aquí a un tiempo el minero que instruyó al forastero del capítulo V y el extranjero del capítulo I, que introduce a Enrique en los misterios de la Flor Azul.

[19] Silvestre es también el hombre que un día acogió al padre de Enrique en las afueras de Roma. En relación con las observaciones de Silvestre, *vid.* nota 9 del capítulo I.

feliz; sin embargo ignoran hasta qué punto está cansado de la vida, y el mundo le parece vacío, y de qué modo anhela abandonarlo; no saben que trabaja con tanto ahínco no para ganar dinero, sino para ahuyentar estos sentimientos.

—Lo que más me extraña —contestó Silvestre— es que haya dejado vuestra educación totalmente en manos de vuestra madre y que haya tenido gran cuidado en no inmiscuirse en vuestro desarrollo o en no inclinaros hacia una profesión determinada. Podéis consideraros feliz de que se os haya permitido crecer sin tener que sufrir la más mínima limitación por parte de vuestros padres, porque la mayoría de los humanos no son más que restos de un gran banquete en el que han entrado a saco hombres de distinto apetito y gusto.

—Yo mismo no sé —contestó Enrique— lo que es educación, como no sea la vida y el modo de pensar de mis padres o las enseñanzas que he recibido de mi maestro, el capellán de palacio. Mi padre, con su mentalidad fría e inflexible, que le hace ver las situaciones de la vida como un trozo de metal o como un producto del trabajo del hombre, sin embargo, sin saberlo ni proponérselo, me parece poseer un silencioso respeto y una religiosa veneración ante todos los fenómenos incomprensibles y que están por encima de lo humano, y por esto, creo, observa la floración de un niño con un humilde olvido de sí mismo. Hay aquí un espíritu en movimiento que acaba de salir de la fuente infinita, y lo que sin duda, en lo referente a mi educación, hizo que mi padre se comportara con tal discreción y religioso respeto fue el sentimiento de la superioridad que tiene un niño en lo tocante a las cosas supremas; fue la convicción firme de que este ser inocente, que está a punto de emprender un camino tan dudoso, se encuentra ya bajo una tutela cercana; fue también la certeza de que en sus primeros pasos el niño lleva la impronta de un mundo todavía no enmascarado por las aguas de éste, y, finalmente, la simpatía que nuestros propios recuerdos nos hacen tener por aquella fabulosa época de nuestra vida en la que el mundo nos parecía más claro y luminoso, más amable y más extraño y en el que el espíritu de la profecía nos acompañaba de un modo casi visible.

—Sentémonos en este banco de césped, entre las flores —interrumpió el anciano—. Cyane[20] nos llamará cuando la cena esté lista, y permitidme que os pida que sigáis contándome vuestra vida pasada. A los viejos lo que más nos gusta es que nos cuenten cosas de los años de la infancia, y tengo la impresión de que me estáis haciendo sentir el perfume de una flor que desde que era niño no he podido volver a aspirar. Pero primero decidme qué os parecen esta ermita y este jardín, porque estas flores son mis amigas; mi corazón está entre ellas. De cuanto veis nada hay que yo no ame; todo es objeto de mi afecto más tierno; aquí estoy en medio de mis hijos; me veo a mí mismo como a un viejo árbol de cuyas raíces haya brotado toda esta fresca juventud.

—¡Oh, padre bienaventurado! —dijo Enrique—. Vuestro jardín es el mundo. Las ruinas son las madres de estos hijos florecientes. La creación, con toda su vida y con todo su color, se nutre de estas ruinas de los tiempos pasados. ¿Pero era necesaria la muerte de la madre para que los hijos pudieran crecer y prosperar?[21]. Y el padre, ¿seguirá llorando eternamente junto a la sepultura de ella?

El muchacho sollozaba; Silvestre le tendió la mano y se puso en pie; fue a buscar un miosotis recién abierto, lo ató a una rama de ciprés y se lo dio. El viento del atardecer movía extrañamente las copas de los pinos que se veían al otro lado de las ruinas; su murmullo sordo llegaba hasta ellos. Enrique escondió su rostro, anegado en lágrimas, en el hombro del dulce Silvestre, y cuando volvió a levantarlo, el lucero de la noche se alzaba en toda su gloria por encima del bosque.

Después de unos momentos de silencio dijo Silvestre:

—Me gustaría haberos visto en Eisenach entre vuestros

---

[20] Nombre griego de una flor: aciano menor, azulejo o liebrecilla (*centaurea jacea*).

[21] En el cuento simbólico con el que termina la primera parte la madre es el corazón; Matilde es la madre de Astralis.

compañeros de juegos. Vuestros padres, la esposa del Landgrave, excelente dama, los vecinos de vuestro padre, gente noble y honrada, y el anciano capellán de la corte forman un bello grupo. Sus conversaciones tienen que haber influido en vos desde muy pronto, sobre todo por el hecho de haber sido hijo único. Incluso la región me la imagino llena de gracia y de carácter.

—La verdad es —contestó Enrique— que no empiezo a conocer bien mi región hasta ahora, que estoy fuera de ella y que he visto muchas otras tierras. Cada planta, cada árbol, cada colina y cada montaña tiene su horizonte especial, su ámbito peculiar; es un entorno que les pertenece como algo propio y que explica su estructura y todo su modo de ser. Sólo el animal y el hombre pueden ir por todas las regiones: todas les pertenecen. De este modo todas las comarcas forman un gran mundo, un horizonte infinito, cuyo influjo sobre el hombre y el animal es tan vivible como el influjo de los ámbitos más reducidos lo son sobre las plantas. De ahí que los hombres que han viajado mucho, las aves migratorias y los animales carniceros se distingan de los demás por una inteligencia especial, así como por otras maravillosas dotes. Sin embargo, no hay duda de que entre ellos se da una mayor o menor capacidad para dejarse influir y moldear por estos distintos mundos, por sus variados contenidos y por sus diversas ordenaciones. También es cierto que entre los hombres no faltan aquellos que carecen de la atención y la calma necesarias para observar primero de un modo adecuado el cambio de las cosas y su composición, y luego reflexionar sobre lo que han visto, y hacer las comparaciones necesarias. Actualmente, muchas veces, siento de qué modo mi patria me ha insuflado los primeros pensamientos, dándoles unos colores indelebles; me doy cuenta de qué modo su imagen se ha convertido en un extraño augurio de mi alma; un esbozo que yo descubro más y más cuanto más profundamente comprendo que destino y alma no son más que dos modos de llamar a una misma noción.

—En mí —dijo Silvestre— lo que más ha influido

siempre ha sido, sin duda, la naturaleza viva, el ropaje cambiante del paisaje. Lo que de un modo especial ha despertado mi interés han sido las plantas: nunca me he cansado de observar con atención sus distintas especies. Las plantas son el lenguaje más directo de la tierra. Cada nueva hoja, cada flor, en lo que tiene de singular y especial, es un misterio que se abre paso para surgir a la luz, algo que, transportado de amor y de gozo como está, sin poder moverse ni hablar, se convierte en una planta muda y tranquila. ¿No es cierto que si en la soledad encuentra uno una de estas flores, parece como si todo lo que la rodea quedara transfigurado y como si los pequeños sonidos que vagan por el aire prefirieran mantenerse a la vera de ella? Uno quisiera llorar de alegría; quisiera separarse del mundo y no hacer otra cosa que hundir sus manos y sus pies en la tierra, para que echaran raíces y para no abandonar jamás tan feliz vecindad. Sobre toda la tierra, árida y seca, se extiende el tapiz verde y misterioso del amor. Cada primavera se renueva, y su extraña escritura, al igual que el lenguaje de los flores en Oriente, no puede leerla más que aquel que es amado. Eternamente la estará leyendo, y jamás se cansará de leerla, y todos los días irá encontrando nuevos sentidos, nuevas revelaciones de este ser amoroso que es la Naturaleza. Este gozo infinito es el secreto encanto que para mí tiene el recorrer la faz de la tierra: cada paisaje me descifra nuevos enigmas; me hace adivinar más y más de dónde viene el camino y a dónde el camino va.

—Sí —dijo Enrique—; hemos empezado hablando de los años primeros de la vida y la educación, porque estábamos en vuestro jardín y porque el inocente mundo de las flores, que es la verdadera revelación de la infancia, sin nosotros mismos darnos cuenta, trajo a nuestra memoria y a nuestros labios el recuerdo de nuestra antigua naturaleza floral. Mi padre es también un gran amigo de la jardinería, y las horas más felices de su vida las pasa entre las flores. Seguro que esto es lo que ha mantenido en él un espíritu tan abierto hacia la infancia, porque las flores son la imagen misma de los niños. En este mundo vemos todavía entrelazadas íntimamente unas con otras la riqueza y la plenitud de la vida infinita, las tremendas fuerzas de los tiempos que han de venir, la magnificencia del fin del mundo y la futura Edad de Oro de todas las cosas; sin embargo, todo ello lo vemos con la mayor nitidez y claridad en estos gérmenes tiernos y delicados que son los niños. El amor todopoderoso ya está en camino, pero todavía no abrasa; no es una llama que consume, sino un perfume que se expande, y, por muy íntima que sea la unión de estas tiernas almas, no va acompañada ni de movimientos violentos ni de furia devoradora, como ocurre en los animales. Así, la infancia, en sus profundidades, está cerca de la tierra; por el contrario, las nubes, quizá, son manifestaciones de una segunda infancia, de una infancia superior, la del paraíso reencontrado, y es por esto, tal vez, por lo que derraman sobre la primera un rocío bienhechor.

—Sin duda —dijo Silvestre—, en las nubes, hay algo muy misterioso, y a menudo, ciertos cielos nublados, ejercen sobre nosotros una influencia totalmente extraordinaria. Las nubes pasan, y en su fresca sombra quieren levantarnos de la tierra y llevarnos con ellas, y cuando sus formas son amables y coloreadas, al igual que un deseo exhalado de nuestro pecho, entonces su claridad, la magnífica luz que reina sobre la tierra, son como la prefiguración de un esplendor desconocido e infalible. Pero hay también nublados sombríos, graves y terribles, en los que parecen amenazarnos todos los terrores de la antigua noche: parece que nunca más va a querer aclararse el cielo, que el azul luminoso y sereno ha sido aniquilado, y un rojo cobrizo, sobre fondo gris negro, despierta en todos los corazones el escalofrío y la angustia. Pero cuando los funestos rayos caen zigzagueantes y, con sarcástica carcajada, los estruendosos truenos se precipitan tras ellos, entonces nos sentimos aterrorizados hasta lo más profundo de nuestro ser, y si en aquel momento no surge en nosotros el sublime sentido de nuestra superioridad moral, creemos haber sido abandonados a los terrores del infierno y al imperio de los espíritus del mal.

Son ecos de la antigua naturaleza inhumana, pero son también voces que despiertan en nosotros la naturaleza superior y la conciencia celestial. Lo mortal retumba en sus cimientos, pero lo inmortal comienza a brillar con mayor claridad y cobra conciencia de sí mismo.

—¿Cuándo —dijo Enrique— dejará de ser necesario que haya en el mundo más horrores, más sufrimientos, más miserias y más males?

—Cuando no haya más que una fuerza, la fuerza de la conciencia moral; cuando la Naturaleza se haya convertido en algo disciplinado y dócil, en una conciencia moral. El Mal tiene sólo una causa: la debilidad y la flaqueza, y esta debilidad no es más que una falta de sensibilidad moral, una falta de encanto por parte de la libertad[22].

—¿Cuál es la naturaleza de la conciencia moral? ¿Podríais explicármelo?

—Si pudiera sería Dios, porque en el momento en que uno comprende la conciencia, surge ésta. Y vos, ¿podríais explicarme lo que es la poesía como arte?

—No, no se le puede preguntar a nadie sobre una cosa tan personal como es la poesía.

—Cuánto menos, pues, sobre el misterio de la suprema indivisibilidad. ¿Podemos explicarle a un sordo lo que es la música?

—En este caso, ¿no es cierto que la percepción sería una participación en el mundo nuevo que ella misma nos ha abierto? Uno no comprendería una cosa más que en el caso de que la poseyera.

—El universo se descompone en infinitos mundos, que a su vez se integran en mundos cada vez más amplios. Todos los sentidos son, a la postre, un solo sentido. Al igual como ocurre con un mundo, un sentido va conduciendo poco a poco a todos los mundos. Pero cada cosa tiene su tiempo propio y su modo de ser propio. Sólo el Yo Universal es capaz de comprender las condiciones de nuestro mundo. Es difícil decir si dentro de los límites sensibles de nuestro cuerpo podemos ampliar realmente nuestro mun-

---

[22] Recuérdese lo que se ha dicho en la Introducción sobre la conciencia moral y la moralización de la Naturaleza como culminación del «idealismo mágico».

do con otros mundos y nuestro sentido con nuevos sentidos; podría ser que cada aumento de nuestro conocimiento, cada nueva capacidad que adquiriéramos fuera únicamente un desarrollo de nuestra actual comprensión del mundo.
Tal vez estas dos cosas vienen a ser una misma —dijo Enrique— Yo sólo sé que en el mundo en el que actualmente estoy mi único instrumento es la Fábula. Incluso la conciencia, esta fuerza que engendra pensamiento y mundos, este germen de toda personalidad, se me hace visible como el espíritu del Poema universal, como el Azar, que preside el eterno y romántico encuentro de todos los elementos de esta vida, infinitamente cambiante, que es la vida del universo.
—Querido peregrino —respondió Silvestre—, la conciencia aparece en toda auténtica plenitud, en toda verdad acabada. Toda inclinación, toda habilidad a la que la meditación convierta en imagen del mundo, pasa a ser una manifestación, una transformación de la conciencia. Toda cultura conduce a algo cuyo único nombre posible es «libertad», a condición de que este nombre designe no un mero concepto, sino el fondo creador de toda existencia. Esta libertad es maestría. El libre imperio del maestro se ejerce siguiendo un plan determinado y un orden fijo y meditado. La materia de su arte es algo que le pertenece; puede disponer de ella a su voluntad. No es nada que le encadene o le inhiba, y es precisamente esta libertad universal, esta maestría o, si se quiere, este dominio soberano lo que constituye el ser y la fuerza motriz de la conciencia. En ella se manifiesta la sagrada singularidad, la actividad creadora inmediata de la personalidad[23], de modo que cada uno de los actos del maestro es al mismo tiempo revelación de este mundo superior, simple y transparente, que es el Verbo de Dios.
—Entonces, ¿no podría ser que lo que antaño, según creo, se llamó «moral» no fuera más que la religión enten-

---

[23] La personalidad es aquí la manifestación del espíritu del Universo en el individuo humano.

dida como ciencia, es decir, lo que llamamos propiamente teología? ¿no fuera más que una serie de leyes que, respecto a la adoración de la divinidad, fueran lo que la Naturaleza es con respecto a Dios?, ¿no fuera más que una construcción verbal, una sucesión de pensamientos que designan el mundo superior, representándolo y, de algún modo, reemplazándolo en un determinado nivel de cultura?, ¿más que la religión proporcionada a la capacidad de entendimiento y de juicio?, ¿más que la sentencia y la ley que analiza y determina todas las relaciones posibles del ser personal?

—No hay duda —dijo Silvestre—. La conciencia es el mediador innato de todo hombre. Ella es la que representa a Dios en la tierra, y por esto, para muchos, es lo supremo y lo último. Con todo, por el momento, cuán alejada está la ciencia que llamamos doctrina de las virtudes, o moral, de la imagen pura de este pensamiento sublime, a la vez tan amplio y tan personal. La conciencia moral es la esencia misma del ser humano en su estado de plena glorificación: es el ser humano originario, el hombre celeste. No se puede decir que sea esto o aquello; no es algo que se pueda dirigir por medio de máximas generales ni que consista en virtudes particulares. No hay más que una sola virtud: la voluntad limpia y recta, que en el momento de la decisión, excluyendo toda duda, es capaz de escoger de un modo inmediato. En su viva y peculiar indivisibilidad, la conciencia habita y anima este delicado símbolo que es el cuerpo humano, y es capaz de poner en movimiento nuestras potencias espirituales del modo más auténtico y verdadero.

—¡Oh, padre excelente! —interrumpió Enrique—. ¡Cómo me está llenando de alegría la luz que emana de vuestras palabras! Entonces el verdadero espíritu de la Fábula es un amable disfraz del espíritu de la virtud, y el objeto propio de la poesía, este arte que está subordinado a la Fábula, es la actividad de nuestro ser más alto y a la vez más personal. Es sorprendente la identidad que existe entre una canción verdadera y una acción noble. La conciencia desocupada, en un mundo llano y que no ofrezca resistencia, se convierte en cautivante conversación, en fábula que relata la totalidad del universo. En los pórticos y en las salas de este mundo originario es donde mora el poeta, y la virtud es el espíritu de sus movimientos terrenos y de sus influencias terrenas. La Fábula, al igual que la virtud, es la divinidad actuando de una forma inmediata entre los hombres; es el maravilloso reflejo del mundo superior. ¡Con qué seguridad puede el poeta seguir las inspiraciones de su entusiasmo, o, si posee también un sentido más alto, supraterreno, obedecer a seres superiores y, con humildad de niño, abandonarse a su oficio! También por él habla la voz superior del universo, una voz con palabras mágicas le llama a mundos más alegres y más conocidos. La religión es a la virtud lo mismo que el entusiasmo es al arte de la Fábula, y del mismo modo como las Sagradas Escrituras guardan la revelación, asimismo el arte de la Fábula refleja de muy variadas maneras la vida de un mundo superior. Tales reflejos son las creaciones poéticas que de un modo maravilloso surgen de ella. La Fábula y la Historia guardan estrechísimas relaciones, y, bajo los más singulares disfraces, caminan a la par por los senderos más intrincados: la Biblia y la Fábula son astros de una misma órbita.

—Cuánta verdad hay en todo lo que estáis diciendo —dijo Silvestre—. Sin duda, ahora comprendéis por qué lo que sostiene la Naturaleza, y lo que la hace cada vez más estable y firme, es una sola cosa: el espíritu de la virtud. Él es, en el ámbito de lo terreno, la luz que todo lo inflama y que todo lo anima. Desde el cielo estrellado, esta sublime cúpula que es el reino de lo pétreo, hasta el rizado tapiz de una pradera coloreada por las flores, todo se mantiene por este espíritu; por él todo está enlazado con nosotros; por él somos capaces de comprenderlo todo; por él la historia infinita de la Naturaleza seguirá su camino desconocido hasta llegar a la transfiguración.

—Sí; hace un momento me habéis hecho ver de un modo tan bello la conexión que existe entre virtud y religión. Todo lo que tiene que ver con la experiencia y con la actividad de este mundo constituye el ámbito de la conciencia moral, de esta vínculo que une nuestro mundo con el mundo superior. En los sentidos más elevados aparece la religión, y lo que antes parecía ser una incomprensible necesidad de nuestra naturaleza más íntima, una ley universal sin contenido preciso, se convierte ahora en un mundo maravilloso, familiar, doméstico, infinitamente variado y absolutamente apaciguador de todo deseo, en una comunidad incomprensiblemente íntima de los bienaventurados en Dios, y en una presencia perceptible y deificante de nuestro yo más profundo, del Ser Personal por excelencia, de su voluntad y de su amor.

—La inocencia de vuestro corazón —contestó Silvestre— os hace profeta: todo se os va a hacer comprensible, y para vos el mundo y su historia se transformarán en Sagrada Escritura, igual que en ésta tenéis el gran ejemplo del universo entero revelado en palabra y en historias sencillas, aunque no de un modo directo sí de un modo mediato, estimulando y despertando los sentidos superiores.

A mí el trato con la Naturaleza me ha llevado al mismo punto al que habéis sido conducido vos por el placer y la inspiración del lenguaje. El arte y la historia me han enseñado a conocer la Naturaleza. Mis padres vivían en Sicilia, no lejos del Etna, el famoso volcán, en una casa confortable, de estilo antiguo, que, cubierta por viejísimos castaños y construida al lado mismo del mar, sobre el acantilado, constituía el bello centro de un jardín en el que crecían plantas de muy variadas especies. Cerca de ella había muchas cabañas, en las que vivían pescadores, pastores y gente dedicada al cultivo de la vid. Nuestras habitaciones y nuestras bodegas estaban bien provistas de todo aquello que es necesario para la vida y, aún más, de lo que la eleva y ennoblece, y los enseres de la casa, gracias a un trabajo acertadamente pensado, se convirtieron en un placer, incluso para los sentidos más ocultos. Tampoco faltaban los más variados objetos, cuya contemplación y uso elevaban el espíritu por encima de la cotidianeidad de la vida y de sus necesidades y parecían prepararla para una condición más digna y prometerle y otorgarle el goce limpio de su naturaleza, plena y personal. Allí había estatuas de piedra, vasijas decoradas con viejas historias, pequeñas piedras con figuras de la mayor nitidez y detalle, y otros objetos más que debían de ser reliquias de tiempos pasados y más felices. Había también, colocados unos sobre otros, en estanterías, gran cantidad de rollos de pergamino; en ellos, en largas hileras de letras y con bellas y sugestivas expresiones, se conservaban los conocimientos, el modo de pensar y de sentir, las historias y los poemas de aquel pasado. La fama que mi padre se granjeó como astrólogo le atrajo gran número de consultas y de visitas, incluso de los más alejados países, y como la predicción del futuro les parecía a las gentes un don raro y precioso, se sentían obligados a recompensar con esplendidez sus respuestas; de esta forma, mi padre, con los regalos que recibía, podía hacer frente de un modo holgado a los gastos de una vida cómoda y regalada.

(Aquí termina el manuscrito de Novalis)

EPÍLOGO DE L. TIECK

EL autor dejó interrumpida en este punto la redacción definitiva de la segunda parte de la obra. Como a la primera la había llamado «La Espera», llamó a esta segunda «La Consumación», porque en ella debía encontrar su resolución y su cumplimiento todo aquello que en la primera se había dejado presentir y adivinar. Una vez terminado el Ofterdingen, el poeta tenía la intención de escribir otras seis novelas más en las que quería dejar consignadas sus opiniones sobre la física, la vida de la ciudad, el comercio, la historia, la política y el amor, del mismo modo como en aquella novela lo había hecho con la poesía.

Sin necesidad de que yo se lo recuerde, el lector avisado advertirá que en esta obra el autor no se ha ceñido con exactitud a la época o a la persona del célebre Minnesinger, a pesar de que en aquélla todo va a recordarnos a este trovador y a su época. No sólo para los amigos del autor, sino para el arte mismo es una pérdida irreparable el hecho de que Novalis no haya podido terminar una novela como ésta, cuya originalidad y cuyo grandioso designio se hubieran puesto de manifiesto más en la segunda parte que en la primera. Porque lo que el autor intentaba no era presentar este o aquel acontecimiento, tomar uno de los aspectos de la poesía y explicarlo por medio de figuras e historias; lo que quería, como queda indicado con toda claridad en el último capítulo de la primera parte, era hablar de la esencia misma de la poesía y explicar la intención más profunda de este arte. Si la Naturaleza, la Historia, la guerra, la vida de la ciudad, con sus acontecimientos más corrientes, se transforman en poesía, es porque ésta es el espíritu que anima todas las cosas.

Voy a intentar dar al lector una idea del plan y del contenido de la segunda parte de esta obra, en la medida en que me lo permitan los recuerdos de algunas conversaciones tenidas con mi amigo y lo que yo he podido deducir de los papeles que él dejó.

Al poeta que haya comprendido en qué consiste el núcleo de la esencia de su arte nada le parecerá contradictorio ni extraño; para él todos los enigmas están resueltos; por medio de la magia de la fantasía puede enlazar todas las edades y todos los mundos; desaparecen los milagros y todo se convierte en milagro. Esta es la concepción y el plan de este libro. En todo él, pero en especial en el cuento simbólico que cierra la primera parte de la obra, encontrará el lector las conexiones más audaces; aquí todas las diferencias que parecen separar unas edades de otras y enfrentar unos mundos con otros quedan abolidas y subsumidas en una unidad superior. Con este cuento simbólico, lo que el poeta quiso, fundamentalmente, fue establecer una transición entre la primera parte y la segunda; en ésta la narración pasa continuamente de lo habitual a lo extraordinario, y cada uno de estos dos planos se explica y se completa por el otro. El espíritu que habla en los versos introductorios de la obra debía reaparecer después de cada capítulo y seguir inspirando este clima espiritual, esta maravillosa visión de las cosas. Por este medio el mundo invisible quedaba enlazado eternamente con nuestro mundo visible. Este espíritu que habla es siempre la misma Poesía, pero también el hombre sideral que ha nacido del abrazo de Enrique y Matilde. En el poema que sigue, que estaba destinado a figurar en algún pasaje del Ofterdingen, el autor expresó con absoluta sencillez el espíritu íntimo de sus obras:

Cuando la clave de todas las cosas
no sean ya ni cifras ni figuras,
cuando los que se besan, los que cantan

posean mayor ciencia que los sabios,
cuando a la vida libre el mundo vuelva,
cuando regrese a su interior la tierra,
cuando la luz, de nuevo, y las sombras
la verdadera claridad engendren,
cuando en poemas veamos y en fábulas
las verdaderas historias del mundo,
un sola, secreta palabra
ahuyentará todas las disonancias.

El jardinero con el que Enrique habla es el mismo anciano que en una ocasión había acogido ya al padre de Ofterdingen. La muchacha llamada Cyane no es hija del jardinero, sino del conde de Hohenzollern. Llegó de Oriente hace muchos años, pero todavía se acuerda de su patria. Ha vivido largo tiempo en las montañas; educada allí por su madre, a la que ha perdido ya, llevó en aquellos parajes una extraña vida; tenía un hermano, al que perdió muy pronto. Una vez, en una sepultura, estuvo también ella a punto de morir, pero un anciano médico la salvó de una forma singular. Es una muchacha alegre y amable, y muy familiarizada con lo maravilloso. El poeta oye de sus labios su propia historia —la muchacha la conoce como si, a su vez, la hubiera oído de labios de su madre—. Le manda a un monasterio apartado cuyos monjes forman como una especie de colonia de espíritus: Enrique oye el canto lejano de los frailes. Ya en la iglesia misma tiene una visión. Con un monje anciano habla Enrique sobre la muerte y la magia. Tiene intuiciones de la muerte y de la piedra filosofal. Visita el jardín del monasterio y el cementerio; allí encuentra el siguiente poema:

Cantad, cantad nuestras tranquilas fiestas,
nuestras estancias y nuestros jardines
y los dulces enseres de la casa;
nuestra hacienda cantad y nuestros bienes.
Todos los días llegan nuevos huéspedes,
a todas horas llegan;

hay siempre preparada una gran lumbre,
el fuego de una vida renovada.

Millares de vasijas delicadas
—mil lágrimas un día las mojaron—,
anillos de oro, espuelas y espadas
se encuentran hoy en nuestra cámara:
en oscuras cavernas, lo sabemos,
tenemos muchas joyas y alhajas;
nadie puede contarlas,
estaría contando sin cesar.

Hijos de siglos que pasaron,
héroes de tiempos olvidados,
gigantescos espíritus de los astros,
extrañamente unidos.
Dulces mujeres y graves maestros,
niños, decrépitos ancianos,
sentados aquí en círculo,
viven aquí, en este mundo antiguo.

Ya no se oirán más quejas ni lamentos,
ya nadie más querrá marcharse
de entre aquellos que alegres se sentaron
un día a nuestra mesa rebosante.
Ya nadie más se quejará,
no se verán ya más heridas,
nadie tendrá que enjugar lágrimas
y jamás el reloj se detendrá.

Por la bondad divina conmovida,
sumida en celestial contemplación,
encierra el alma humana
un cielo azul sin nubes;
flotantes vestiduras
por las vegas de mayo nos conducen;
jamás se sentirá en esta tierra
la aspereza y el frío de los vientos.

[274]

Oh dulce encanto de la medianoche,
oh círculo callado
de poderes secretos,
tan sólo nuestras almas os conocen;
a la meta suprema ellas llegaron:
derramarse en torrentes,
desparramarse en gotas,
bebiendo al mismo tiempo de estas aguas.

El amor es ahora nuestra vida;
de nuestro ser las olas,
hirviendo, corazón con corazón,
íntimamente mezclados en nosotros.
Pero ellas lascivas se separan
porque la lucha de los elementos
es la suprema vida del amor.
y el corazón de nuestro corazón.

La dulce plática tan sólo oímos
de secretos deseos;
unos ojos dichosos sólo vemos,
gustamos sólo bocas, sólo besos,
y todo aquello que tocamos
se vuelve fruto ardiente y oloroso,
en dulce y suave seno se convierte,
de nuestra audacia víctima.

Crece y florece sin cesar
el deseo de estar con el amado,
de acogerlo en nuestra alma,
de ser con él tan sólo una cosa,
de ceder a su sed,
de consumirse el uno con el otro,
de alimentar el uno al otro.

Así, en el amor y en la delicia
suprema estamos siempre sumergidos
desde que la centella de aquel mundo,
áspera y turbia se extinguió,

desde que la colina se cerró
y desde que la pira empezó a arder,
desde que nuestro espíritu, estremecido,
de la tierra la faz vio esfumarse.

La magia y el hechizo del recuerdo,
el dulce escalofrío
de una santa tristeza
sonaron en el fondo de nuestra alma
y refrescaron nuestro ardor.
Hay heridas eternamente abiertas:
una tristeza profunda, divina
mora en el corazón de los humanos
y los disuelve en unas mismas aguas.

De un modo misterioso, en el océano
corremos de las aguas de la vida
de Dios a las honduras.
Y después, emergiendo de su seno,
regresamos de nuevo a nuestro mundo,
y del supremo anhelo el espíritu
en nuestro torbellino se sumerge.

Las cadenas de oro sacudid,
de rubíes ornadas y esmeraldas;
arrojad vuestros broches,
hermosos, relucientes,
música y rayo a un tiempo.
Volad desde los lechos del abismo,
volad desde las tumbas y las ruinas
con rosas celestiales en el rostro
al imperio polícromo de Fábula.

Si los humanos pudieran saber
—ellos, nuestros futuros compañeros—
que estamos ocupados
en todo aquello que su vida alegra,
esta vida exultantes dejarían,
su pálida existencia perderían.

¡Qué pronto pasa el tiempo!
Ven, amado, no tardes.

Ayúdanos a atar
de la tierra al Espíritu,
aprended a entender
de la Muerte el sentido
y a encontrar la palabra de la Vida;
mirad lo que dejáis a vuestra espalda.
Ya pronto habrá pasado tu poder,
se apagará la luz que te prestaron,
muy pronto te verás encadenado;
Espíritu de la tierra,
tu tiempo terminó.

Es posible que este poema fuera a la vez el prólogo de un segundo capítulo. En este momento debía empezar una fase completamente nueva de la obra: del gran silencio de la muerte debía surgir la vida más alta; Ofterdingen ha vivido entre los muertos y ha hablado incluso con ellos. El libro debía tomar un carácter casi dramático, y el tono narrativo de la obra debía servir únicamente para enlazar unas escenas con otras y para explicarlas de un modo sencillo. Enrique se encuentra de repente en Italia, país trastornado por guerras; se ve como general al frente de un ejército. Todos los elementos de la guerra juegan aquí en patéticos colores. Con un ejército rápido asalta una ciudad enemiga; aparecen, en forma de episodio, los amores de un noble pisano con una joven florentina. Cantos de guerra. «Una gran guerra, como un duelo, totalmente noble, filosófica, humana. Espíritu de la antigua caballería. Torneo. Espíritu de la melancolía dionisíaca. Es necesario que los hombres se maten entre ellos: esto es más noble que caer bajo los golpes del destino. Los hombres buscan la muerte. El honor y la gloria son la alegría y la vida del guerrero. En la muerte y como una sombra vive el guerrero. El gusto por la muerte es el espíritu del guerrero. La tierra es el lugar natural de la guerra... Es necesario que exista la guerra en el mundo.» En Pisa Enrique encuentra al hijo del emperador Federico II y traba íntima amistad con él. Va también a Loretto. Después de este episodio debían venir varias canciones.

Una tempestad arrastra al poeta a las costas de Grecia. El mundo antiguo, con sus héroes y sus tesoros artísticos, colma los anhelos de su espíritu. Habla con un griego sobre moral. Todo lo que pertenece a aquellos tiempos se le hace presente; penetra por primera vez el sentido de las imágenes y de las historias de aquel pasado. Conversaciones sobre las instituciones políticas de Grecia; sobre mitología.

Después de haber aprendido a comprender los tiempos heroicos y la Antigüedad, Enrique marcha para Oriente, país por el que había suspirado desde niño. Visita Jerusalén; conoce poemas orientales. Extraños sucesos con infieles le retienen en solitarios parajes. Encuentra la familia de la muchacha oriental (vid. primera parte). Tipo de vida de algunas tribus nómadas de aquel país. Cuentos persas. Recuerdos de los primeros tiempos de la historia del mundo. El libro, bajo los más diversos acontecimientos, debía conservar siempre el mismo tono y traer siempre a la memoria la Flor Azul; al mismo tiempo, las leyendas más diversas y alejadas —griegas, orientales, bíblicas y cristianas, junto con recuerdos de la mitología hindú y nórdica— debían encontrarse totalmente enlazadas en esta obra. Las Cruzadas. La vida en el mar. Enrique va a Roma. La época de la historia romana.

Saciado de experiencias, Enrique regresa a Alemania. Allí encuentra a su abuelo, hombre de espíritu profundo, en compañía de Klingsohr. Conversaciones vespertinas con los dos.

Enrique se dirige a la corte de Federico y allí conoce personalmente al emperador. La corte tenía que ofrecer un espectáculo de gran nobleza: el autor pensaba presentar a los hombres más importantes, más nobles y relevantes de todo el mundo, reunidos en torno al emperador. Aquí aparece el máximo esplendor y la verdadera grandeza del mundo. Se pone de relieve el carácter alemán y la historia alemana. Enrique habla con el emperador sobre el arte de gobernar, sobre el imperio; oscuras palabras sobre América y las Indias orientales. Modo de pensar y de sentir de un príncipe. Emperador místico. El libro *De tribus impostoribus*.

Después de haber vivido y experimentado de nuevo la Naturaleza, la vida y la muerte, la guerra, el Oriente, la historia y la Poesía —de un modo nuevo y más amplio, en contraposición a como lo había hecho en la primera parte, «La Espera»—, Enrique regresa a su alma como a una patria antigua. De la comprensión del mundo y de sí mismo surge el anhelo de la transfiguración. En este momento la gran maravilla del mundo de la fábula se acerca de un modo especial, porque ahora el corazón del poeta se encuentra totalmente abierto a ella.

En la colección maneseana de los Minnesingers encontramos un debate poético, de no muy fácil comprensión, en el que Ofterdingen y Klingsohr compiten con otros poetas; en lugar de esta justa, el autor quería presentar una extraña pelea poética, la del principio del Bien, que cantaría a la Religión, y el principio del Mal, que cantaría a la Irreligión: el Mundo invisible contrapuesto al visible. «En báquica ebriedad, llenos de entusiasmo, los poetas entablan un duelo a muerte.» Las ciencias son poetizadas; también la Matemática toma parte en la pelea. Los poetas cantan a las plantas de la India: mitología hindú transfigurada.

Este es el último acto de Enrique en la tierra, el paso a su propia transfiguración. Este es el desenlace de toda la obra, la consumación del cuento simbólico que cierra la primera parte. Todo se ilumina y se completa del modo a la vez más sobrenatural y más natural; cae el muro que separa la Fábula de la Verdad, el pasado del presente: la Fe, la Fantasía y la Poesía revelan la más profunda intimidad del mundo.

Enrique llega al país de Sofía, a una Naturaleza tal como podría ser una Naturaleza alegórica, después de haber hablado con Klingsohr sobre algunos extraños signos y presagios. Estos se despiertan, fundamentalmente, al oír por casualidad una vieja canción en la cual se describe un agua profunda que se encuentra en un lugar oculto. A este canto se despiertan recuerdos muy antiguos; Enrique va en dirección al agua y encuentra una pequeña llave de oro que hacía tiempo le había arrebatado un cuervo y que nunca había podido encontrar. Era una llave que, al poco de morir Matilde, le había dado un anciano: Enrique debía llevarla al emperador y éste le diría qué era lo que tenía que hacer.

Enrique va a ver al emperador; éste se alegra muchísimo y le da un viejo documento en el que está escrito que el emperador debe darlo a leer a un hombre que, un día, de un modo casual, le traerá una llave de oro; que este hombre encontrará en un paraje oculto una vieja joya, un carbúnculo de poderes mágicos, al cual le está destinado un lugar, ahora vacío, en la corona imperial. En el pergamino se encuentra también la descripción del paraje en el que Enrique debe encontrar esta piedra. Siguiendo estas indicaciones, el joven se pone en camino y se dirige a una montaña; en el camino se encuentra con el Extranjero que, al principio, le había hablado a él y a sus padres de la Flor Azul; habla con él de la Revelación. Penetra en la montaña y Cyane le sigue fielmente.

No tarda en llegar a aquel maravilloso país en el que el aire y el agua, las flores y los animales son totalmente distintos a los que se encuentran en nuestra Naturaleza terrestre. Al mismo tiempo el poema se transforma, en algunos momentos, en espectáculo. «Hombres, animales, plantas, piedras y astros, elementos, sonidos, colores, se reúnen como seres de una familia y se mueven y hablan como si fueran de una misma raza.» «Flores y animales hablan sobre el hombre.» «El mundo de la fábula se hace completamente visible, el mundo real mismo es visto como un cuento.» Enrique encuentra la Flor Azul: es Matilde; está durmiendo y tiene el carbúnculo; una niña, hija de él y de Matilde, está sentada junto a un ataúd y le rejuvenece. «Esta niña es el mundo original, la Edad de Oro última.» «Reconciliación de la Religión cristiana y el paganismo.» «Se canta la historia de Orfeo, de Psique y otras.»

Enrique coge la Flor Azul y libera a Matilde de su encantamiento; pero la vuelve a perder; rígido de dolor, se convierte en una piedra. «Edda (la Flor Azul, la muchacha oriental, Matilde) se ofrece como víctima junto a esta piedra, y Enrique se convierte en un árbol sonoro. Cyane derriba el árbol, arde con él y el árbol se convierte en un carnero dorado. Edda-Matilde tienen que sacrificarlo, se convierte en un hombre. Durante estas transformaciones tiene toda clase de conversaciones extrañas.»

Enrique es feliz con Matilde, que es, a la vez, la muchacha oriental y Cyane. Se celebra la más alegre fiesta del alma. Lo que había precedido a todo esto era la muerte. Último sueño y despertar. «Reaparece Klingsohr como rey de la Atlántida.» «La madre de Enrique es la Fantasía, el padre es el Sentido, Schwaning es la Luna, el minero es el anciano que colecciona objetos antiguos y al mismo tiempo es también el Hierro. El emperador Federico es Arctur. Reaparecen también el conde de Hohenzollern y los mercaderes.» Todo confluye en una alegoría. Cyane lleva la piedra al emperador, pero Enrique es ahora también el poeta de aquel cuento que los mercaderes le contaron al principio.

Sólo un encantamiento pesa sobre el país bienaventurado: está sometido al cambio de las estaciones. Enrique destruye el imperio del sol. Un gran poema, del que el autor escribió sólo el principio, debería cerrar la obra.

LAS NUPCIAS DE LAS ESTACIONES

Sumido en profundos pensamientos, el nuevo monarca se
 [acordaba
del sueño de la noche y de las narraciones
que por primera vez le hablaron de la Flor celeste;
secretamente conmovido por el presagio, sintió un gran
 [amor.
Le parece oír todavía la voz penetrante, profunda,
y que el Huésped acaba de dejar el círculo de amigos;
que fugaces reflejos de la Luna iluminaron las ventanas,
 [por el viento azotadas,
y que en el pecho del joven hierve un fuego que consume.
«Edda —dijo el rey—, ¿cuál es de un corazón amante
el deseo más íntimo?, ¿cuál el dolor supremo?
Habla, queremos ayudarle, en nuestras manos tenemos el
 [poder.
Que sea magnífico el tiempo en que tú vuelvas a alegrar el
 [cielo.»
«Si los tiempos no fueran enemigos
y Futuro quisiera con Presente y Pasado aliarse,
si Primavera a Otoño, Verano e Invierno se uniera,
si Juventud, con alegre seriedad, quisiera estar con Vejez,
entonces, dulce esposo, se secaría la fuente del Dolor
y se cumpliría el deseo del corazón, gozar de todas las
 [sensaciones.»
Así habló la reina; alegre la abrazó su bello amante:
«Has pronunciado en verdad palabras del cielo;
flotaban desde hace tiempo en los labios de los hombres de
 [profundo sentir,

tan sólo, no obstante, en los tuyos puras y fecundas reso-
[naron.»

Se ponen en camino hacia el Sol y cogen primero al Día; luego van hacia la Noche, más tarde al Norte, a encontrar al Invierno, y luego hacia el Sur, para encontrar allí al Verano; del Este traen la Primavera, del Oeste el Otoño. Después corren a buscar a la Juventud, luego a la Vejez, al Pasado y al Futuro.

Esto es todo lo que puedo decirle al lector. Me he basado en recuerdos personales y en palabras sueltas e indicios encontrados en los papeles de mi amigo. El desarrollo completo de esta gran tarea hubiera sido un monumento perdurable de una poesía nueva. En estas notas he preferido ser breve y escueto a caer en el peligro de introducir nada que pudiera provenir de mi propia imaginación. Tal vez lo fragmentario de estos versos y de estas palabras puedan conmover a algún lector, como me conmueven a mí, que no contemplaría con más devoción ni con mayor melancolía los jirones de un lienzo de Rafael o de Correggio.

NOTAS PREPARATORIAS DE NOVALIS

I. De los Cuadernos de Fragmentos

Al final del «Enrique» habrá una descripción detallada de la transfiguración interior del alma. Enrique llega al país de Sofía —a la Naturaleza tal como ésta podría ser—, a un mundo alegórico.

La corte imperial debe ser un espectáculo grandioso. Lo mejor que hay en el mundo, todo reunido. Palabras oscuras sobre América y las Indias Orientales, etcétera. Conversación con el emperador sobre el gobierno, el imperio, etc.

Unidad poética y composición del Enrique.

Federico [?] se entrega a un juego poético con especulación. Las ideas y sus anotaciones verbales son sus precios [o: ¿poesías?]. Ellas... en mi oscura y misteriosa novela. Estas figuras alegóricas, esta creencia en la personalidad de las ideas... del todo...

(Bd. 3, Abt. X, N. 424-425)

Unidades de la novela.

Batalla entre la poesía y la antipoesía, entre el viejo mundo y el nuevo. Importancia de la Historia. La historia de la novela misma. Prodigalidad, etc.

Naturaleza pasiva del héroe de la novela. Él es, en la novela, el órgano del poeta. Tranquilidad y economía de estilo. Visión y expresión poéticas de todos los acontecimientos de la vida.

La Poesía nunca debe ser la materia principal, no debe ser más que el elemento maravilloso.

Sólo se debería presentar aquello que se dominara perfectamente, que se percibiera con nitidez y en lo cual se fuera totalmente maestro —por ejemplo, en las descripciones de lo suprasensible.

(Bd. 3, Abt. X, N. 459)

Jesús, el Héroe. Añoranza del Santo Sepulcro. Canto de las Cruzadas. Canto de las monjas y monjes. El anacoreta. La mujer que llora. El hombre que busca. La oración. Añoranza de la Virgen. La lámpara encendida. Jesús en Sais. El canto de los muertos.

II. De los Papeles de Berlín

1

Un monasterio absolutamente maravilloso, como puerta de entrada al Paraíso.
Capítulo primero, un adagio.
'Enrique de Af[terdingen] toma parte en guerras civiles, en Suiza.'
'Ruinas de Vindonisa.'
Guerras civiles italianas. En ellas E[enrique] es nombrado general. Descrip[ción] de un combate, etc.
Mar. 'Relato'. Arrojado a las costas de Grecia.
Túnez.
Retorno por Roma.
Corte imperial.
Wartburg. Lucha interior de la Poesía. Misticismo de esta lucha. Poesía sin forma — poesía con forma.
Kyffhäuser.
Historia de la muchacha, de la Flor Azul.
Revelación de la Poesía en la tierra — profecía viviente. Apoteosis de Afterdingen: fiesta del alma. Drama en verso, totalmente extraordinario como Sakuntala.

Poema inicial, poema final y título de cada capítulo.
Entre cada uno de los capítulos habla la Poesía.
El poeta del relato — rey de la Poesía. Hace su aparición la Fábula.
Madre y padre florecen.
Ninguna verdadera transición histórica entre la primera y la segunda parte oscuro — triste — confuso.

Los desposorios de las estaciones.

Hablan las flores. Animales.
Enrique de Afterd[ingen] se convierte en flor — animal — piedra — estrella.
Según Jackob Böhm, al final del libro.

Por entusiasmo y embriaguez báquica los poetas ponen en juego su vida en el torneo.
Conversación con el emperador sobre el gobierno, etcétera. Emperador místico.
El libro *De tribus impostoribus*.
En el momento del primer abrazo de Mat[ilde] y Enrique nace el hombre sideral. Este ser, de ahora en adelante, hablará entre cada capítulo. El mundo de lo maravilloso está ahora abierto totalmente.
Misticismo con la casa imperial. Familia imperial originaria.

Sofía es lo Sagrado, lo Desconocido. El imperio de la Luz y de la Sombra entremezclados. Fábula, por su laboriosidad, es ahora un ser terreno. Enrique llega al jardín de las Hespérides.
El fin será el paso del mundo real al mundo secreto — Muerte — último sueño y despertar.
Debe transparentar por todas partes lo supraterrestre — Lo fabuloso.
La Flor Azul se rige por las estaciones. Enrique destruye este sortilegio — destruye el reino del sol. Klingsohr es el rey de la Atlántida. La madre de Enrique es la Fantasía; el padre, el Sentido.

Schwaning es la Luna y el hombre que colecciona objetos antiguos es el [...?].

El minero 'era el hierro' y también el Hierro.

El conde de Hohenzollern y los comerciantes regresan igualmente.

Sin embargo, no muy estrictamente alegórico. El emperador Federico es Arctur.

La Oriental también la Poesía.

Una misma muchacha en tres personas.

Mediante las flores, Enrique adquiere al principio sensibilidad para la Flor Azul. Misteriosa transform[ación]. Transición hacia la naturaleza superior.

Los dolores petrifican, etc.

El relato de los mercaderes sobre el Poeta puede muy bien convertirse en el destino de Enrique.

Metempsícosis.

Monasterio — como una Logia mágica, mística — Sacerdotes del Fuego Sagrado de espíritu joven. Canto lejano de frailes. Visión en la Iglesia. Conversación sobre la muerte — la magia, etc. Enr[ique] tiene intuiciones de la muerte. Piedra filosofal.

(Espíritu individual de cada obra y también de mi Enrique.)

Jardín del monasterio.

(Influencia patol[ógica] de la belleza que produce un juego más libre y ágil de las fuerzas del espíritu.)

La lucha de Enrique con un lobo salva a un fraile del monasterio. Cordero con un vellocino de oro.

En el torneo poético, toda clase de ciencias poetizadas, incluso la Matemática.

Plantas de las Indias Orientales — un poco de mitología hindú.

Sakuntala.

Las flores y los animales conversan sobre el hombre, la religión, la naturaleza de las ciencias.

Klingsohr — Poesía de las ciencias.

(Facilidad para el diálogo. Tendencia abandonada a copiar la Naturaleza — etc.)

El mundo — antigua Libertad.
(La muerte convierte a la vida ordinaria en algo tan poético.)
La joven pastora es la hija del conde de Hohenzollern.
Los niños no han muerto.
Sus recuerdos de Oriente.
Su extraña vida en las montañas — educación recibida de su difunta madre.
Su extraordinaria salvación de la tumba por obra de un viejo médico.
La joven ha perdido a su hermano. Ella es alegre y amable — tan familiarizada con lo maravilloso. Le cuenta su propia historia — como si se la hubiera contado su madre.
Los monjes del convento parecen formar una especie de colonia de espíritus.
Reminiscencias del cuento de hadas de Nadir y Nadine. Muchas reminiscencias de cuentos. Conversaciones de Enrique con la muchacha. Extraña mitología. Aquí el mundo de la fantasía debe transparecer con frecuencia. El mismo mundo real considerado como un cuento.
Enrique vuelve a Loretto.

El rostro.
Tiempos heroicos.
La Antigüedad.
El Oriente.
'El torneo poético.'
El emperador.
El torneo poético.
La transfiguración.
Esquema de la transfiguración.

Principio en estancias. Enrique.

También los hombres futuros en la transfiguración.

Contra la comparación con el sol, Enrique está conmigo.

El torneo poético es ya el primer acto en la tierra.
En su delirio Enrique se convierte en piedra — 'flor', árbol sonoro — carnero de oro.
Enrique adivina el sentido del mundo — Su voluntario delirio. Es el enigma lo que se le propone. Las Hespérides son Seres Extranjeros — eternos extranjeros — los misterios.
El relato que me concierne, sobre el poeta que ha perdido a su amada, debe ser aplicado solamente a Enrique.
Poema: «Cuando la clave de todas las cosas» (*Vid.* epílogo de Tieck)

2

Enrique podría pasar por delante de un teatro.

La fiesta puede consistir únicamente en escenas alegóricas encaminadas a glorificar la poesía. Enrique cae en manos de un grupo de bacantes — le matan — el Ebrus repite los sonidos de la lira que flota sobre las guas. Cuento al revés.

Matilde desciende a los infiernos y va a buscarlo.
Parodia poética de Anfión.

Toda la primera mitad de la segunda parte debe ser bastante ligera, atrevida, despreocupada y solamente marcada por algunos trazos muy acusados.
La poesía en diferentes países y en distintas épocas. Ossian. Edda. Poesía oriental. Salvaje. Francesa — española, griega, alemana, etc. Druidas. Minnesingers.
El libro termina de una manera exactamente opuesta a la del cuento — con una sencilla familia.

A medida que se acerca el fin, la atmósfera se va haciendo más apacible, más simple y más humana.
Rasgos de la juventud de Enrique. Relato de su madre.
El hijo milagroso de Enrique y Matilde.

Es el mundo originario, y la Edad de Oro del final de los tiempos.

Saturno = Arctur.

Las escenas, en la fiesta, son espectáculos dramáticos.

Las leyendas y los sucesos más alejados y más distintos, relacionados unos con otros. Esto es de mi personal invención.

(Eliseo y Tártaro son juntos como Fiebre y Sueño.)

¿Quedaría bien, al final, hacer que se transformara la familia en una extraña reunión mística de estatuas antiguas?

Carácter de los colores. Todo es azul en mi libro, al final juego de colores — individualidad de cada color.

(Sólo el ojo es espacial — los otros sentidos son todos temporales.)

(División en varias personas de una sola individualidad.)

(Poeta natural. Poeta artista.)

Los metros poéticos deben inspirar. Verdadera poesía.

Al final, mitología mágica.

Una imagen antigua de la Virgen-Madre en el hueco de un árbol, encima de él. Se oye una voz — Es necesario que él haga construir una capilla. Esta imagen protege a la joven pastora y la educa mediante visiones. La envía hacia los muertos — los religiosos son los muertos.

El desarrollo épico debe convertirse en un drama histórico, aunque las escenas estén enlazadas mediante el rel[ato].

Discurso en yambos de Enrique. Un noble pisano, joven, ama a una florentina.

Mediante un ejército rápido, Enrique ataca la ciudad enemiga.

Todos los elementos de la guerra, bajo colores poéticos.

Una gran guerra, como un duelo — llena de generosidad — filosófica — humana. Espíritu de la antigua caballería. Torneo. Espíritu de la melancolía báquica.

Es necesario que los hombres se maten entre ellos — esto es más noble que caer bajo los golpes del destino. Los hombres buscan la muerte.

Honor, gloria, etc. esto es la vida y la alegría del guerrero.

El guerrero vive en la muerte y vive como una sombra.

El gusto por la muerte es el espíritu guerrero. Vida romántica del combatiente.

La tierra es el lugar natural de la guerra. Es necesario que exista la guerra en el mundo.

Cantos de guerra. Poemas orientales. Canto a Loretto. Torneo de los trovadores. Transfiguración.

Enrique no va a Túnez. Va a Jerusalén.

Extrañas conversaciones con los muertos. Diálogos con el viejo sobre Física, etc., especialmente sobre la c[iencia] médica. La fisionomía. Punto de vista médico del mundo. Teofrasto Paracels[o]. Filosofía, Magia, etc. Geografía. Astrología. Él es el supremo minero.

Relato de la joven pastora — 'Celestina' Cyane.

Pensar y madurar más el torneo de la Wartburg y la última transfiguración.

(Escrito a Unger. De Karl — vida de Nadir Shah.)

(Para quien tiene sentido poético, el mundo entero es un drama ininterrumpido.)

Con el griego, conversaciones sobre moral, etc. Durante este viaje, en el cap[ítulo] de la Antigüedad, también visita un arsenal.

El torneo en la Wartburg, no. Varias escenas en la corte del emperador Federico.

Al final, un verdadero cuento en escenas, casi como Gozzi — pero mucho más romántico. Al final, la poetización del mundo — establecimiento de lo maravilloso. Reconciliación entre la religión cristiana y el paganismo. Historia de Orfeo — de Psyché, etc.

El extranjero de la primera página.

Todo el género humano será al fin poético. Nueva Edad de Oro.

Idealismo poetizado.

Hombres, animales, plantas, piedras y astros, elementos, sonidos, colores se reúnen como seres de una familia y se mueven y hablan como si fueran de una misma raza.

Misticismo de la historia. La joven pastora, o Cyane, se sacrifica por él.

Enrique conversa con Klingsohr sobre toda clase de signos extraños.

Por la noche, oye un canto que había compuesto hacía tiempo, añoranza de Kyffhäuser.

Habla de ello con Klingsohr.

La llave de oro. Documento, etc.

Klingsohr le lleva sobre su manto hasta Kyffhäuser.

(Klingsohr, poeta eterno, no muere, permanece en este mundo.

Hijo natural de Federico II — la casa de Hohenstaufen — la futura casa imperial. La piedra que falta en la corona. Una vez en Pisa se encuentra con el hijo del emperador. La amistad entre ellos.)

Llega Juan y le conduce a la montaña. Conversación sobre la Revelación. La joven pastora le sigue con fidelidad.

'Rel[ato]. El viejo se despierta. La bella joven. Él llega a la gruta donde duerme Matilde — la niña. La piedra en el ramo de flores. Cyane lleva la piedra al emperador.

Encuentra la llave de oro en el estanque. Cyane lleva la llave.'

Él llega a la gruta donde está durmiendo Matilde. Mi relato inventado.

Únicamente la Bienamada no se despierta enseguida. Conv[ersación] con la niña que es hija suya y de Mat[ilde].

Él debe cortar la Flor Azul y llevarla — 'La joven pastora la corta por él y' Cyane quita la piedra.

[292]

Él 'coge' la Flor Azul — y se convierte 'en árbol sonoro', una piedra.
'Matilde llega y lo hace con sus propios cantos.'
'Edda, la verdadera Flor Azul', La Oriental se sacrifica junto a esta piedra, él se convierte en un árbol sonoro. La joven pastora derriba el árbol y él se quema con él.
El árbol se convierte en un carnero de oro.
Edda, Matilde, tiene que sacrificarlo. Se convierte en un hombre.
Durante estas transformaciones tienen toda clase de conversaciones extrañas.

La visión

Descripción de una región. Peregrinación de Enrique. Canción que éste canta. La muchacha pastora le acompaña siempre.
El paisaje se iba elevando cada vez más y se volvía accidentado y variado. Hacia todas direcciones aparecían crestas montañosas — las gargantas eran más profundas y escarpadas. Paredes de roca aparecían por todas partes, y por encima de los bosques sombríos surgían laderas abruptas que parecían no tener más vegetación que algunos matorrales. El camino corría a lo largo de la ladera y subía imperceptiblemente. Realmente, el verde de la llanura se había aquí ensombrecido mucho en estas alturas, pero, como contrapartida, algunas plantas de montaña lucían como unas flores de vivísimo colorido, las cuales, por sus bellas proporciones y por el tonificante perfume que desprendían, causaban una gratísima impresión. La comarca parecía totalmente solitaria, y en la lejanía, únicamente, parecían oírse las esquilas de un rebaño. En el fondo del abismo murmuraban los riachuelos. El bosque se agrupaba formando varias manchas en las pendientes de la montaña e invitaba a la mirada a perderse en sus profundidades frescas y olorosas — aquí y allá, aves de rapiña planeaban en círculos en torno a las cimas de abetos seculares. El cielo tenía un color azul intenso, diáfano. Solas, pequeñas nubes,

ligeras y brillantes, se deslizaban por un campo de azur. Por el estrecho sendero, un peregrino subía de la llanura, lentamente. Mediodía pasado. Un viento bastante fuerte se dejó sentir, y su música, sorda y extraña, se perdía en la borrosa lejanía. Esta música se fue haciendo más sonora y distinta en las cimas de los árboles — de tal manera que, durante unos instantes, pareció querer oírse la última sílaba de algunas palabras sueltas de un lenguaje humano. Siguiendo los movimientos del aire, parecía que también se movía y vacilaba la luz del sol. Todos los objetos tomaron una apariencia incierta. El peregrino avanzaba sumido en sus pensamientos. Al cabo de algún tiempo se sentó sobre una gran piedra, bajo un viejo árbol que sólo tenía hojas en su parte inferior y cuya parte alta estaba seca y rota.

Conversación consigo mismo.

Reemprende su camino.

Encuentra ruinas —cabañas adornadas—

Una de ellas parece habitada todavía. Entrañables utensilios familiares.

ÍNDICE

Introducción 7
1. Novalis: entre la Aufklärung y el Romanticismo 9
2. Noticia biográfica. Inspiradores del poeta 11
3. Esbozo de un sistema: «el idealismo mágico». La moralización del cosmos. Proyecto de una enciclopedia 18
4. Los *Himnos a la noche* 21
5. El *Enrique de Ofterdingen* 27
6. Otras obras de Novalis 43
7. Novalis en España 48
8. Sobre la presente traducción 54

Bibliografía 57

Himnos a la noche 63
Enrique de Ofterdingen 81
  Primera parte. La espera 85
  Segunda parte. La consumación 245

Epílogo de L. Tieck 271
Las nupcias de las estaciones 282
Notas preparatorias de Novalis 284